한 권으로
끝내는
실전 경매

돈 되는 집부터
맘고생 없는
명도 노하우까지

한 권으로
끝내는
실전 경매

부동삶 지음

이레미디어

경매도 전략이 필요하다
이기는 경매 습관으로 부의 기회를 잡자!

2009년은 2003년부터 2007년까지 강화된 부동산 규제정책의 효과가 시장에 반영되는 시기였다. 미국 저신용, 불량 주택 모기지 채권 부실화 사태(서브프라임 모기지 사태)는 한국에도 영향을 미쳤다. 2010년부터 2012년까지 '하우스 푸어', '깡통주택'의 키워드가 대두하던 그 시기, 많은 주택이 대출금 연체로 인해 임의경매에 넘어가는 일이 많았다.

그때 나는 금융기관의 채권관리부서에 근무하며 채권을 회수하기 위해 전국의 법원을 돌아다녔다. 아직도 그 당시의 일이 기억난다. 경기도의 한 법원에서 1순위 근저당권으로써 부실채권의 배당을 받기 위해 법원 업무를 보고 있었다. 배당의 순간, 한 중년 여성의 날카로운 비명이 들렸다. 자신의 보증금을 돌려주지 않는 것에 대한 분노의 목소리였다. 그때의 소액임차인은 2,200만 원까지 최우선으로 소액보증금을 배당받을 수 있었다. 그 중년 여성은 배당요구라는 법적 요건을 갖추지 못했고, 법적으로도 보호를 받을 수 없는 상황이었다. 내 팔을 붙잡던 중년 여성과 함께 온 어린 자녀의 슬픈 눈망울이 여전히 생각난다.

"나쁜 아저씨, 우리 엄마 돈 돌려주세요!"

4

그날 저녁 '나쁜 아저씨'라는 단어가 머릿속을 떠나지 않았고, 홀로 술잔을 기울이며 세상의 날카로움과 무지의 무서움을 온몸으로 느꼈다. 얼마 후 그녀는 보증금을 반환받기 위해 배당이의 소송을 진행했지만 안타깝게도 패소했고 오히려 소송비용까지 부담하고 말았다.

그 시기에 나는 5평 남짓한 단칸방에서 살았다. 매달 50만 원의 월세를 내며 지내다 임대차계약 만기가 되어 집주인에게 보증금 반환을 요청했다. 임대인은 월세 입금일이 지체됐던 것, 월세방의 벽과 장판에 자국이 났다는 등 온갖 핑계를 대며 보증금 반환 일자를 미뤘다. 수십 번의 통화와 문자를 보내도 결론이 나지 않았다.

그러던 중 보증금을 받지 못했던 중년여성과 자녀의 모습이 그 당시 내 모습과 어딘지 모르게 닮았음을 느꼈다. 내 보금자리를 지키고 마련해야겠다는 생각이 절실히 들었다. 다음날 임대인과 통화 후 내용증명을 보내며 임차권등기명령을 진행하겠다고 통보했다. 며칠 뒤, 그동안의 맘고생이 무색하게 아무 일도 없었다는 듯 보증금이 입금되었다.

그날 나는 "정말 내 보금자리를 만들어야겠어!" 하고 다짐했다. 그 일은 내가 부동산 투자와 경매의 세계에 발을 내딛는 계기가 되었다. 경매는 열정을 넘어 집착의 대상이 되었다. 사람에 대한 배려, 준비된 법적 지식, 포기하지 않는 마음만 있다면 반드시 이룰 수 있으리라 생각했다.

그 시기 주변의 지인들도 임차로 거주하는 집이 경매에 들어갔고, 해결책을 찾지 못해 어려움을 겪고 있었다. 내 일을 해결하고 나서 자신감이 생겼고 투자자뿐만 아니라 임차인 입장에서 도움을 줄 수 있었다. 부동산 경매를 공부하며 빌라, 아파트, 토지, 지분물건, 법정지상권, 유치권, 대지권 없는 집합건물 등 수백 건의 다양한 실전을 경험했다. 일반매매, 재개발, 토지개발, 꼬마건물 건축, 상가개발 등 투자영역까지 확장할 수 있는 밑거름을 쌓았다.

얼마 전 손에는 500만 원짜리 수표를 담은 입찰 봉투를 투입하고 있었다.

내가 입찰한 것은 수도권에 소재한 감정가 대비 35%까지 유찰된 특수물건이었다. 떨리는 마음으로 개찰을 기다렸다. 오랫동안 책상과 현장에서 분석한 노력을 믿고 기다렸다. 단독 입찰, 단독 낙찰이었다. 경매법원 안의 사람들이 수군거렸다. 하지만 여러 번 검토했고, 확신이 있었기에 기쁨을 감출 수 없었다. 이렇게 낙찰받은 특수물건은 철거 전 협상으로 인해 5개월 만에 수익을 실현할 수 있었다. 수익보다도 경매를 잘 몰랐던, 일반인이었던 내가 특수물건을 다룰 수 있을 정도로 성장한 것에 자부심이 느껴졌다.

지피지기면 백전불태

손자병법의 세 번째 장인 모공 편에 나오는 말로 상대방과 자신을 제대로 파악하면 백번 싸워도 위태롭지 않다는 뜻이다. 보통의 사람들은 상대를 파악하지 않고, 싸움을 거는 경우가 많다. 투자라는 싸움에서 승리하기 위해서는 상대에 대한 철저한 분석이 필수적이다. 고수는 이미 승부가 난 상대를 골라 쉽게 싸우고 승리를 쟁취하는 것이다. 부동산 경매를 공부하다 보면, 투자 체력에 맞는 전략적 선택을 연습할 수 있다. 이런 과정을 통해 실전에서도 성공의 확률을 높일 수 있는 것이다.

저자의 살림은 월세에서 시작했지만 지금은 불편함이 없을 만한 수준의 자산으로 불어났다. 바로 이런 정직한 노력의 과정을 통해 축적된 결과라고 생각한다. 경매는 부동산의 시작과 끝을 아우르는 투자 방법이다. 그래서 투자의 내공을 가장 빠르고 효율적으로 키워주는 '치트키'라고 생각한다. 올바른 방법으로 제대로 경매를 공부한다면 부의 기회를 확실하게 잡을 수 있다.

오늘과 내일의 경계 속에서 어떻게 행동할 것인가?

이 책은 부동산 경매를 처음 접하는 직장인, 학생, 금융기관 종사자, 일반 투자자를 위해 교과서적인 내용을 포함해 썼다. 다소 어렵게 느껴지는 부분은 그림으로 표현하고자 노력했다. 단순히 한 번만 읽고 끝내는 것이 아니라, 곁에 두고 여러 번 읽게 만들고 싶었다. 물론 그림으로 표현한다는 것은 항상 일반화의 오류에 노출되어 있다. 특히 책을 통해 일방적인 정보를 전달하는 경우에는 더욱 그렇다. 그래서 경매의 기초를 쌓는 입문서로 활용하되 전문 서적을 보기 전 단계에서 준비운동을 하는 마음으로 여러 번 읽었으면 좋겠다.

독자 중에는 경매 이론을 간과하고 실전의 재미만을 좇는 경우가 있다. 이론을 공부하는 것은 지루하지만 매우 중요하다. 실전에서는 상황에 대한 대응이 필요하고, 그 대응은 충실한 기본기에서 나오기 때문이다.

이 책은 총 8장과 부록으로 구성되어 있다. 1~2장은 경매를 공부해야 하는 이유와 기본 개념에 대해 설명했다. 3~5장은 권리분석과 실무에 대한 내용을, 6~8장은 실전에서 활용할 수 있는 수익분석과 실전 사례를 핵심으로 나열했다. 부록1은 현재 저자가 운영 중인 강·부·자 카페를 활용하는 방법을 다루었다. 부록2는 실무상 유용한 인테리어의 핵심 노하우를 담았다.

각 장을 제대로 숙지한다면 경매 투자의 시나리오가 머릿속에 자연스레 그려질 것이다.

내가 수년간 투자하며 느꼈던 진리가 있다. 바로 '좋은 기회는 갑자기 나타났다가 빠르게 사라져버린다.'라는 것이다. 좋은 투자처는 충분한 의사결정의 시간을 허락하지 않는다. 순발력이 필요한 상황에서 할 수 있었던 것은 경매 서적과 법률에 근거한 의사결정이었다. 경험상 가장 빠르고 정확하며 믿음직스러웠다. 바로 이런 방향성과 접근법을 제시해 주고 싶었다. 경매를 통해 경제적, 정신적 독립의 방향성을 찾고 사랑하는 사람들과 더 많은 시간을 보내길 바란다.

차례

PART 1

이기는 경매 전략 어떻게 세울까?

PART 2

개념을 알아야 분석도 할 수 있다

PART 3

확인할 수 있는 권리부터 확인할 수 없는 권리까지

PART 4

부동산 경매의 존재 이유, 배당

PART 5

맘고생 없는 명도를 위한 전략

PART 6

철저한 전략에 따른 수익 분석 기준 마련하기!

PART 7

실제 현장에서 활용할 수 있는 입찰 노하우

PART 8

실전 경매 투자자의 경매 준비

이기는 경매 전략
어떻게 세울까?

보통 사람들이 근로소득으로 벌 수 있는 인생의 매출은 15억 원 수준이다. 안타깝게
도 서울 강북의 30평대 아파트 가격이다. 시대의 변화 속에서 생존을 위해서는 새로
운 방식의 노력이 필요하다. 치열해지는 경쟁 속 나만의 무기를 만들어야 한다. 보통
사람들이 어려워하는 경매가 그 대안이 될 수 있다. 선입견을 버리고 마음을 열면, 생
각보다 어렵지 않은 경매의 매력에 빠질 수 있을 것이다.

직장인의 인생 매출은
많아야 10억 원?

　사람은 누구나 '생-로-병-사'의 인생 사이클을 가지고 있다. 불로장생을 꿈꿨던 진시황 역시 이 생애주기를 피해갈 수 없었다. 일반적으로 사람은 부모의 사랑으로 태어나, 교육을 받으며 성장한다. 성인이 되어 직업을 갖게 되면 소득이 발생하면서 경제적 독립을 시작한다. 결혼과 출산을 통해 자신이 지켜야 할 새로운 가족을 만들고, 부모가 해왔던 방식을 따라 자녀를 키운다. 그리고 과거의 자신처럼 자녀를 독립시키고, 노후를 준비하게 된다. 태어나서 늙고, 병들고, 삶을 마감하는 것이 바로 인생이다.

　삶을 돋보기로 확대해 보면, '소득 흐름'이라는 녀석이 보인다. 대한민국은 자본주의 사회이므로, 소득에 따라 삶의 경로가 변한다. 자본이 있다면 '생-로-병-사'에 '경험'이라는 다채로움을 추가할 수 있고 '행복'을 만끽할 확률이 높아진다. 내가 학생이던 그 시절에는 "행복은 성적순이 아니잖아요"라는 말이 유행했다. 우수한 성적만이 성공과 행복을 담보한다고 생각했고, 이런 가치관이 사회를 지배하던 때였다. 과연 이런 공식이 지금도 성립할까?

며칠 전 고등학교 동창 모임이 있었다. 당시 우등생이었던 친구들은 대기업의 직장인이거나 공무원이 되어 있었다. 모임 내내 결혼, 내 집 마련, 노후 대비 그리고 현재 직업에 대한 불안과 고민으로 가득한 이야기만 들려왔다. 경제적인 문제로 회사에 종속된 삶을 사는 모습이었다. 과연 이 친구들이 학창 시절의 우수한 성적 만큼 행복한지 의문이 들었다.

일반 직장인이 평생 벌 수 있는 인생 매출은 얼마나 될까? 대기업을 기준으로 최대 10억 원에서 15억 원 내외로 추정할 수 있다. 물론 가족과의 시간을 희생하여 기업의 임원이 된다면 조금 더 높아질 수는 있다. 현재 서울 강북의 역세권 아파트마저 10억 원이 넘는 것이 현실이다. 저축만으로 서울에서 내 집을 마련할 수 있다는 것은 슬픈 희망 고문이라고 생각한다. 월급쟁이의 소득흐름에는 한계가 있다. 아무리 회사를 다니며 열심히 노력한다고 해도 극복할 수 없는 구조다. 경제적 독립과 노후 대비를 생각한다면, 현금흐름이 있을 때 재테크를 해야만 하는 이유다.

나는 학창 시절에 '우등생'이라는 말을 들어본 적이 없다. 물론 나 역시 우등생이었던 친구들처럼 유리지갑을 가진 직장인이 되었다. 표면적으로는 다른 친구들과 비슷하지만, 다주택과 건물을 소유한 월급쟁이가 되었다. 이렇게 언제든 퇴사할 수 있는 무기도 가지게 되었다.

내 인생을 바꾼 것은 바로 '부동산 경매 공부'다. 명품을 백화점이 아닌 공장에서 구매한다면, 저렴한 가격으로 제품을 얻을 수 있다. 제품을 거래하는 장소와 가격에 차이가 있을 뿐 품질은 같다. 구입가가 저렴했기에 중고로 팔더라도 이득을 볼 확률이 높다. 이처럼 부동산을 공장 가격으로 구입하는 것이 바로 경매의 개념이다. 나는 최근 1억 3,000만 원에 해당하는 부동산을

4,500만 원에 낙찰받았다. 그리고 그 부동산을 8,000만 원에 처분했다. 불과 5개월 만에 3,500만 원의 수익을 올릴 수 있었다. 아쉽게도 특수물건이었기에 대출이 불가능했다. 만약 대출을 받을 수 있었다면 수익률은 더욱 올라갔을 것이다.

(원)

회차	최저매각가	결과
신건	126,200,700	유찰
2차	88,341,000	유찰
3차	61,839,000	유찰
4차	43,287,000	유찰
낙찰	45,000,000	낙찰
부동삶 / 낙찰 45,000,000(35%)		

경매 투자		
구분	금 액	투자기간
매도가	80,000,000	
취득가	45,000,000	5개월
처분차익	35,000,000	
단순 예적금		
구분	금 액	저축기간
정기적금	1,000,000	35개월
투자기간 비교		
정기적금	경매 투자	시간 절약
35개월	5개월	30개월

경매 투자와 적금을 비교하면 3,500만 원을 모으는데 30개월이라는 시간 차가 발생한다. 100만 원씩 35개월 동안 저축하는 성실함과 노력을 경매라는 재테크를 통해 30개월을 단축할 수 있다면 시간적으로 효율적이지 않을까? 남들이 모르는 명품을 저렴하게 취득해서 정상 가격보다 조금 낮게 처분하는 것은 기술을 넘어 예술이라 말하고 싶다.

경매를 공부하다 보면 일반 부동산을 보는 눈도 트이게 된다. 간혹 일반 부동산에 권리가 복잡하게 얽혀 있는 경우가 있다. 일반인에게는 어렵지만, 경매 공부를 하는 사람에게는 해결책이 쉽게 보여서 좋은 기회를 얻을 수 있다.

과거 투자했던 아파트 중에 선순위 보전가등기가 있는 물건이 있었다. 가등기권자가 소유자에게 돈을 빌려줬고, 불안한 마음에 가등기를 설정한 것이었다. 급하게 자금이 필요한 가등기권자의 협의를 이끌어 매수했고, 높은 수익을 달성했다. 보전가등기가 있는 물건을 그냥 인수하는 경우에는 소유권을 잃을 수 있지만, 말소 조건으로 매수할 때 전혀 문제가 없다는 것을 파고들었다.

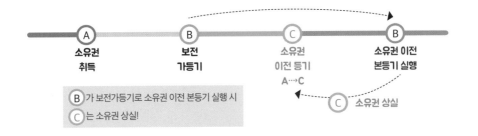

보전가등기: 소유권 미 이전 상태에서 안정적 소유권 취득을 위해 보전가등기 설정

<보전가등기의 구조>

구 분	금 액	구 분	금 액
처분금액	4억 원	월세	840만 원(月70만 원)
취득금액	2억 5,000만 원	대출이자	600만 원(月50만 원)
대출금액 (담보+마통)	2억 4,000만 원(2.5%)	연이익	240만 원(月20만 원)
보증금	1,000만 원	수익률	무한대
실투자금	-	시세차익(2년)	1억 5,000만 원

경매 공부를 통해서 보전가등기의 해결책을 알고 있었기에 남들이 망설일 때, 빠르게 의사 결정을 할 수 있었다. 시세보다 5,000만 원 정도 저렴하게 취득했다. 취득가가 낮았기에 대출을 통한 무피투자도 가능했다. 이것이 바로 경매를 공부해야 하는 이유다.

경매 제대로 알고
공부하자

우리나라는 수출 의존적 산업구조를 가지고 있다. 원자재, 유가, 환율변동과 같은 작은 충격에도 경제적으로 흔들리는 경우가 많다. 외부 충격으로 인해 금융시장부터 부동산 시장까지 요동치게 만들었다. 최근 토지보상금, 저금리, 최저임금인상, 재정지출 확대로 통화량은 증가하는 추세이다. 인플레이션에 대한 이슈와 함께 실물자산으로 자본이 몰리고 있다. 최근 몇 년간 부동산 가격은 과열을 거듭했다. 변동성이 더욱 커졌기에 실패하지 않는 투자를 하는 것이 중요하다. 부동산 경매는 낮은 취득가를 지향하는 투자 방식이다. 가격 변동의 위험에서 상대적으로 안정적이기 때문에 지금 이 시기에는 부동산 경매에 관심을 가져야 한다.

경매는 어디서 시작되어 어디로 가는가?

경매는 생애가 있는 생명체이다. 경매시장에서 가장 많이 볼 수 있는 한 가지 사례를 통해 경매의 시작과 끝의 큰 그림을 그려 보자.

- A는 시세 6억 원의 집을 매매하기로 결심했다.
- 자금이 부족해 매수하려는 집을 담보[1]로 금융기관에 4억 원 대출을 신청했다.
- 대출 시 돈이 떼이는 일이 없도록 담보평가와 대출심사를 한다.
- 이후 A는 종잣돈 2억 원과 대출금 4억 원을 합하여 집을 매수했다.
- 하지만 A는 대출을 받은 후 4억 원에 대한 이자를 납입하지 못했다.
- 금융기관은 대출금을 회수하기 위해 A의 집을 경매에 부쳤다.
- B는 경매에서 A의 집을 5억 원에 낙찰받고, 잔금을 납부하여 소유권을 취득했다.
- B가 납입한 5억 원 중 4억 5,000만 원은 은행이 회수했고 나머지 5,000만 원은 A에게 배당했다.
- B는 사정이 딱한 A에게 이사 비용을 줘서 내보내고, 수리 후 새로운 임차인을 얻었다.

<경매의 시작과 끝>

  쉽게 말하자면 돈을 빌려주고 담보를 잡는데, 빌려준 돈이 회수되지 않을 때 담보를 이용해 경매를 진행하는 것이다. 실제 경매에 나오는 물건의 70%가 근저당에 의해 실행된다. 누군가가 낙찰을 받고 대금을 납부하면 그것으로 채권을 충당하는 것이다. 이 과정을 '경매'라고 한다. 우리는 투자자 관점에서 입찰을 통해 해당 부동산을 취득하면 된다. 이것이 경매의 시작과 끝이다.

---

1   이 책에서는 담보와 근저당이 동일한 의미를 지닌다.

근저당이란 무엇인가?

　근저당이란 은행에서 누군가에게 돈을 빌려줄 때, 채무자의 재산을 담보로 잡아두는 것을 말한다. 근저당은 '경매 신청'과 '우선 변제'라는 두 가지 권리를 가진다. 돈이 회수되지 않을 때 경매로 부동산을 처분하고 매각된 금액

은행은 근저당권설정자에게 이 약정서상의 중요한 내용을 설명하여야 하며, 은행여신거래기본약관과 이약정서의 사본을 교부하여야 합니다.

상담자	근 담보	**근저당권설정계약서**	계/대리/과장	차장·팀장 부지점장	부점장 대우	부점장
직위		**(20 년 월 일)**				
성명 (인)						

※ 설정자는 다음 사항을 읽고 본인의 의사를 사실에 근거하여 자필로 기재하여 주십시오. (기재예시 : 1.수령함, 2.들었음)
1. 은행여신거래기본약관 및 이 계약서 사본을 확실히 수령하였습니까?
2. 위 약관과 계약서의 중요한 내용에 대하여 설명을 들었습니까?

채권자 겸 근저당권자	(인)
주 소	
채 무 자	(인)
주 소	
근저당권 설정자	(인)
주 소	

※ 설정자가 타인을 위하여 주택을 담보로 제공하는 경우에는 설정자는 이 계약 작성일을 포함하여 3일 이내에 담보제공을 철회할 수 있습니다. 다만, 철회권을 미리 포기하고 이 설정계약을 즉시 확정할 수도 있습니다. 필요시 설정자는 위 기간 이내에 본인의 의사를 다음란에 자필로 기재하여 주십시오.
(기재예시 : 철회함. 년 월 일, 포기함. 년 월 일)

담보제공의사를 철회합니까? (철회한 때에는 이 계약은 취소되고 설정자는 담보 책임을 부담하지 않습니다. 이 때 담보 설정·해지에 드는 비용은 설정자가 전부 부담하여야 합니다.)	20 년 월 일
철회권을 포기합니까? (철회권을 포기하는 때에는 이 설정계약은 즉시 확정됩니다.)	20 년 월 일

이 계약서에 따라 등기되었음을 확인하고 등기권리증을 수령함 20 년 월 일 설정자 (인)

● 담보의 제공은 재산상 손실을 가져올 수도 있는 중요한 법률행위이므로 미리 뒷면 '담보제공자가 꼭 알아 두어야 할 사항'과 계약서의 내용을 잘 읽은 후 신중한 판단을 하시고, 굵은선 □으로 표시된 란(당사자란, 제1조 및 계약서 끝부분)은 담보제공자가 반드시 자필로 기재하시기 바랍니다.

담보제공자(저당권설정자)가 꼭 알아두어야 할 사항

저당권이란
- 채무자가 기일에 채무를 상환하지 않으면, 채권자는 설정자가 제공한 담보물을 처분하여 우선적으로 변제받는 권리입니다.
- 따라서 자기소유의 부동산에 타인을 위하여 저당권을 설정하는 것은 타인의 채무불이행으로 인하여 자기재산을 잃게 될 수 있는 위험을 부담하는 행위입니다.

담보종류에 따른 책임범위
- 「특정채무담보」는 채무자가 채권자에 대하여 부담하는 특정된 채무만을 담보하는 것으로, 그 채무가 연기·재취급 또는 다른 여신으로 대환된 때에는 담보하지 않습니다.
- 「근담보」는 채무자와 채권자 사이에 이미 맺어져 있거나 앞으로 맺게 될 거래계약으로부터 현재 발생되어 있거나 앞으로 발생할 채무를 채권 최고액의 범위내에서 담보하게 되는 것으로 세가지 유형이 있으며, 각 유형에 따른 책임범위는 다음과 같습니다.
  「특정 근담보」
  특정된 거래계약(예 : 년 월 일자 여신거래약정서)으로부터

계속적으로 발생하는 채무를 담보하며, 그 채무가 기한 연기된 때에도 담보합니다. 그러나 재취급 또는 다른 여신으로 대환된 때에는 담보하지 않습니다.
「한정 근담보」
특정한 종류의 거래(예 : 당좌대출거래)에 대하여 이미 맺어져 있거나 앞으로 맺게 될 거래계약으로부터 현재 발생되어 있거나 앞으로 발생하게 될 채무를 모두 담보하며, 그 채무가 연기나 재취급은 물론 같은 종류로 대환된 때에도 담보합니다. 그러나 다른 종류의 여신으로 대환된 때에는 담보하지 않습니다.
「포괄 근담보」
채무자가 채권자에게 부담하는 현재 및 장래의 모든 채무(여신거래로 인한 채무 뿐만 아니라 기타 다른 형태의 채무를 포함한다)를 담보하여 그 책임범위가 아주 광범위하므로 포괄근담보를 선택할 경우 다시 한번 신중히 생각한 후에 결정하십시오.

담보제공자가 연대보증까지 서는 경우
- 담보제공자가 연대보증을 별도로 서는 경우, 은행은 담보제공부동산 외에 담보제공자의 다른 일반재산에 대하여도 집행을 할 수 있습니다.

※ 출처_금융기관 자료실

<근저당권설정계약서>

을 후순위권리자보다 먼저 받아 가는 것이다. 대다수의 금융기관은 담보로 근저당을 설정한다. 실제 금융기관에서 대출을 받을 때 근저당설정계약서를 작성하는데, 저당권에 관한 정의를 찾아볼 수 있다.

저당권과 근저당권은 무엇이 다를까? 저당권은 확정된 금액만을 담보로 잡는다. 이와 상대적으로 근저당권은 미래에 증감 변동할 수 있는 불특정 채무에 대해 책임을 지는 것이다. 예를 들어, 저당권은 4억 원을 빌려주고 4억 원만큼 담보를 잡는다면, 근저당은 채권최고액[2]으로 4억 8,000만 원을 설정한다. 4억 원을 빌려줬지만 4억 8,000만 원만큼 권한을 행사하겠다는 것이다. 저당권과 다르게 채권최고액 범위 내에서 대출을 상환하고 다시 받을 수 있다. 등기비용 절감 차원에서도 근저당이 훨씬 유리하다. 그래서 금융기관은 대부분 근저당을 설정한다.

갑구				갑구		
1	소유권 보존	A		1	소유권 보존	A
2	소유권 이전	B		2	소유권 이전	B
을구				을구		
1	저당권 설정	채권액 4억 원 채무자 B 변제기 3년 이자 연 3푼 1리 저당권자 xx은행		1	근저당권 설정	채권최고액 4억 8,000만 원 채무자 B 근저당권자 xx은행

<저당권과 근저당권의 설정방식>

2 　경매를 통해 원금과 이자의 경매비용을 회수할 때, 1년 정도 시간이 소요된다. 과거 금융기관의 연체이율은 18% 수준으로 채권액을 120%정도 설정해야 손해를 보지 않는다.

강제경매와 임의경매 구별하기

강제경매란 집행권원[3]을 가지고 채무자의 일반재산에 대해 경매 신청하는 것을 말한다. 예를 들어 A가 B에게 차용증을 받고 돈을 빌려주었으나 B는 만기가 지나도 돈을 갚지 않았다. 채권자 A는 자신의 금전을 회수하기 위해 채무자 B를 상대로 대여금반환청구소송을 제기한다. 소송을 통해 승소할 경우 집행권원을 얻는다. 이후 B소유의 일반재산을 강제 매각한다.

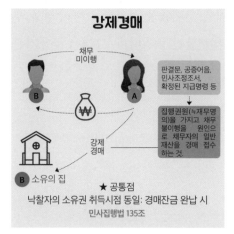
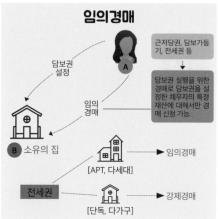

<강제경매와 임의경매의 구분>

임의경매란 담보권을 설정한 채무자의 특정 재산에 대해 경매 신청을 하는 것을 말한다. 예를 들어 A가 B에게 돈을 빌려주면서 B명의의 H주택에 근저당권을 설정하였다. 이후 B가 채무변제를 하지 않을 경우, 채권자 A는 H주택을 경매로 매각하여 채권을 회수하는 것을 말한다. 보통의 금융기관에서 담보대출 시 활용하는 방식이다.

3　법원에서 받은 재판 및 재판에 준하는 효력을 가진 조서, 청구하는 권리의 존재와 범위를 표시한 집행력이 부여된 공정증서다.

둘의 공통점은 법원에서 부동산을 금전으로 바꾸는 절차를 진행하는 것이다. 채무불이행인 경우에 채무자의 의사와 무관하게 경매가 진행된다. 법원에서는 경매개시결정 기입등기[4]로 경매를 알리고 절차를 진행시킨다. 이후 낙찰자가 경매 잔금을 납부하면 소유권을 취득(민사집행법 제135조 근거)하게 된다.

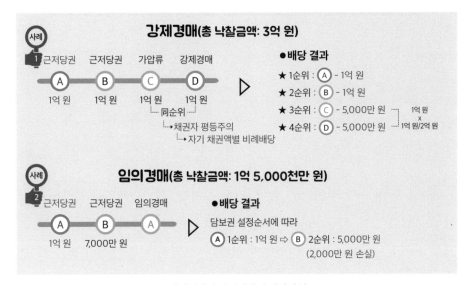

<강제경매와 임의경매의 배당방식>

이 둘은 배당순서, 집행대상, 집행권원에 차이점이 있다. 임의경매는 담보권 설정에 의해 실행되므로 우선변제권이 있는 순서대로 돈을 나눠 갖는다. 채무자의 특정 재산을 강제집행할 때 판결문에 나온 것처럼 집행권원이 없어도 근저당을 이용해 경매를 진행할 수 있다. 반면 강제경매권자는 성립일에 상관없이 채권액에 따라 안분배당을 받게 된다. 또한 판결문과 같은 집행권원이 있어야 채무자의 일반재산을 집행대상으로 경매가 가능하다.

---

4   경매의 시작을 알리는 등기, 제3자에게 알려줘야 선의의 피해자가 생기는 것을 막을 수 있다. 경매개시결정 기입등기가 되면 재산을 압류하는 효력이 생긴다.

한 권으로 끝내는 실전 경매

경매 그래도
위험하지 않을까?

  오늘날 평균 수명의 연장과 함께 '인생 후반전', '인생 이모작'이라는 개념이 대두되고 있다. 최근 저금리, 저성장, 저출산이라는 사회적 현상이 맞물려 금융자산만으로는 노후를 대비하기 어렵다. 그래서 부동산 투자를 통해 불로소득을 마련하는 것이 꾸준한 인기를 얻고 있다.

  대체적으로 사람들은 어떻게 부동산을 취득할까? 대다수가 중개사무소를 통해 일반 매매를 할 것이다. 정상적인 가격협상과 합의를 통해 거래가 이루어지기에 안전하다고 느끼기 때문이다. 경매는 어떨까? 대부분 경매가 남의 재산을 강제로 빼앗는 나쁜 것이라고 생각한다. 하지만 조금만 시각을 바꾼다면, 반대의 해석이 가능하다.

  경매[5]는 '공개경쟁매매'의 줄임말이다. 부동산 경매란 우리 주변에서 흔히 들어볼 수 있는 미술품, 농수산물, 자동차 경매와 크게 다르지 않다. 즉, 한정된 공급을 바탕으로 값어치가 있는 물건을 다수의 입찰자(수요자)들이 매입

---

5   이 책에서 경매는 주로 '부동산 경매'를 일컫는다.

의사(청약)를 밝히고 응찰한다. 그중에서 최고가로 매수 신고한 사람에게 물건을 매도하는 경제 행위다. 경제적 활동의 일부분으로 수요자와 공급자가 청약과 승낙을 바탕으로, 서로의 의사가 합치되는 사람들끼리 물건이나 사물을 교환한다는 개념이다. 그런데 많은 사람이 부동산 경매를 부정적인 시선으로 바라본다. 누군가의 부동산이 경매에 넘어가 어려움에 처한다는 인식 때문이다. 과연 이것만이 사실일까?

1억 원의 돈을 빌려준 A와 그 돈을 빌린 B가 있다. 결국 누가 피해를 봤을까? 과연 우리의 막연한 생각처럼 집이 경매로 넘어가는 사람이 피해를 본 걸까?

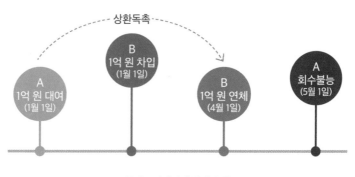

<금전소비대차계약의 흐름>

위의 그림을 보면 돈을 빌려준 A는 재산상 심각한 위기에 빠진 상황임을 쉽게 알 수 있다. 그렇다면 A는 B 때문에 초래된 위기를 어떻게 극복할 수 있을까? 먼저 B 명의의 재산을 찾고 나서 집행권원을 취득한 뒤 강제집행을 통해 1억 원을 회수해야 한다. 일반인의 입장에서는 B의 재산을 강제매각한 것 때문에 부정적인 시각으로 보는데, 현실에서의 피해자는 바로 A다. 낙찰자의 매각대금은 추후 A에게 배당된다. 즉, 경매를 통해 경제적 위기에 빠진 A를 보호하는 것이 바로 경매의 취지다. 돈을 빌려준 사람과 돈을 갚지 않는 사

람 중 누가 부도덕한지 생각해 보자.

경매를 쇼핑과 직접적으로 연결시키는 것은 어폐가 있을 수 있지만, 생각을 조금 바꾸면 경매를 보는 시야가 넓어진다.

'경매 ≒ 쇼핑 ≒ 부동산 경매'

이렇게 공식을 언급하는 데는 이유가 있다. 바로 고정관념과 선입견을 버리라는 것이다. 나는 부동산 경매 실무를 하며 어려움을 많이 겪었다. 돌이켜보면 용어에 대한 압박감, 경매에 대한 거부감이 가장 큰 원인이었다. 부동산 경매를 낯설고 어려운 대상이 아닌 '쇼핑과 같다.'라는 마인드를 일찍 가졌다면, '시행착오를 덜 겪지 않았을까?'라는 생각이 든다. 쇼핑은 누구나 좋아한다. 어렵지 않고 즐거움을 주기 때문이다. 부동산 경매도 크게 다르지 않다.

생각보다 어렵지 않은 경매

사람들은 필요한 물건을 살 때, 해당 물건을 판매하는 장소에 간다. 과일이나 음식을 살 때 전자제품 가게에 가지 않는다. 고가자산인 부동산은 주로 공인중개사무소에서 거래된다. 권리와 물건의 하자에 대한 위험을 중개사에게 전가하고픈 심리 때문이다. 모든 거래와 마찬가지로 부동산 계약도 당사자 간의 청약, 승낙이 있어야 성립하며 법률효과가 발생한다. 이때 중개사와 법무사는 계약금, 중도금, 잔금, 관리비 등 정산, 거래신고, 소유권이전등기, 근저당말소 등을 도와준다. 매수자는 편하게 소유권을 취득한다.

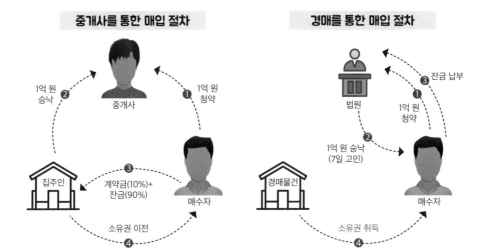

중개사를 통한 매입 절차   **경매를 통한 매입 절차**

계약 성립: 청약에 의한 승낙   계약 성립: 잔금 납부 시 소유권 취득(민사집행법 제135조)

<중개사무소와 법원에서의 부동산 거래>

경매를 통해 부동산을 매매하는 것의 법적 원리를 따지면 중개사를 통해서 거래하는 것과 큰 차이가 없다. 법원에서 강제 매각을 진행하는데, 매수자는 입찰일에 보증금으로 최저 매각가의 10%를 납부한다. 낙찰을 받으면 잔금을 납부하고 소유권을 취득하는 것이다. 권리분석에 대한 부담을 본인이 100% 부담하는 것만 차이가 있다.

부동산 계약 시 모든 부분을 '중개사나 법무사만 믿는 것이 옳은 방법일까?' 나는 그 물음에 대해 '아니다.'라고 말하고 싶다. 중개사나 법무사만 믿고 부동산을 거래한다는 것은 책임감이 부족한 행동이다. 자신의 재산을 지키기 위해서는 전문가를 신뢰하되 전적으로 의지해서는 안 된다. 일반매매와 경매에서 발생하는 하자 책임은 매수인이 부담한다. 문제가 발생하면 모두 자신의 책임이다. 따라서 부동산을 고르는 방법이나 권리분석에 대한 지식이 꼭 필요하다.

구분 항목	일반 매매	부동산 경매
계약의 성립	청약 : 매수자 승낙 : 매도자	청약 : 최고가 매수인 매수신청 승낙 : 7일 후 매각허가 결정(법원)
계약금	매매대금의 10%	최저 매각가격의 10%
중도금	당사자간 합의로 조율 40~50% 및 중도금 생략 가능	중도금 없음
잔금	잔금 지급 후 등기 시 소유권 취득	잔금 납부 시 소유권 취득 단, 처분을 위해 등기 필요
공인중개사	매매계약 위탁 진행 가능 하자 발생 시 계약당사자 책임 있음	경매 위탁 진행 가능 하자 발생 시 입찰당사자 책임 있음
계약의 해지	매수자: 계약금 포기 매도자: 계약금 배액 배상	입찰자: 입찰보증금 반환 ※ 단, 패찰[6] 및 하자 없는 취소 시

<매매와 경매의 비교>

위의 표를 보면 계약의 성립, 대금지급의 방식, 하자 발생 시 책임, 계약의 해지 등에서 비슷한 점이 많다. 막연히 경매는 어려운 영역이라고 느낄 필요가 없다. 앞에서 언급한 논리를 연결하면 다음의 결론을 얻을 수 있다.

'경매 ≒ 쇼핑 ≒ 부동산 경매 ≒ 부동산 매매'

위 공식을 토대로 경매의 근본적 특성에 관해 이해해 보자. 경매는 생각보다 어렵지 않다.

---

6   경매에 입찰했지만 최고가 매수신고인이 되지 못해 매매계약이 틀어진 것과 같은 의미이다.

구분	일반 경매	쇼핑	부동산 경매	부동산 매매	근본적 차이점
공급자	경매물건 소유자	상인	부동산 소유자	부동산 양도자	없음
수요자	낙찰자	고객	낙찰자	부동산 양수자	없음
거래상품	물건 등의 재화	물건 등의 재화	부동산	부동산	없음
하자책임	본인	본인	본인	본인	없음
거래장소	법원 및 물건지 장소	상점	법원	중개사 사무소	없음
기타비용	없음	없음	없음	중개수수료	비용 발생
공통점	수요자의 청약과 공급자의 승낙에 의해 거래 성립 하자발생 시 본인에게 책임 귀속				

<경매, 쇼핑, 매매의 근본적 차이>

경매 신청권자는 하루라도 빨리 본인의 채권을 회수하고 싶을 것이다. 경매에 입찰한다는 것은 채권자의 고통을 완화하고 신용사회의 믿음을 지탱시키는 신성한 행위이다. 경매 투자를 하는 것은 생각보다 어려운 개념도 아니고 도덕적으로 나쁜 것도 아니다.

이해관계인과 절차만 알아도 반은 정복한다

경매가 어렵다고 느끼는 이유는 절차와 이해관계인[7]의 권리관계가 낯설기 때문이다. 대다수의 일반매매는 매도자와 매수자만 있다. 하지만 경매는 채권자, 채무자, 임차인, 입찰자가 있다. 손자병법에는 '지피지기 백전불태'라는 말이 있다. 상대를 알아야 전쟁에서 승리하듯 경매도 이해관계인을 정확

---

7   경매사건에서 재산, 권리 등 이해관계가 엮인 사람, 각자 입장에 따라 취하는 태도가 달라진다.

히 파악해야만 성공적인 투자를 할 수 있다. 예를 들어, 채권자가 경매에 대한 정보를 많이 가지고 있고 입찰자는 정보가 부족한 상황이다. 채권자에게 정보를 얻을 수 있는 방법은 무엇일까? 바로 채권을 회수하도록 도와주는 것이다. 낙찰을 담보로 채권자에게 정보를 얻어내는 것처럼 초보와 고수의 차이는 이해관계인의 속마음을 꿰뚫어 보며 정보를 분석하는 데 있다.

구 분	이해관계인 정의	속마음
채권자 (금융기관 등)	부동산을 담보로 금전을 대여해 준 사람	채권 회수
채무자	부동산을 담보로 금전을 대여한 사람	채무 상환
소유자	부동산을 담보로 제공한 사람	채무 상환, 물상보증이행
임차인	점유하는 세입자	보증금 회수
입찰자	경매에 나온 매물을 낙찰받기 위해 입찰하는 사람	저가 매수, 투자 성공

<이해관계인의 구분과 속마음>

부동산 경매는 민법과 민사집행법에 근거해 진행된다. 강제경매나 임의경매, 모두 마찬가지다. 타인의 재산을 강제로 집행하는 것이기 때문이다. 경매절차를 약식으로 그려 보았다. 기본적인 순서를 눈에 담아 보자.

<경매 절차>

① 경매 신청

채권자가 채무자에게 금전 등을 받지 못한 것을 사유로 집행력 있는 정본 (판결문)이나 담보권(근저당 등)이 존재하는 서류를 첨부하여 경매 신청서를 작성하고 경매 비용을 예납하여 신청한다.

강제경매	임의경매
강제경매 신청서	임의경매 신청서
집행력 있는 정본(판결정본 등)	근저당권설정계약서
부동산 목록	부동산 목록
부동산 등기부등본	부동산 등기부등본
토지대장, 건축물관리대장	토지대장, 건축물관리대장
송달증명원	송달증명원
채권자 주민등록등본	채권자 주민등록등본
경매비용예납서, 등록세영수필확인서, 송달료 납부서	경매비용예납서, 등록세영수필확인서, 송달료 납부서
기타(대리인자격증명서, 위임장, 기타 서류)	기타(대리인자격증명서, 위임장, 기타 서류)

<강제경매와 임의경매 신청 서류>

② 경매개시결정

경매 신청이 있을 때 경매법원은 경매 신청서 및 첨부서류를 토대로 하여 경매개시의 형식적, 실질적 요건의 적부를 심사한다. 요건이 적법하게 구비되면 경매 신청 후 약 3일 뒤에 매각결정을 한다. 이것을 '경매개시결정'이라고 한다. 경매개시결정과 함께 경매부동산은 압류[8]의 효력이 발생하며, 타인

---

8   특정 물건이나 권리에 대해 사실상, 법률상 처분을 금지하는 행위.

에게 처분 및 점유 이전은 추후 법적 다툼의 대상이 된다.

③ 입찰공고(=경매 준비절차를 의미)

입찰공고는 경매 준비절차를 의미한다. 이해를 돕기 위해 표현을 조금 바꾸었다. 이때 경매 신청기입등기 촉탁, 경매개시결정의 송달, 채권신고의 최고 및 통지, 현황조사서 작성, 감정평가서 작성, 매각기일과 매각결정기일을 지정한 뒤 모든 것을 종합하여 매각물건명세서라는 한 장의 서류를 작성한다. 경매에서 돈을 받아갈 사람이 손해 보지 않도록 경매사실 공지, 가치평가, 권리현황 정리, 채권액 취합, 매각진행 등을 준비하는 것을 말한다.

④ 입찰

실제 경매에 참여해 '부동산을 매수하겠다.'라는 의사를 표시하는 것이다. 법원마다 차이는 있지만 보통 매각기일 오전 10시에 집행관의 입찰 개시선언으로 시작한다. 입찰자들은 입찰서류를 열람한다. 입찰표와 입찰봉투를 작성해 보증금과 함께 입찰함에 투입한다. 입찰 시간은 1시간 정도이며 이 시간이 지나면 집행관은 입찰 마감을 선언하고 개찰하여 최고가 매수신고인을 결정한다.

⑤ 매각허가결정 및 확정

최고가 매수신고인이 되면 매각기일(=입찰일)로부터 1주 이내에 매각허가결정을 한다. 낙찰에 대한 이해관계인의 진술을 듣고, 매각허부결정에 대한 검토를 한다. 매각불허가 사유에 해당된다면 불허가를, 매각불허가 사유가 존재하지 않는다면 매각허가결정을 선고한다. 다시 7일간의 기간을 두고 매각허가확정을 하게 된다. 매각허가결정된 사항에 대해 이의신청을 심사하는 기간이라고 생각한다. 경매는 강제집행이기에 허가결정과 확정이라는 절차를 둠으로써 시행착오를 줄이는 것이다.

⑥ 대금납부

대금납부일은 보통 매각허가일로부터 1개월 이내에 정해지는데 매수인은 대금납부와 동시에 소유권이전등기와 관계없이 소유권을 취득한다. 그리고 나서 대금납부와 함께 소유권 이전 촉탁등기를 신청한다. 낙찰대금 납부 시 소유권이전등기 여부와 관계없이 낙찰대상 부동산의 소유권을 취득하게 된다.

⑦ 소유권이전등기 촉탁

소유권이전등기는 매수인이 낙찰대금을 납부한 후에 법원에 소유권이전등기에 필요한 서류를 갖추어 신청하면 경매법원이 등기소에 소유권이전등기를 촉탁한다. 여기서 중요한 것은 낙찰대금을 납부함과 동시에 소유권을 취득하지만 소유권이전등기 없이는 처분할 수 없다.

⑧ 배당기일

경매로 매각된 돈을 채권자들에게 나누어주는 절차이다. 민법, 상법, 민사집행법, 주택임대차보호법, 국세, 지방세법에 따라 배당순위를 정하고 배당금을 산정하여 배당표를 확정한다. 보통 대금납부일로부터 2주 이내에 배당기일을 지정, 배당한다. 배당기일 3일 전에 이해관계인이 열람할 수 있도록 초안을 작성하여 비치하고 있다. 미리 유선전화를 통해 배당표 이상 유무를 체크하는 것이 좋다.

⑨ 임차인 명도

낙찰자가 임차인을 내보내는 절차이다. 대항력이 없는 임차인의 경우 매수인은 대금납부 후 6개월 이내에 인도명령신청과 점유이전금지가처분을 신청한다. 인도명령결정 및 협상을 통해 명도를 한다. 리모델링 및 보수를 마친 후 수익성 물건으로 탈바꿈시킨다.

한 권으로 끝내는 실전 경매

PART 2

개념을 알아야
분석도 할 수 있다

꽤 오래전부터 「개념원리」라는 수학 학습지가 큰 인기를 얻고 있다. 수학의 기초 개념을 이해시키기 때문이다. 덧셈의 개념을 알아야 1+1의 답이 2라는 것을 알 수 있듯이, 경매를 분석하기 위해서는 반드시 알아야 할 개념이 있다. 바로 물권, 채권, 말소 기준등기이다. 오랫동안 경매 공부를 했다고 해도 개념을 제대로 알지 못한다면 많은 시행착오를 겪을 수 밖에 없다. 제대로 경매 투자를 시작하려면 기본 개념을 충실히 숙지해야 할 것이다. 자, 이제 시작해 보자!

경매에는
어떤 물건이 나올까?

부동산은 민법 제99조에 토지 및 그 정착물로 정의되어 있다. 다시 말하면, 부동산을 취득하는 대상은 토지와 건물이라는 것이다. 부동산 경매에서 발견되는 매각 유형은 크게 4가지로 구분할 수 있다.

> ① 순수 토지 매각
> ② 하자 토지 매각(토지 위에 건물 등이 있는데 토지만 나온 경우)
> ③ 건물만 매각(토지는 제외하고 건물만 나온 경우)
> ④ 토지와 건물 동시 매각

※ 순수 토지매각은 건축 허가, 취득자격 증빙, 거래 허가 등 사전 확인 필요.

당연히 '경매로 물건이 나오면 토지와 건물이 같이 나오는 거 아니야?'라고 생각하는 사람이 있다. 실무에서는 다양한 형태의 매각 물건이 경매로 나온다. 그래서 경매를 처음 공부할 때 완벽한 형태의 ①, ④번과 같은 물건을 입찰하는 것이 좋다. 간혹 준비가 안 된 투자자가 ②, ③번을 낙찰받는다면, 해결책을 몰라서 오랜 기간 자금이 묶일 수 있기 때문이다. 최악의 경우 다시 소유권을 빼앗길 수도 있으므로 주의해야 한다. 이렇게 매각 대상 물건에 대한 구분은 자신이 생각한 방향대로 물건을 선택하고 투자하는 데 도움이 된다. 그렇다면 매각 유형을 어디서 확인해야 할까? 바로 부동산표시목록을 보고 구별한다.

번호	지번	용도 / 구조 / 면적	비 고
1	서울 동작구 노량진동 1234	대 300㎡	
2	서울 동작구 노량진동 1234	서울 동작구 노량진동 1234 위 지상 연와조 세멘와즙 평가건주택 1동 건평 36평	

<부동산표시목록 ④ 예시>

위의 표를 보면 토지와 건물이 모두 매각물건으로 나온 것을 알 수 있다. 매각유형 중 ④에 해당한다. 그런데 비고란에 제시외 건물이나 주택, 수목 소재라고 쓰인 경우가 있다. 제시외란 매각부동산에는 포함되지 않지만, 현장에 존재하는 것을 말한다.

번호	지번	용도 / 구조 / 면적	비 고
1	서울 동작구 노량진동 5678	대 100㎡	지상에 제시외 주택 소재

<부동산표시목록 ② 예시>

위의 표에서 낙찰자는 지상 주택의 법정지상권[1] 성립 여부를 확인한 뒤에

---

1   법적으로 토지를 사용할 수 있는 권리. 3장에서 자세히 다룰 것이다.

입찰해야 한다. 낙찰은 받았지만, 지상 위에 독립된 주택이 있기 때문이다. 토지를 사용하지 못할 수도 있다. 반면 '제시외'로 표시된 부분의 면적이 낙찰자에게 귀속되는 경우가 있다. 판례에서는 제시외로 표시된 부분이 부합물 또는 종물이라면 민법 제358조(=저당권의 효력이 저당부동산에 부합된 물건과 종물에 미친다.)에 의해 낙찰자는 제시외에 관해서도 소유권을 취득할 수 있는 것으로 해석하기도 한다. 부합물이란 엘리베이터와 보일러 배관처럼 부동산과 동산[2]이 결합했거나 동산과 동산이 밀접하게 결합한 것을 말한다. 부합물은 분리하면 경제적으로 손실이 발생한다. 또한 분리하기도 어렵기 때문에 원상회복시키지 않고 한 개의 물건으로 보아 개별 소유한다.

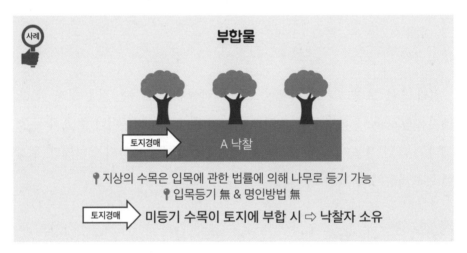

<부합물의 사례>

위의 그림을 보자. 수목도 등기를 하면 부동산처럼 독립물로 취급할 수 있다. 이때 토지의 낙찰자는 수목의 소유권을 주장할 수 없다. 반면, 미등기된 수목이라면 대다수가 토지에 부합되므로 낙찰자의 소유가 되는 경우가 많

---

2   재산적 가치가 있으며 움직일 수 있는 물건. 고정되어 있는 부동산(토지 및 건물)의 반대 개념.

PART 2. 개념을 알아야 분석도 할 수 있다

다. 종물은 주물에 부속되어 그 사용에 도움을 주는 관계를 말한다. 주물과 종물의 예로는 배와 노, 자물쇠와 열쇠, 주택과 본채에서 떨어진 방이나 창고, 화장실, 시계와 시곗줄 등이 있다. 주물의 효용과 직접적인 관계가 없는 물건은 종물이 아니므로 주의를 기울여야 한다.

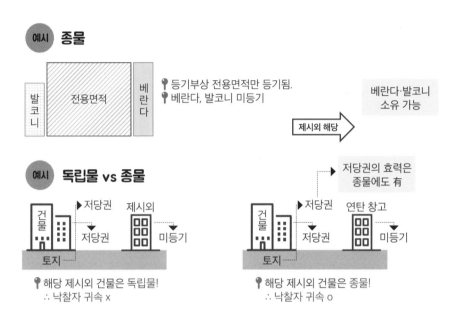

<독립물과 종물의 사례>

하자 토지를 매각할 때 지상의 독립 건물이 존재하는 경우에는 독립물[3]로 본다. 따라서 소유권 다툼으로 인하여 토지에 대한 소유권을 제대로 행사하기 어려울 수 있다. 위의 그림을 보면 독립물과 종물의 구분에 따라 소유권의 귀속이 달라진다. 입찰 전 매각물건의 유형을 파악하고 제시외 형태(독립물, 부합물, 종물)를 구분하는 것은 낙찰 후 소유권 분쟁을 줄이고 수익을 실현하는 데 매우 중요하다.

---

3   토지 위의 주택, 건물과 같이 독립적 가치를 가지는 물건.

한 권으로 끝내는 실전 경매

분쟁과 다툼이 많기에
중요한 권리

경매는 채권자, 채무자, 임차인과 같은 이해관계인의 권리가 복잡하게 얽혀 있다고 배웠다. 당연히 권리에 대한 분쟁과 다툼이 많을 수밖에 없다. 그래서 권리[4]의 법적인 효력을 이해하는 것은 중요하다. 다음 사례를 보면 쉽게 알 수 있다.

> ⓐ A는 토지소유권 취득했다.
> ⓑ B, C, D는 A의 동의 없이 불법으로 건물을 건축했다.
> ⓒ B, C, D는 A의 토지를 사용하여 수익을 얻었다.
> ⓓ A는 소유권(사용·수익, 처분)중 사용·수익의 권리를 침해 당했다.
> ⓔ A는 소유권에 기해 국가에 토지인도 및 건물철거를 청구했다.
> ⓕ 판결 후 B, C, D를 상대로 건물 철거 및 지료상당부당이득금을 반환 받았다.

---

4   일정한 이익을 누릴 수 있는 법적인 힘, 이 책에서는 주로 재산권인 물권과 채권을 일컫는다.

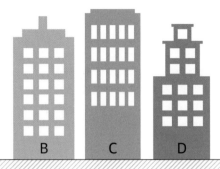

A 소유의 토지를 B, C, D가 침해

<토지소유권자의 권리 침해>

    소유권자 A는 B, C, D가 불법으로 건축한 건물을 철거할 수 있는 힘을 가지고 있다. 국가의 도움을 받아서 구제를 받을 수 있는 권리가 있다. 그렇다면, 권리의 종류에는 어떤 것이 있을까? 크게 '물권'과 '채권'으로 나눌 수 있다. 예를 들어, A는 1,000억 원의 자산을 보유한 부자이다. 그래서 E와 F라는 재산 관리인을 고용하고 있다. E는 토지, 건물, 항공기, 선박과 같은 유형자산을 관리하고, F는 예금, 적금, 채권과 같은 금융자산을 관리한다. 이 중에서 물권과 채권은 각각 어떤 것일까? E는 실체가 눈에 보이는 물건을 직접 지배하는 방식으로 관리하고 있다. 반면 F는 눈에 보이지 않는 물건을 간접 지배의 방식으로 관리하고 있다. 은행이나 채무자에게 예금 및 대여금반환이라는 청구행위를 통해 재산권을 주장하는 것이다. 즉, E의 관리 재산은 물권이고 F의 관리 재산은 채권이다.

    위의 그림을 보면, 토지소유자 A는 국가의 도움을 받아 건물 철거를 청구할 수 있다. 바로 이런 특징을 '배타성'이라고 한다. 누구든 내 재산을 침해하면 배제할 수 있는 것이다. 반면 채권은 특정 상대방과의 약속을 통해 성립된 권리이다. 따라서 제3자의 침해에 대해서 권리를 주장할 수 없다. 다음 사례를 보자.

한 권으로 끝내는 실전 경매

ⓐ 갑은 을에게 1억 원을 1월 1일에 대여하면서 6월 30일 오전에 받기로 했다.
ⓑ 병은 을에게 1억 원을 3월 1일에 대여하면서 6월 30일 오후에 받기로 했다.
ⓒ 을은 채무 과다로 수중에 1억 원만 있는 상태이다.
ⓓ 갑은 늦잠을 자서 6월 30일 저녁에 도착했지만, 오후에 병이 1억 원을 먼저 회수했다.

이런 경우 갑은 병에게 1억 원을 돌려달라고 요구할 수 있을까? 정답은 불가능하다. 갑과 병은 법률관계가 없기 때문에 채권의 우선순위 없이 평등하다. 갑은 을에게 주장할 수 있을 뿐이다. 이렇게 절대적, 상대적 개념을 이해하는 것이 물권과 채권을 정확히 아는 것이다. 물권과 채권은 법률규정과 법률행위에 의해서 발생한다.

법률규정이란 민법, 민사집행법, 상법, 형법과 같은 법조문에 규정된 내용을 바탕으로 성립되는 권리를 말한다. 뒤에서 배우게 될 법정지상권(민법 제366조)이나 부당이득반환(민법 제741조), 불법행위(민법 제750조) 등이 대표적이다. 예를 들어 고의 또는 과실로 타인에게 신체 및 재산상 손해를 가하는 경우에는 그 손해를 배상할 책임이 법적으로 발생한다. 법률행위란 약속이라고 생각하면 된다. 매매계약서, 전세계약서, 금전소비대차계약서를 작성하는 것이 여기에 해당된다.

계약서에 기재된 조항과 특약에 의해 상대방에게 청구할 권리가 생기는 것이다. 예를 들어, 매도자 A와 매수자 B가 매매계약서를 작성했다. 계약의 성립으로 A와 B는 권리와 의무가 발생된다. A는 소유권을 넘겨줄 의무와 함께 대금지급청구권이 생기고, B는 대금을 지급할 의무와 소유권이전등기청구권이 생긴다. 임대차계약도 마찬가지다. 임대인은 임대료지급청구권과 목적물 제공의 의무가 발생하는 반면, 임차인은 사용·수익 청구권과 임차료지급의무가 발생한다.

<권리 흐름도의 이해>

　우리가 공부하는 경매도 입찰이라는 법률행위와 법률규정을 통해서 소유권을 가져오는 행위다. 경매에는 물권과 채권이 얽혀 있다. 권리의 개념, 종류, 발생 원인을 정확히 알아야 권리분석을 제대로 할 수 있다. 이로 인해 위험을 회피할 수 있으며 수익 창출이 가능해진다. 이렇게 기초 지식을 쌓아야 독립적인 경매 투자를 할 수 있다.

권리에는
물권과 채권이 있다

경매에서 분석해야 하는 권리는 물권과 채권이다. 기본 개념을 아는 것은 경매의 권리를 분석하는 것으로 귀결된다. 경매 투자를 오래한 사람들도 물권과 채권에 대한 이해가 부족한 경우가 많다. 본질을 모르면 시행착오를 겪을 수밖에 없다. 법률용어에 관한 압박에서 벗어나 경매 투자의 본질에 집중해 보자.

물권의 속성	채권의 속성
배타적 절대권 - 등기에 의하여 제3자에게 독점적 권리 주장	**비배타적 상대권** - 제3자에게 독점적인 권리 주장 불가 - 특정인에게만 주장할 수 있는 권리
지배권리(대물적 권리) - 특정한 물건을 지배할 수 있는 권리	**청구권리(대인적 권리)** - 채권자가 채무자에게 행위를 청구
강행규정 - 법에 따라 강제 지켜야 하는 것	**임의규정** - 당사자간 협의에 의해 적용을 배제 가능

<물권과 채권의 속성>

물권이란 무엇일까?

물권이란 부동산과 같은 물건을 직접 지배하여 사용·수익·처분할 수 있는 권리를 말한다. 특히 물권의 권리 중에서 대표적으로 소유권이 있다. 주택에 대한 소유권을 가지고 있는 사람은 마음대로 주택을 사용·수익하거나 다른 사람에게 처분(=매각 또는 담보 제공을 통한 대출 실행)할 수 있다. 물권은 부동산을 직접적이고 배타적으로 지배하여 이익을 얻는 권리로 절대권이라고도 한다.

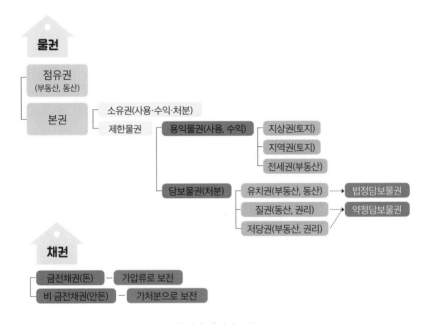

<물권과 채권의 구분>

① 점유권
소유권과 관계없이 물건을 사실상 지배하고 있을 때 발생되는 권리다. 도둑이 타인의 물건을 훔쳐서 소유하고 있다면 물건의 점유자는 도둑이 된다. 타인의 물건을 훔친 행위 자체는 법률적으로 처벌의 대상이 되지만 점유권

한 권으로 끝내는 실전 경매

은 그 지배가 법적으로 허용된 것인지 여부를 묻지 않고 지배한 사실이 있으면 성립한다.

② 소유권

소유자는 법률이 정하는 범위 내에서 그 소유물을 사용·수익·처분할 수 있다. 우리가 일상생활에서 알고 있는 부동산의 소유에 대한 권리는 바로 소유권을 말한다. 물권 중에서 가장 완벽한 권리이며 누구의 통제도 받지 않고 마음대로 권리를 행사할 수 있다.

③ 지상권

타인의 토지에 건물, 기타 공작물, 재산적 가치가 있는 것을 소유하기 위해 그 토지를 사용할 수 있는 권리를 말한다. 즉, 지상권은 타인의 대지 위에 있는 건물 등을 소유하기 위해 설정하는 권리이다. 지상권자는 지상권이 설정된 기간 동안 지료를 지급하면서 타인의 토지를 사용·수익할 수 있는 권리를 가진다. 아래의 그림처럼 경매로 약정지상권을 인수[5]하면 낙찰자는 지상권의 만료 시점까지 토지를 정상적으로 사용할 수 없다. 또한 지상권자는 지상권 만료 시 낙찰자에게 건물 매수 청구를 할 수 있는 권리까지 가지므로 투자 시 주의해야 한다.

지상권: 타인 토지에 사용·수익 가능 권리

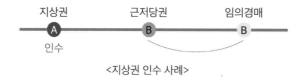

<지상권 인수 사례>

---

5   말소기준등기(근저당권 등) 앞의 지상권은 낙찰자가 매각으로 인수한다. 권리분석에 관해서는 뒤에서 다루었다.

④ 지역권

타인의 토지를 본인 토지의 이익을 위해 이용하는 권리를 말한다. 즉, 토지 통행권을 확보하기 위해 설정하는 권리라고 생각하면 된다. 예를 들어 본인 소유 토지에는 통행로가 없지만 인접한 토지에 도로가 있는 경우가 있다. 인접 토지에 지역권을 설정하면 통행로로 사용할 수 있다. 자신이 소유한 토지에 제3자의 지역권이 설정된 경우, 해당 부분은 통행로로 제공해주어야 하기 때문에 사용·수익의 어려움을 겪게 된다. 이것이 지역권의 개념이다. 실무상 관찰되는 경우는 드물다.

지역권: 타인 토지를 본인 토지의 편익에 따라 이용하는 권리

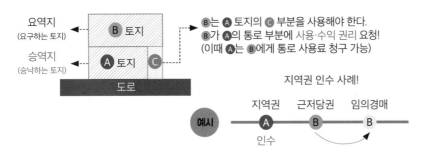

<지역권의 개념과 인수 사례>

⑤ 전세권

전세보증금을 임대인에게 지급하고 전세권이라는 물권을 등기한 후 용도에 따라 사용·수익하는 권리를 말한다. 임차인이 임대인에게 지급한 보증금을 지키기 위한 방법으로 사용된다. 부동산 등기부등본에 전세권을 공시함으로써 보증금을 침해하는 다른 행위를 하지 못하게 하는 것이 목적이다. 실무상 대다수의 집주인들은 전세권설정을 꺼려 한다. 절차가 복잡하기도 하고 등기부에 기록이 남기 때문이다. 전세권은 보증금과 사용·수익권을 교환

한다는 측면에서 전세 목적물을 처분할 수 있는 담보물권적인 성격도 가지고 있다. 즉, 특수한 형태의 용익물권이다.

전세권: 타인의 부동산을 점유, 사용·수익 가능한 권리

아파트

임대차 계약 : 채권 계약 : 사람 대상
전세권 등기 : 물권 계약 : 사람 대상

<임대차 계약과 전세권 등기의 차이>

⑥ 유치권

유치권이란 특정 물건에 대해 생긴 채권을 변제 받을 때까지 물건의 점유 시 발생하는 권리다. 민법 교과서에서는 시계 수리를 맡긴 사람이 수리비를 지급하지 않은 경우 수리공이 시계 수리비를 받을 때까지 유치할 수 있는 권리로 설명한다. 현실에서는 건축업자와 건축주 사이에서 분쟁이 발생할 때 건축업자가 주장하는 권리 형태다. 예를 들어, 건축업자가 본인의 자금으로 건물을 건축했으나, 건축주에게 건축비를 받지 못해서 건물을 점유하여 주장하는 것이다. 유치권은 채권 확보가 되는 권리로서 법정담보물권이라고도 한다. 물권이지만 등기를 하지 않아도 법적으로 성립하기 때문이다. 특히, 말소기준등기 이후 유치권이 성립된 경우에도 유치권자는 낙찰자로부터 건축비를 전액 반환 받을 때까지 유치할 수 있는 권리를 주장할 수도 있다. 따라서 신축건물 및 건축 중인 건물을 입찰할 때 유치권 존재 여부에 대해 주의를 기울여야 한다.

⑦ 질권

요즘은 보기 어렵지만 전당포를 생각하면 된다. 스마트폰이나 귀중품을 질(質)로 잡고 돈을 빌릴 때, 전당포 주인이 주장하는 권리다. 전당포 주인은 빌려준 돈이 회수되지 않을 경우 질로 잡은 물건을 처분할 수 있다. 즉 질권은 돈을 우선변제 받을 수 있는 권리가 있다.

⑧ 저당권

저당권이란 금전을 대여하면서 채권의 담보를 위해 채무자의 재산을 담보로 잡는 것을 말한다. 저당권은 우선변제권[6]과 경매 신청권을 가지고 있어서 채무자가 돈을 갚지 않을 때 담보로 잡은 부동산을 처분하여 본인의 채권을 우선적으로 충당할 수 있다. 저당권은 담보물권 중 하나다. 앞서 말한 근저당권은 저당권에서 파생된 개념으로 확정된 채무라는 경직성을 벗어나 미래의 증감, 변동하는 채무까지 담보하기 위해 활용된 것이다. 일반적으로 담보는 근저당을 의미한다. 경매에서 가장 빈번하게 볼 수 있는 권리다.

채권이란 무엇일까?

임대차계약은 채권계약에 속한다. 임료와 목적물의 사용·수익권의 교환을 합의한 것이다. 임차인은 차임지급의무와 임차목적물 사용·수익채권(비금전 채권)을 가지지만, 임대인은 임차목적물 제공의무와 차임청구채권(금전 채권)이 발생한다. 이렇게 채권은 성립 형태에 따라 금전 채권과 비금전 채권으로 나눌 수 있다. 채권은 특정인으로부터 일정한 행위를 청구할 수 있는

---

6   후순위권리자보다 돈을 우선적으로 받을 수 있는 권리를 뜻한다.

청구권에 불과하다. 채권자 간에는 시간의 선후를 떠나서 동등한 지위를 갖는다. 아래의 〈채권의 개념〉을 보면 성립일을 기준으로 우선순위를 주장할 수 없다는 것을 알 수 있다.

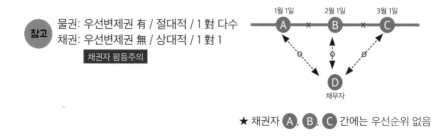

<채권의 개념>

아래의 사례를 보자. A, B, C는 D에게 각각 2억 원, 3억 원, 5억 원을 빌려주었다. 하지만 만기가 지나도 돈을 받을 수 없었다. D의 재산이 1억 원이라면 그 돈을 어떻게 나눌까? 일반채권자 3명은 채권자 평등주의에 의해 자신의 채권액 비율로 나눠 갖는다.

채무자 D의 재산 (배당재원)	채권자별 채권성립시기 및 채권액 (만기 6월 1일 경과)	배당액
1억	A : 1월 1일 채권 성립, 채권액 2억 원	A : 2,000만 원
	B : 2월 1일 채권 성립, 채권액 3억 원	B : 3,000만 원
	C : 3월 1일 채권 성립, 채권액 5억 원	C : 5,000만 원

말소기준권리가 아닌
말소기준등기

　말소기준등기[7]란 경매에서 부동산에 설정된 권리가 인수되는지, 소멸되는지를 결정하는 기준이 되는 등기다. 마치 꽃에 물을 주기 위해 꽃밭 가장자리에 파이프를 연결했는데, 파이프를 잘라버리면 파이프가 있는 곳까지는 물이 제공되지만 절단된 부분부터는 물이 전달되지 않는 개념으로 이해하면 쉽다. 물이 공급되지 않는다면 꽃은 시들어버린다. 말소기준등기는 다음과 같다.

① 근저당, 저당
② 가압류, 압류
③ 전세권(집합건물의 전세권자가 임의경매를 신청한 경우)
④ 담보가등기
⑤ 경매개시결정기입등기

7　　법률적 용어가 아니다. 말소기준권리보다는 말소기준등기가 맞는 표현이다.

말소기준등기를 중심으로 선순위에 있는 것들은 인수하지만, 후순위에 있는 권리는 소멸하게 되는 것이다.[8] 아래 그림을 보면 말소기준등기의 개념을 알 수 있다. 이런 방식으로 권리분석을 하는 것이다.

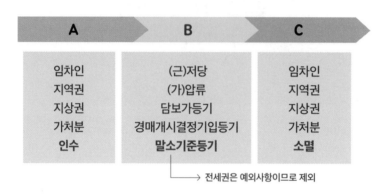

<말소기준등기의 개념>

①~⑤까지 말소기준등기에 해당한다면, 이후 권리들이 소멸하는 이유는 무엇일까? 원리를 이해하면 답을 얻을 수 있다. 재산권은 크게 물권과 채권으로 나뉜다. 물권은 제3자에게 내 재산을 독립적으로 지킬 수 있는 배타성이 있지만, 채권은 그런 배타성을 가지고 있지 않다. 그래서 물권이 채권보다 우선한다. 만약 물권 중에서 소유권과 제한물권[9] 간에 분쟁이 생기면 무엇이 우선할까? 소유권이 우선할 것 같지만 제한물권이 앞선다. 간단한 예로 소액으로 전세를 낀 부동산을 매입하고 전세 보증금 상승분으로 다시 부동산을 매입하는 방식의 '전세 레버리지 투자'를 생각하면 된다.

---

8   전 소유자의 가압류, 유치권, 예고등기, 토지인도 및 건물철거가처분과 같은 특수권리는 인수된다.
9   45쪽 <물권과 채권의 구분> 참조.

ⓐ 1월 1일 A는 시세 5억 원짜리 아파트 매입 후 소유권을 이전 완료했다.

ⓑ 1월 10일 소유자 A는 B에게 전세권설정을 조건으로 전세계약 체결(2년, 보증금 4억 원)
했다.

ⓒ 2월 1일 전세권자 B는 보증금 지급, 입주, 전세권 설정 완료했다.

ⓓ 6월 1일 A와 C는 5억 원으로 아파트 매매계약 체결했다.

ⓔ 7월 1일 매수자 C는 1억 원을 A에게 지급하고 소유권을 이전 완료했다.

위의 사례에서 전세가 만기되었을 때, 소유자 C는 전세권자 B에게 보증금을 반환하지 않고 강제퇴거를 요구할 수 있을까? 최초 보증금을 수령한 A에게 반환을 요구하라고 주장할 수 있을까? 결론은 C가 보증금을 반환해야 한다. C가 주택을 매수할 때 이미 B의 제한물권(전세권)은 성립했다. C는 집을 매수할 때 B의 전세권으로 인해 사용·수익이 침해되는 것을 알고 A에게 1억 원의 잔금만을 치르고 소유권을 이전했다. A도 잔금을 1억 원만 받고, 보증금 4억 원의 반환 의무를 C에게 전가한 것이다. 즉, 소유권보다 제한물권인 전세금의 반환 의무가 앞선다.

만약 제한물권과 제한물권이 충돌하는 경우에는 무엇이 앞설까? 성립일자(등기 접수 일자)에 따라 선후관계가 결정된다. 아래의 사례를 보자.

ⓐ 1월 1일 A는 H라는 건물을 매입했다.

ⓑ 2월 1일 B는 A에게 10억 원을 대여하고 H 건물에 근저당을 설정했다.

ⓒ 3월 1일 C는 A에게 10억 원을 대여하고 H 건물에 근저당을 설정했다.

ⓓ 4월 1일 B는 연체를 사유로 H 건물을 임의경매를 신청했다.

ⓔ 11월 1일 D는 15억 원에 낙찰받은 후 잔금을 납부했다.

B와 C에게 15억 원을 어떻게 나눠줄까? 결론은 B에게 10억 원, C에게 5억

원을 배당하게 된다. 근저당(제한물권)은 후순위권리자보다 돈을 먼저 받아 갈 수 있다. B는 C보다 한 달 먼저 권리가 성립되었기에 배당에서 앞서는 것이다. 바로 아래와 같이 요약할 수 있다.

물권	>	채권
소유권	<	제한물권
제한물권(2월 1일 성립)	>	제한물권(3월 1일 성립)
소유권(3월 1일)	<	소유권(4월 1일)

※ 소유권은 현 소유자가 우선한다.

이런 개념을 머릿속에 넣고 하나의 사례를 가지고 이해해 보자. 쌩쌩이라는 돌고래가 한 마리 있다고 가정하자. 이 돌고래는 공연을 잘하는 재능이 있다. 그래서 많은 사육사들의 관리를 받고 있다. A사육사는 식단을 짜고 음식을 만들고, B는 사료를 먹이는 일을 한다. C는 돌고래의 피부와 질병을 관리하는 일을 한다. D는 돌고래가 묘기를 부리도록 훈련하고, E는 돌고래의 감정을 관리한다. 월요일부터 금요일까지 각각의 업무가 순차적으로 정해져 있다. 자신의 업무를 할 수 있는 권리와 의무가 존재하고 있는 것이다. 그런데 안타깝게도 돌고래가 질병으로 세상을 떠났다. 이런 경우 A, B, C, D, E의 업무적 권리는 어떻게 될까?

각각의 권리 순서에 상관없이 모두 사라진다. 각자가 가진 권리는 오직 쌩쌩이가 살아있을 때만 존재하는 것이다. 아무리 많은 권리를 가지고 있어도 돌고래가 세상에 존재하지 않는다면, 전혀 의미가 없다. 위에서 설명한 물권, 채권, 소유권, 제한물권 간의 선후관계는 돌고래 사육사의 업무처럼 우선순위가 정해져 있다. 하지만 돌고래가 죽으면 권리의 선후관계는 의미가 없다. 돌고래의 생사는 바로 말소기준등기를 의미한다. (근)저당, (가)압류, 전세권

(집합건물의 전세권자가 임의경매를 신청한 경우), 경매개시결정기입등기, 담보가등기의 발생 원인은 바로 '금전'이다. 경매를 통해서 자신이 목적으로 하는 돈을 수령한다면, 자신의 목적을 달성했기 때문에 존재 가치가 사라지는 것이다.

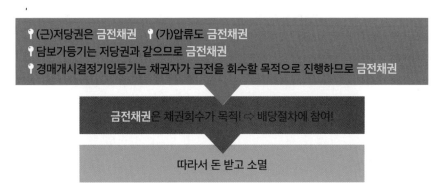

<말소기준등기와 금전채권>

말소기준등기 뒤에 있는 기타 권리들은 죽은 돌고래의 사육사와 같은 상황에 놓인다. 바로 이것이 말소기준등기의 원리이자 권리분석의 핵심이다.

(근)저당권이 말소기준등기인 경우

근저당권이 최선순위인 경우에는 말소기준등기로써 모든 권리가 소멸한다. 낙찰자가 인수하는 권리는 없다. 반면 선순위 전세권이나 지상권이 있다면, 낙찰자는 그 권리를 인수하게 된다. 먼저 선순위 전세권자가 경매사건에서 배당[10]을 받지 않고 인수될 때 보증금만큼을 차감한 금액으로 입찰해야 한다.

---

10   전세권자가 경매사건에서 보증금의 배당을 받는 경우에는 목적을 달성하여 소멸한다.

한 권으로 끝내는 실전 경매

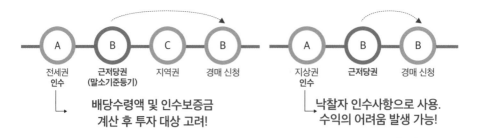

<(근)저당권과 말소기준등기>

선순위 지상권이 있는 경우도 마찬가지다. 낙찰자는 A의 지상권을 인수하게 되는데 지상권자는 장기간 사용·수익하며 만기 시 지상 물건을 매수하라는 청구까지 할 수 있어서 낙찰자에게는 큰 부담이 될 수 있다. 사용·수익의 제한을 받는 부분을 고려하여 입찰해야 한다.

(가)압류가 말소기준등기라면?

가압류 앞에 지역권과 같은 권리가 있는 경우 낙찰자는 그 권리를 인수하게 된다. 지상권과 마찬가지로 낙찰 후 사용·수익을 제대로 할 수 없는 상황이 발생할 수 있다. 해결책이 없거나 잘 모를 때는 낙찰을 받지 않는 것이 좋다. 그럼에도 재산적 가치가 있다면 투자를 고려해 볼 수 있다.

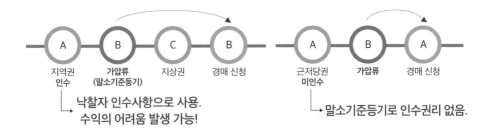

<(가)압류와 말소기준등기>

압류 앞에 말소기준등기에 해당하는 권리(근저당)가 있는 경우 그 자체가 최선순위 말소기준등기가 되어 인수되는 권리가 없다. 가압류와 가처분의 개념에 대해서는 뒤에서 자세히 다루도록 하겠다.

담보가등기가 말소기준등기일 때

담보가등기는 가등기의 형식으로 담보를 설정하는 것이다. 채권을 담보하기 위해 채무자 소유의 부동산에 대물변제[11] 예약이나 매매예약을 사유로 가등기를 하고, 채권이 회수되지 않을 때 소유권이전청구권을 보전하는 용도로 사용한다. 즉 채권의 우선순위를 보전하기 위해 담보를 잡는 것이다. 저당권과 유사한 개념이다. 만약 해당 가등기가 담보가등기(저당권)인 것이 확실하다면, 말소기준등기에 해당한다. 선순위 권리를 인수하며 후순위 권리들은 소멸된다. 선순위 전세권이 있는 경우 경매사건에서 배당요구를 하여 보증금 전액을 배당받으면 소멸된다. 만약 권리신고를 하지 않으면 그대로 인수하게 되므로 인수할 보증금을 고려하여 입찰해야 한다.

---

11   금전을 차입하고 상환하지 못하는 경우, 부동산과 같은 물건으로 상환을 대체하는 것.

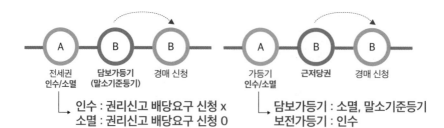

< 가등기와 말소기준등기>

　최선순위에 설정된 가등기가 소유권이전청구권 보전가등기라면 말소기
준등기는 근저당권이 되어 낙찰자는 가등기를 인수해야 한다. 이 경우에는
추후 상황에 따라 소유권 자체를 빼앗길 수 있으므로 실패한 경매 투자가 될
수 있다. 가등기와 관련된 부분은 3장에서 자세히 다루도록 하겠다.

족보만큼 중요한 등기부등본

한 집안의 역사와 전통을 확인하려면 그 가문의 족보를 살펴봐야 한다. 족보에는 그 집안의 서열이 담겨 있다. 부동산에서 족보의 역할을 하는 것이 바로 등기부등본[12]이다. 우리나라의 등기부는 공시력은 있지만, 공신력은 없는 것이 한계다. 등기부를 믿고 거래했지만 권리관계에 문제가 생겼을 경우 보호 받기 어렵다. 다만 추정[13]적 효력을 부여함으로써 등기부에 공시된 권리자를 간접 보호하고 있다. 등기부등본은 부동산과 관련된 권리의 발생, 변경, 소멸을 보여주는 공적장부이므로 이를 제대로 이해할 줄 알아야 한다.

---

12   이 책에서는 독자의 이해를 돕고자 '등기사항전부증명서'를 현장 용어인 등기부나 등기부등본으로 칭한다.

13   확실하지 않은 사실이지만, 그 반대 증거가 나올 때까지 진실한 것으로 인정해 준다. 권리하자의 입증책임은 주장하는 자에게 있다.

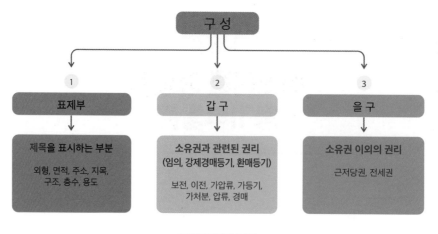

<등기부등본의 구성>

표제부란 무엇인가?

　표제부란 부동산의 외형을 보여주는 것이다. 즉, 부동산의 소재지, 번지, 지목, 구조, 면적, 층, 외관을 표시하는 곳이다. 단독주택의 경우 토지와 건물의 등기부등본이 따로따로 있지만, 아파트와 같은 집합건물은 한 장으로 나온다. 1동 건물의 표시, 대지권의 목적인 토지의 표시, 전유부분 건물의 표시, 대지권의 표시[14]로 구성되어 있다. 이 네 가지가 있어야 집합건물에서 제대로 된 토지, 건물이 등기된 것이다. 다음의 형식을 보면 쉽게 알 수 있다.

14　집합건물의 구분소유자가 건물 부분을 소유하기 위해 건물 대지에 대하여 가지는 권리.

【표제부】(1동의 건물의 표시)

표시번호	접수	소재지번, 건물명칭 및 번호	건물 내역	등기원인 및 기타사항
1	2018년 12월 20일	서울시 강남구 일원동 1234 일원동 아파트	철근콘크리트 구조 (철근)콘크리트 경사 지붕 5층 공동주택(아파트) 1층 300㎡ 2층 300㎡ 3층 300㎡ 4층 300㎡ 5층 300㎡	

(대지권의 목적인 토지의 표시)

표시번호	소재지번	지목	면적	등기원인 및 기타사항
1	서울 강남구 일원동 1234	대	6,000㎡	2018년 12월 20일 등기

【표제부】(전유부분 건물의 표시)

표시번호	접수	소재지번, 건물명칭 및 번호	건물 내역	등기원인 및 기타사항
1	2018년 12월 20일	제5층 501호	철근콘크리트구조 59㎡	

(대지권의 표시)

표시번호	대지권 종류	대지권 비율	등기원인 및 기타사항
1	서울 강남구 일원동 1234	6000분의 12.12	2018년 12월 1일 대지권 2018년 12월 20일

갑구란?

갑구에는 소유권과 관련된 사항이 표시된다. 현재 소유자를 확인하기 위해서는 갑구를 보면 된다. 현소유자 B는 2019년 6월 14일 A와 매매계약을 체결하고 2019년 9월 14일 소유권 이전을 완료했다. 등기원인은 소유권이 변경된 원인이 발생한 날짜로 통상 매매계약서에 기재된 계약일자를 말한다. 접수일자는 실제 등기소에 소유권이전등기와 관련된 서류를 접수한 날짜로 물권변동의 효력발생시기로 이해하면 된다. 갑구에 기재되는 등기로는 소유권보존등기, 소유권이전등기, 가등기, 가압류등기, 가처분등기, 예고등기, 압류등기, 환매등기, 경매개시결정등기 등이 있다.

【갑구】(소유권에 관한 사항)

순위번호	등기목적	접수	등기원인	등기원인 및 기타사항
1	소유권이전	2018년 12월 20일	2017년 10월 10일 매매	소유자 A
2	소유권이전	2019년 9월 14일	2019년 6월 14일 매매	소유자 B

을구란?

을구에는 소유권 이외의 권리인 제한물권이 기재되는 곳이다. 예를 들어, 근저당권, 전세권, 지상권과 같은 담보물권과 용익물권이 공시된다. 다음의 등기부등본을 보면 A가 소유권을 취득할 때 C에게 1억 원을 빌려서(채권최고액 120% 가정) 소유권을 취득했다. 2019년 9월 14일, B는 D에게 2억 원을 빌려서 소유권을 취득했다. 이때 A의 대출을 상환한 것도 확인할 수 있다. 이처럼 등기부등본을 보면 권리의 서열 관계를 알 수 있다.

순위번호	등기목적	접수	등기원인	등기원인 및 기타사항
~~1~~	근저당설정	~~2018년 12월 20일~~ ~~제10025호~~	~~2017년 10월 10일~~ ~~매매~~	~~채권최고액~~ ~~금 1억 2,000만 원~~ ~~근저당권자 C~~
2	1번 근저당 설정등기말소	2019년 9월 14일 제18256호	2019년 7월 14일 해지	
3	근저당설정	2019년 9월 14일 제34256호	2019년 7월 14일 설정계약	채권최고액 금 2억 4,000만 원 근저당권자 D

같은 날짜에 다른 권리들이 설정된 경우, 동순별접을 기억하라

등기부등본으로 권리 순서를 파악할 때, 혼란을 느끼는 경우가 있다. 이때 '동순별접'이라는 단어를 기억하면 쉽게 해결할 수 있다. 갑구와 갑구의 비교를 동구비교, 갑구와 을구의 비교를 별구비교라고 한다. 동순별접이란 동구 끼리의 비교 시 순위번호에 의하고 별구끼리의 비교 시 접수번호에 따라 분석하는 것을 말한다.

같은 날짜에 상이한 권리가 설정되었을 경유 권리 우선순위

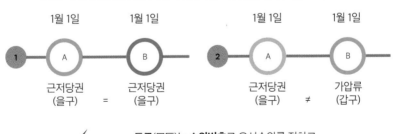

<동순별접과 권리순서>

【을구】(소유권 이외의 권리에 관한 사항)

순위번호	등기목적	접수	등기원인	등기원인 및 기타사항
1	근저당설정	2019년 8월 7일 제28512호	2019년 7월 19일 설정계약	채권최고액 금 6,000만 원 채무자 E 근저당권자 F
2	근저당설정	2019년 8월 7일 제28513호	2019년 7월 19일 설정계약	채권최고액 금 1억 2,000만 원 채무자 E 근저당권자 G

을구의 같은 날 설정된 근저당권이 둘 이상일 경우, 순위번호가 빠른 것이 선순위 권리가 된다. F는 G보다 우선변제권이 앞서는 선순위 권리에 해당한다. 매각으로 배당이 이루어질 때 채권최고액 범위 내에서 F는 G보다 우선변제 받을 수 있다.

【갑구】(소유권에 관한 사항)

순위번호	등기목적	접수	등기원인	등기원인 및 기타사항
1	가압류	2019년 10월 14일 제30025호	2019년 9월 18일 서울지방법원 가압류 결정(2019카단6544호)	청구금액 금 1억 원 채권자 H

【을구】(소유권 이외의 권리에 관한 사항)

순위번호	등기목적	접수	등기원인	등기원인 및 기타사항
1	근저당설정	2019년 10월 14일 제30026호	2019년 9월 10일 설정계약	채권최고액 금 1억 2,000만 원 채무자 I 근저당권자 J

같은 날짜에 가압류와 근저당이 설정되었다. 별구이므로 접수번호로 순위

를 정하면 된다. 가압류의 접수번호(30025호)가 근저당권(30026호)보다 빠르므로 가압류가 선순위 권리에 해당된다. 등기원인일자는 근저당이 빠르지만, 실제 권리가 성립되는 것은 등기소에 접수해야 가능해진다. 권리분석에서 원인일자는 큰 의미가 없다. 따라서 근저당권자는 선순위 가압류에 대하여 우선변제권을 주장할 수 없다. 가압류는 채권으로서 우선변제권이 없고, 근저당권은 우선변제권이 있기는 하지만 선순위 가압류에 대하여 우선변제권을 주장할 수 없기 때문에(우선변제권은 후순위 권리자에 대하여만 주장할 수 있다) 동순위로 안분배당을 받게 된다. 배당 부분은 뒤에서 자세히 다루도록 하겠다.

참고 **등기소에서 접수 순서대로 접수번호를 부여!**

10월 14일	근저당권 설정 1순위/접수번호②	가압류 설정 1순위/접수번호①
	별구	

★ 접수번호 기준: 근저당권 < 가압류

참고 **원인일자 vs 접수일자**

A ──────── B

원인일자 ◁ 계약체결(9월 10일) ▷ 권리분석 시 의미 없음.

접수일자 ◁ 등기접수(10월 14일) ▷ 권리분석 시 의미 있음.

<등기부등본의 원인일자와 접수일자>

과연 등기부등본을 믿어도 될까?

등기부등본은 항상 공신력의 문제에서 벗어날 수 없다. 등기부등본에 나온 권리사항은 추정력만 있을 뿐 간주 사항은 아니라서 항상 의심을 해야 한다. 부동산은 고액자산이므로 문제가 발생하면 그 피해가 크기 때문에 매우 신중한 태도로 접근해야 한다.

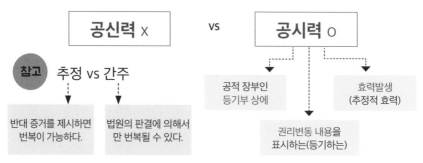

<등기부등본과 공신력>

PART 2. 개념을 알아야 분석도 할 수 있다

근저당권은 경매 시 채권액의 전액 회수 여부를 떠나서 소멸하는 것이 원칙이다(민사집행법 제91조 2항). 따라서 근저당권이 소멸하면 후순위권리도 근저당권과 함께 소멸한다. 근저당권이 설정된 후에 성립한 권리는 매각으로 소멸되나, 근저당권보다 먼저 설정된 일정한 권리들(=가처분등기, 보전가등기, 환매등기, 지상권, 지역권, 전세권, 대항력 있는 확정일자부 임차인)은 매각으로 소멸되지 않고 낙찰자가 인수하게 된다. 근저당이 설정되어 있어도 매각으로 소멸하지 않는 예외적인 경우가 있다.

알고 보니 근저당권자의 채권액이 '0'인 경우

보통 금융기관에 대출을 상환하면 근저당을 말소하게 된다. 그런데 근저당 말소의 의무는 소유자(근저당설정자)에게 있다. 대출금을 전액 상환해도 자동으로 근저당이 말소되지 않는다. 법률적으로 근저당권과 같은 담보물권은 담보채권[15]의 존재를 선행조건으로 한다. 담보채권이 '0'이라면 근저당권은 껍데기에 불과하다. 다음의 그림을 보면 말소기준 등기는 A임을 알 수 있다.

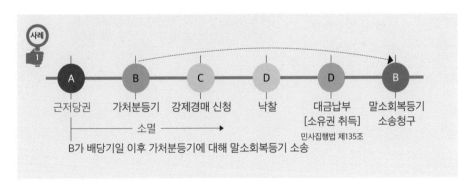

<대금 납부 이후 말소회복등기 신청>

---

15   돈을 빌려주고 근저당을 설정한 경우, 금전채권을 담보채권이라 한다.

A를 기준으로 이후의 권리가 소멸되는 것이 맞지만, A가 실제 채무가 없는 껍데기라면 어떨까? 말소기준등기는 C가 되며 낙찰자 D는 가처분 B를 인수하게 된다(대법원 97다26104 판결 참조). 등기부등본의 공시된 사항을 과신하는 것은 때때로 위험할 수 있다.

대금 납부 직전 발생한 말소기준등기의 배신

경매에서 소유권의 확정은 낙찰자가 잔금을 납부하는 시점이다(민사집행법 제135조). 즉, 대금 납부 전까지는 권리가 변동할 수 있다는 의미다. 예를 들어 대금 납부 전 선순위 근저당권이 말소되거나 담보채권이 소멸되는 경우가 발생할 수 있다.

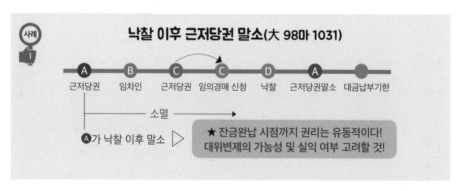

<낙찰 이후 근저당권 말소>

최선순위 근저당권 A가 존재한다면 임차인 B를 인수하지 않는다. 그런데 잔금납부 전 A가 말소된다면 B를 인수하는 문제가 발생한다. 경험이 없는 낙찰자는 등기부등본에서 말소여부를 인지하지 못할 수도 있다. 이러한 상황이 발생될 것을 감안하여 등기부등본을 최소 4회 이상(입찰 전, 매각결정 전,

PART 2. 개념을 알아야 분석도 할 수 있다

잔금납부 전, 잔금납부 후) 열람하며 투자결정을 해야 한다(대법원 98마1031 결정, 낙찰허가취소 기각).

등기부등본에 드러나지 않는 권리를 경계하라

근저당권 설정 전에 전입한 임차인이 근저당권 설정 이후 보증금을 증액하여 채권액을 변경시키는 경우가 있다. 이런 내용은 등기부등본에 나타나지 않는다. 그래서 투자자는 임차보증금의 인수 범위를 고민할 수밖에 없다.

결론부터 말하자면 근저당권 설정 전의 보증금액에 국한된다(대법원 90다카 11377 판결, 건물명도). 뒤에서 다루겠지만 임차인이 우선변제권을 갖추기 위해서는 대항력과 확정일자[16]가 있어야 하는데 보증금을 증액한 뒤 확정일자를 받는 시점이 근저당권 설정 이후이기 때문이다. 따라서 증액된 보증금의 우선변제권은 근저당보다 후순위에 있게 된다. 이런 확정일자부 임차인에 대한 권리까지 고려한다면 더욱 깊이 있는 권리분석을 해낼 수 있다.

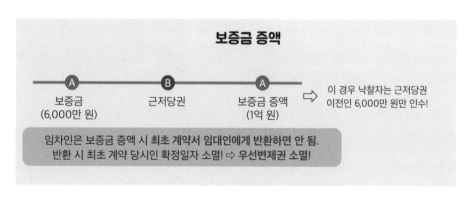

보증금 증액

A
보증금
(6,000만 원)

B
근저당권

A
보증금 증액
(1억 원)

➪ 이 경우 낙찰자는 근저당권 이전인 6,000만 원만 인수!

임차인은 보증금 증액 시 최초 계약서 임대인에게 반환하면 안 됨.
반환 시 최초 계약 당시인 확정일자 소멸! ➪ 우선변제권 소멸!

<등기부등본에 드러나지 않는 권리들>

---

16   3장에서 보증금과 관련된 내용을 학습 후 다시 보기를 추천한다.

확인할 수 있는 권리부터 확인할 수 없는 권리까지

경매는 여러 종류의 권리로 구성되어 있다. 각 권리는 경매사건 속에서 살아 숨 쉰다. 권리의 종류, 역할, 속성을 정확히 이해했을 때 스스로 독립적인 의사 결정을 할 수 있다. 부동산에서 권리는 움직인다. 등기를 통해 확인할 수 있는 권리와 확인할 수 없는 권리가 있다. 이 모든 것들을 다룰 수 있을 때 진정한 권리분석을 할 수 있다. 공든 탑은 무너지지 않는다. 권리 이해를 위해 정성을 기울여 보자.

가압류와 가처분의 차이점은?

가압류는 돈을 빌려준 사람이 자신의 채권을 회수하기 위해 채무자 소유의 재산을 처분하지 못하도록 묶어두는 것을 말한다. A는 B에게 1억 원을 빌려주고 차용증을 작성했다. 상환 일자가 지났지만 B는 연락 두절인 상황이다. 다행히도 A는 B소유의 H아파트가 어디에 있는지 알고 있다. A는 H아파트를 소유하고도 돈을 상환하지 않는 B가 괘씸하게 느껴졌다. A는 기존에 작성한 차용증을 증거로 법원에 소송을 진행한 뒤 판결을 받아서 H아파트를 강제집행하려고 한다.

소송을 하려면 준비서면, 답변서, 변론기일 등의 절차를 거쳐 판결이라는 결론이 나오기까지 보통 6개월 이상의 시간이 소요된다. 인고 끝에 판결을 받아 H아파트를 강제매각하려고 한다. 그런데 소유자는 C로 바뀐 상태이다. 과연 A는 B를 상대로 받은 판결문을 가지고 C에게 강제집행을 할 수 있을까? 정답은 불가능하다.

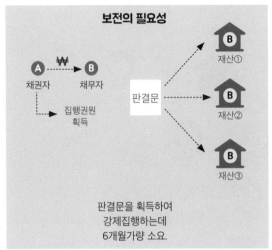
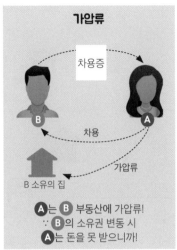

<보전의 필요성과 가압류>

즉, 채무자를 상대로 소송을 제기하여 판결문과 같은 집행권원을 획득하는 데 긴 시간이 소요된다. 그 사이 채무자가 자기의 재산을 다른 사람 명의로 이전시킨다면 채권자는 '닭 쫓던 개' 신세가 된다. 바로 채권자의 금전을 보호하기 위해서 채무자의 재산을 강제집행 전까지 묶어두는 것을 가압류라고 한다.

가처분은 가압류와 다르게 비금전채권을 보전하기 위해 하는 것이다. 매수자 A는 매도자 B와 매매계약을 체결했다. A는 잔금까지 지급했으나 B는 소유권 이전을 해주지 않는 상황이다. A는 매매대금을 지급했기 때문에 소유권 이전을 청구할 수 있는 권리를 가지고 있다. 하지만 집행하기 위해서는 법원의 판결을 받아야 한다. 그 사이 B가 소유권을 다른 사람에게 넘기면 A는 헛고생을 하게 된다. 비금전 채권을 가진 사람이 채무자의 재산을 묶어둘 필요가 있을 때 하는 것이 가처분의 개념이다. 이런 가처분을 처분·양도금지 가처분이라고 한다.

한 권으로 끝내는 실전 경매

① 처분·양도금지 가처분 등기 : 등기부상 표시

┈▶ 처분에 대해 제한하겠다!

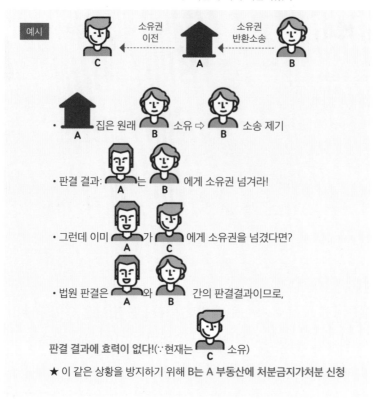

<처분금지가처분>

반면, 뒤에서 다루겠지만 낙찰받은 집에서 거주할 권원이 없는 임차인이 주택을 비워주지 않는 경우가 있다. 이런 사람을 대항력 없는 임차인이라고 한다. 이 사람을 퇴거시키기 위해서는 인도명령을 신청해서 결정을 받아야 한다. 인도 결정문을 이용하여 강제퇴거를 시키는 것이다. 만약 점유 대상자가 바뀌면 다시 인도명령을 진행해야 하는 번거로움이 발생한다. 이때 점유자의 이전을 묶기 위한 것이 부동산 점유이전금지가처분이다.

② 점유 이전 금지 가처분 신청: 등기부상 표시 X

신청 시 집행관이 명도 대상 부동산에 벽보를 붙임.

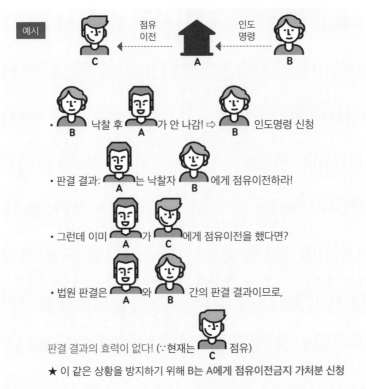

예시

점유
이전 ← A → 인도
명령
C   B

· 낙찰 후 B A 가 안 나감! ⇨ B 인도명령 신청

· 판결 결과: A 는 낙찰자 B 에게 점유이전하라!

· 그런데 이미 A 가 C 에게 점유이전을 했다면?

· 법원 판결은 A 와 B 간의 판결 결과이므로,

판결 결과의 효력이 없다! (∵현재는 C 점유)

★ 이 같은 상황을 방지하기 위해 B는 A에게 점유이전금지 가처분 신청

<점유이전금지 가처분>

　가압류와 처분·양도금지가처분은 소유자를 상대로 진행하기 때문에 등기부등본의 갑구에 공시된다. 반면 부동산 점유이전금지가처분은 점유자를 대상으로 하므로 고시문을 붙이는 형태로 공시한다.

가압류와 가처분

- 가압류는 금전채권 보전 / 가처분은 비금전채권 보전
- 가압류의 처분·양도금지 가처분: 등기로 공시
- 점유이전금지가처분: 스티커 부착 + 인도명령 신청(낙찰자의 단독 행위)

집행 법원에 가서
"인도명령 + 점유이전금지 가처분"
통상, 인도명령진행하나 상황 따라
가처분 진행

\<가압류와 가처분\>

가압류와 가처분의 분석은 어떻게 해야 할까?

가압류는 말소기준등기 중 하나로 경매에서 매각으로 소멸된다. 반면 선순위 가처분은 경매에서 소멸되지 않아 소유권 분쟁이 발생하는 경우가 있으므로 분석할 때 주의해야 한다. 가처분을 인수한 낙찰자는 상황에 따라 소유권을 상실할 수도 있다. 후순위 가처분은 소멸되지만 토지인도 및 건물철거를 피보전권리로 하는 경우와 전 소유자의 가압류는 매각조건에 따라 예외적으로 인수되니 주의해야 한다.

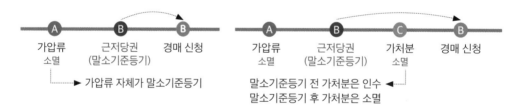

\<가압류와 가처분의 분석\>

🏠 가압류와 가처분을 정리하면

1. 채권자가 소송을 진행해도 판결까지는 약 6개월의 시간이 걸린다.
2. 그 사이 채무자가 재산을 빼돌리면 채권자는 손해가 막심하다.
3. 그래서 가압류나 가처분으로 채무자의 재산을 묶어 두어야 한다.
4. 금전채권인 경우 가압류를 하고, 비금전 채권인 경우 가처분을 해야 한다.
5. 인도명령을 신청하기 전 점유자를 상대로 점유이전금지가처분을 해야 한다.
6. 가압류와 처분·양도금지가처분은 소유자를 대상으로 하기에 등기로 공시하지만, 점유이전금지가처분은 점유자를 대상으로 하므로 등기에 공시되지 않는다.
7. 가압류는 말소기준등기로 소멸하지만, 가처분은 말소기준등기 전 성립 시 인수한다.

다양한 지상권의 종류
각각 분석 방법도 알아보자

지상권은 타인의 토지에 건물, 기타 공작물이나 수목을 소유하기 위해서 그 토지를 사용할 수 있는 권리를 말한다. 민법 제279조에 근거하여 토지소유자와 사용자 간의 물권적 계약과 등기를 함으로써 성립한다.

지상권: 타인 토지에 건물·공작물·수목 등을 소유하기 위하여 그 토지를 사용하는 물권.

상대방과의 약정, 등기해야 성립!
공작물 5년, 그 밖의 건물일 경우 15년,
석조 및 견고한 건물 및 수목 30년

\<지상권의 개념\>

지상권의 존속기간은 공작물일 때 5년, 그 밖의 건물은 15년, 석조·석회조·연와조 또는 견고한 건물이나 수목의 경우 30년이다. 당연히 토지를 사용하는 자에게 지료를 받을 수 있지만, 시세보다는 낮은 상태라서 투자성이 떨어진다. 지상권자에게 토지의 반환을 요청할 수 없으며, 지상권 존속기간이 끝났을 경우 지상권자는 지상권의 기간을 갱신 청구할 수 있다. 만약 토지 소유자가 이에 응하지 않는다면, 지상권 만료 당시 현존하는 지상물을 토지 소유자에게 매수하라고 청구할 수 있다(민법 제283조). 이런 지상권이 인수된 토지는 투자 시 주의를 기울여야 한다.

【을구】(소유권 이외의 권리에 관한 사항)

순위번호	등기목적	접수	등기원인	등기원인 및 기타사항
1	지상권설정	2015년 8월 7일 제28512호	2015년 8월 6일 설정계약	목적　　　철근콘크리트조 건물의 소유 범위　　　토지의 전부 존속기간　2015년 8월7일 부터 30년 지료　　　월 10만 원 지급시기　매월 말 지상권자　A
2	근저당권설정	2019년 10월 7일 제68513호	2019년 9월 19일 설정계약	채권최고액 금 2억 4,000만 원 채무자　C 근저당권자　B

또한, 일상생활에서도 금전을 대여하고 부동산에 담보를 설정할 경우, 해당 부동산에 지상권이 설정되었는지를 확인해야 한다. 위의 등기를 보면 C 소유의 부동산에 이미 A라는 지상권자가 사용·수익을 하고 있음을 알 수 있다. 아마도 B는 그 사실을 모르고 C에게 금전을 대여한 뒤 근저당권을 설정한 것으로 보인다. B는 금전이 회수되지 않을 때 임의경매를 신청할 수 있지만 낙찰가가 떨어져서 채권 회수의 어려움을 겪을 것이다. 낙찰자의 소유권보다 A의 지상권이 우선하기 때문이다. 이런 물건의 입찰과 투자, 담보설정은 주의해야 한다.

계	검토자	결재권자

지상권설정계약서

★ 굵은선 ☐ 으로 표시된 란은 지상권설정자가 반드시 자필로 기재하시기 바랍니다.

년 월 일

채권자겸
지상권자 _____ (인)
주 소

채 무 자 _____ (인)
주 소

지 상 권
설 정 자 _____ (인)
주 소

인감대조

인감대조

위 당사자 사이에 아래와 같이 지상권 설정계약을 맺습니다.

제1조 지상권의 설정
지상권설정자(이하 "설정자"라 합니다)는 그의 소유인 이 계약서 끝부분 토지목록란에 기재된 토지 위에, 지상권자가 건물 기타 공작물이나 수목을 소유하기 위하여 그 토지를 사용할 수 있도록 지상권을 설정합니다.

제2조 지료
지료는 없는 것으로 합니다.

제3조 존속기간
지상권의 존속기간은 설정등기일부터 ☐ 년으로 합니다.

제4조 토지의 보존 등
① 설정자는 사전에 지상권자의 서면승낙없이 지상권의 목적인 토지에 공작물 구축 기타 그 현상을 변경하는 행위를 아니합니다.
② 설정자는 지상권의 목적인 토지에 멸실·훼손·공용징수 기타 사유로 말미암아 이상이 생기거나 이상이 생길 염려가 있을 때에는 곧 이를 지상권자에게 통지하며 그 처리에 관하여는 지상권자의 지시에 따르기로 합니다.

제5조 제 절차 이행과 비용부담
① 설정자는 이 근저당권의 설정, 변경, 이전, 말소 등에 관한 등기를 하여야 할 때에는 채권자의 청구가 있는 대로 곧 필요한 절차를 밟아야 합니다.
② 채권자는 제1항의 청구를 할 때 당행 등기에 드는 비용의 종류와 산출 근거를 채무자와 설정자에게 별도의 서면에 의하여 설명합니다. 채권자가 이 설명을 하지 아니한 비용은 채무자와 설정자에게 청구하지 아니하며, 이 설명을 한 비용은 다음 각 호에 따라 부담합니다.
 1. 등록면허세, 지방교육세, 등기신청수수료 및 법무사수수료
  가. 지상권 설정등기를 하는 경우: 채권자
  나. 지상권 말소등기를 하는 경우: 채무자 또는 설정자
 2. 기타 비용으로서 부담주체가 분명하지 아니한 비용: 채권자와 채무자 또는 설정자 균분
③ 제2항에 의하여 채무자 또는 설정자가 부담하여야 할 비용, 근저당물건의 점유 또는 관리에 관한 비용 채무자의 채무불이행으로 인한 근저당권의 행사를 위한 비용 등 채무자 또는 설정자가 부담하여야 할 비용을 채권자가 대신 지급한 경우에는 은행여신거래기본약관 제4조 제2항을 준용합니다.
④ 채무자가 은행여신거래기본약관(가계용) 제4조의2에 따라 대출계약을 철회하는 경우 제2항 내지 제3항에 따라 채권자가 부담하거나 지급한 비용은 채무자가 부담합니다.

<지상권설정계약서>

※ 출처_금융기관 자료실

법정지상권이란 무엇일까?

법정지상권이란 동일인의 소유였던 토지와 건물, 입목이 경매로 각각 그 소유자가 달라진 경우 건물 등 소유자가(민법 제366조) 등기 없이도(민법 제187조) 법적으로 당연히 취득하게 되는 지상권을 말한다.

보통 토지낙찰자에게 지상의 건물소유자가 법정지상권을 주장할 때 문제가 된다. 법정지상권이 성립된다면 건물의 대지뿐만 아니라, 유지하기 위해 필요한 범위에서 토지사용권이 미치게 된다. 판례에서는 법정지상권이 있는 창고, 별채, 야외화장실, 독립공간의 경우 그 토지의 주변까지 효력이 미친다고 이야기하고 있다(대법원 77다921 판결, 부당이득금반환). 법정지상권이 성립하는 물건의 낙찰자는 약정지상권을 인수한 자와 같은 문제가 발생한다. 약정지상권은 등기로써 확인할 수 있지만, 법정지상권은 등기 없이 성립하기에 분석 시 어려울 수밖에 없다. 그렇다면 이런 법정지상권은 어떻게 성립되는 것일까?

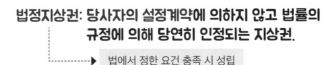

법정지상권: 당사자의 설정계약에 의하지 않고 법률의 규정에 의해 당연히 인정되는 지상권.

⟶ 법에서 정한 요건 충족 시 성립

[법정지상권의 요건]
1. 토지소유자 = 건물소유자
2. 토지 상에 저당권 설정 당시 건물 존재
3. 경매로 토지소유자 ≠ 건물소유자

참고 건축물: 4개 기둥, 4개 벽면, 지붕의 이동이 용이하지 않은 것.
예) 비닐하우스 ⇨ 건축물 아님.

<법정지상권의 개념>

한 권으로 끝내는 실전 경매

① 토지와 건물의 소유자는 같은 사람

법정지상권이 성립하기 위해서는 근저당권 설정 당시에 토지 및 건물의 소유자가 동일인이어야 한다. 따라서 토지와 건물의 소유자가 다르다면 법정지상권은 성립되지 않는다.

② 토지에 저당권이 설정될 당시 민법상 건축물이 존재

토지에 저당권이 설정될 때 지상에 건축물이 있어야 법정지상권이 성립할 수 있다. 여기서 건축물은 4개의 기둥과 벽, 지붕을 갖추고 있는 것을 말한다. 나대지는 장애물이 없는 토지를 말한다. 그래서 공법에 따라 자유롭게 건축할 수 있는 장점이 있다. 금융기관은 그런 기대치를 고려하여 대출한도를 산정한다. 예를 들어 근저당권이 설정된 100평의 나대지가 있다고 하자. 이후 60평의 건물을 신축했다. 이 신축 건물에 법정지상권을 인정하면 어떻게 될까? 자유롭게 사용·수익할 수 있는 공간이 100평에서 40평으로 줄어든다. 나대지 자체의 가치는 하락하게 될 것이다. 당연하게 담보권자의 이익을 침해하게 된다.

따라서 법정지상권이 인정되기 위해서는 저당권 설정 당시에 지상 건물이 있어야 한다. 건물등기가 없더라도 건물이 존재하면 된다. 무허가 미등기, 허가 미등기, 사용승인 전 미등기, 사용승인 후 미등기, 정상등기 여부를 따지지 않는다. 이런 미등기 건물이 존재하더라도 토지와 건물의 소유자가 동일인이라면 법정지상권의 성립요건이 된다. 또한 건물을 개축하거나 재축한 경우에도 인정된다.

③ 경매로 인해 토지와 건물소유자 상이

토지에 저당권을 설정할 때 건물이 있었고, 토지주인과 건물주인이 동일인이었다가 경매를 통해서 토지주인과 건물주인이 달라지는 경우에 법정지상권이 인정된다. 저당권에 기인한 담보실행이 요건이기 때문이다. 만약 토지와 건물의 소유자가 동일하다면 지상권에 대한 논의를 할 필요조차 없을 것이다. 토지와 건물 어느 쪽에도 저당권이 설정되어 있지 않으나 매매 등의 원인으로 소유자가 달라진다면, 이때 관습법상 법정지상권이 성립된다.

법정지상권자는 약정지상권자와 마찬가지로 지료를 지급하고 최장 30년 동안 토지를 사용할 수 있는 권리를 가질 수 있다(민법 제366조). 이때 산정하는 지료는 타인의 토지를 사용함으로써 건물소유자가 이득을 얻고, 이것의 인과관계가 성립한다면 부당이득에 대한 반환의 성격으로 발생한다(민법 제741조). 특히 지료를 계산할 때 그 기준이 되는 토지 가격의 제한은 없다고 가정하여 평가한다. 실무에서 지료의 산정은 분쟁이 많은 영역이다. 실제 협상이 쉽지 않기에 법원의 판단에 의해 해결하는 것이 대다수이다(대법원 94다61144 판결, 지료 등). 매수청구 등 기타 권리는 약정지상권을 유추 적용하므로 분석 시 주의를 기울여야 한다.

관습법상 법정지상권이란?

관습법상 법정지상권은 법정지상권과 거의 흡사하다. 담보권 실행이 아닌 매매, 상속, 증여 등의 사유로 토지와 건물 소유자가 다르다는 차이만 있다. 즉, 매매, 상속, 증여 등 기타 일정한 원인으로 각각 소유자가 다를 때에는 그 건물을 철거한다는 특약이 없으면 건물소유자는 관습법에 의해 지상권을 취득하게 된다. 존속기간, 토지 사용권의 범위, 지료의 산정 기준과 현실적 타협점, 성립 시 등기를 요하지 않는 부분이 법정지상권과 동일하다(대법원 75다2338 판결, 건물 수거 등).

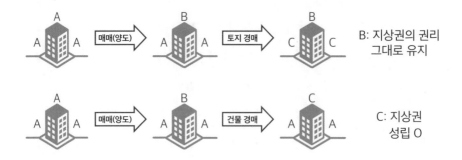

<관습법상 법정지상권의 개념>

대다수의 판례가 법정지상권과 맥락을 함께한다. 그래서 법정지상권과 관습법상 법정지상권의 분석은 크게 다르지 않다. 아래의 요건 중 하나라도 성립하지 않는다면 관습법상 법정지상권은 깨진다. 일반 매매의 영역이지만, 지상권을 이해하는 관점에서 알아두면 좋다(대법원 84다카1131, 1132, 94다39925 판결, 건물철거 등).

① 토지와 건물이 동일 소유자
② 토지와 건물 중 하나를 매매, 증여 등으로 처분 후
   토지 및 건물 소유자 상이
③ 건물철거 특약 부존재

구분지상권이란 무엇일까?

일반지상권은 토지 지상의 평면적 이용에 대한 권리를 말하지만, 구분지상권은 지하에 대한 권리를 의미한다. 간혹 어떤 토지에 구분지상권이 설정

된 경우가 있다. 최근 토목 및 굴착기술, 산업화, 도시화, 정보기술의 발달로 지하와 공중의 공급이 수월해졌고, 그에 따라 수요 역시 증가되었다. 지자체에서 지하철, KTX, SRT, GTX, 고가도로와 같은 기반시설의 정당한 이용을 지원하기 위해 설정하는 경우가 대부분이다(민법 제289조-2). GTX 부지에는 개인이 구분지상권을 설정할 수 없도록 하겠다는 보도를 보면, 그 취지를 알 수 있다. 구분지상권이 설정돼도 소유권에는 큰 영향이 없다. 다만, 신축이나 기축 건물을 투자할 때 지하의 공공시설이 건물 지내력에 영향을 줄 수도 있으므로 권리 하자보다는 물건 하자에 대해 주의를 기울이는 것이 좋다.

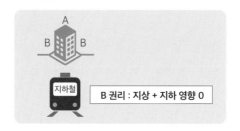

구분지상권: 토지의 어떤 구분 층만을 대상으로 한다는 점에서 토지의 모든 층을 대상으로 하는 일반 지상권과 구별된다.

소유권에는 영향 X

B 권리 : 지상 + 지하 영향 0

<구분지상권의 개념>

분묘기지권이란 무엇일까?

분묘기지권이란 타인의 토지에 있는 분묘에 대하여 관습법상 지상권을 인정해 주는 것을 말한다. 조상을 모시고 성묘와 차례를 지내는 것은 우리 민족의 고유한 전통이다. 제사를 지내기 위해서는 분묘 주변의 일정 토지가 필요하다. 당연히 분묘를 포함한 인근 토지를 사용할 수 있는 권리도 함께 요구된다.

분묘기지권: 타인의 토지 위에 있는 분묘의 기지에 대하여 관습법상 인정되는 지상권에 유사한 일종의 물권.

 판례로 형성(≠장사법)

분묘기지권의 성립 사유

1. 토지소유자 승낙 후 분묘 설치
2. 토지소유자 승낙 없이 분묘
   설치 후 20년 간 평온히 점유
3. 자기 토지에 분묘 설치 후 토지 이전 시 분묘 이전
   특약 없이 토지 매매한 경우

참고 태풍, 홍수 등으로 인해 분묘기지권 성립

임야경매 B 낙찰!
(낙찰금액 : 3,000만 원)

- A는 경매 참여 x
- A는 B의 낙찰 후 마음이 급해짐.
- 법적으로 A는 B에게 분묘기지권 주장 가능.
- 사실적으로 A는 조상들이 남의 땅에 있어 정신적 고통 大
  ⇨ A는 결국 B에게 1억 원에 매수.

<분묘기지권의 개념>

① 토지 소유자의 승낙을 얻어 분묘를 설치한 경우.

② 토지 소유자의 승낙 없이 분묘를 설치해 20년 동안 평온하고 공연하게 점유한 경우.

③ 자기 토지에 분묘를 설치한 자가 분묘 이전의 특약 없이 토지를 매매한 경우.

④ 실제 묘지로써 봉분 형태를 유지하며 가묘가 아닌 경우.

특히, 임야나 토지를 건축이나 개발 목적으로 낙찰을 받았는데 분묘가 설치되어 있어 투자 목적을 달성하지 못하는 경우가 자주 발생한다. 이런 위험을 피하기 위해서 입찰 전 임장을 통해 분묘의 현황과 함께 분묘기지권의 개념을 알고 있어야 한다(대법원 2016 다 231358 판결, 손해배상).

지상권의 핵심 법정지상권의 분석은 어떻게 해야 할까?

법정지상권은 말소기준등기 전후로 분석하는 것이 아니다. 앞에서 언급한 3가지 요건을 기준으로 성립 여부를 판단한다. 그러다 보니 잘못된 분석으로 법정지상권을 인수하는 경우가 많다.

법정지상권이 성립하는 토지를 낙찰받았다면, 실패한 투자라고 생각할 수 있다. 하지만 토지 낙찰자의 권리를 제대로 알고 있다면 반전을 꾀할 수 있다. 법정지상권이 있는 건물소유자는 토지권리자보다 우선하여 토지를 사용·수익할 수 있다. 그러나 이는 무상이 아니다. 토지낙찰자는 지료를 청구할 수 있고, 이것이 누적되어 2년 이상 연체될 경우 강제집행을 할 수 있다. 특히 지료는 지상에 건물이 없는 상태를 가정하여 산정하기에 건물소유자에게 부담이 될 수 있다. 자연스럽게 지료 연체의 상황에 노출되는 것이다. 만약 지료 연체를 사유로 건물이 경매에 나오는 경우에는 토지와 건물소유자가 처음부터 달라서 법정지상권을 가질 수 없다. 따라서 토지 소유자는 건물을 낮은 가격으로 낙찰받을 수 있다.

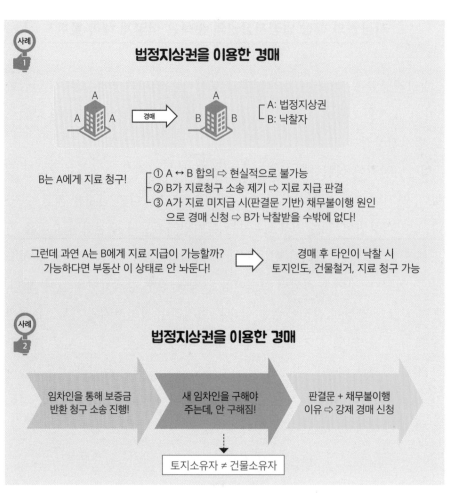

<法정지상권의 분석>

　만약 제3자가 법정지상권이 성립되지 않은 건물을 낙찰받는다면, 토지소유자는 지료상당부당이득청구(민법 제741조)와 건물철거 및 퇴거소송(민법 제213, 214조) 등의 절차를 밟아 토지 낙찰자의 권리를 주장할 수 있다. 시간은 결국 토지소유자의 편이다.

🏠 다양한 지상권을 정리하면

1. 약정지상권자는 최장 30년 이상 사용·수익 가능하며 종료 시 매수 청구도 할 수 있다.
2. 법정지상권의 분석은 말소기준등기가 아닌 3가지 요건으로 성립 여부를 따진다.
3. 관습법상 법정지상권은 법정지상권을 유추 적용하되 매매, 상속, 증여 등이 원인이 된다.
4. 구분지상권의 설정은 소유권에 큰 영향을 미치지 않지만, 신축 및 기축 투자 시 건물 하자에 영향을 미칠 수 있다.
5. 분묘기지권은 묘지에 인정된 지상권으로 현장 조사를 통해 파악하는 것이 좋다.
6. 법정지상권이 성립한 건물소유자가 지료를 납부할 수 없다면, 반전을 꾀할 수 있다.
7. 실전에서 자주 접하는 것은 법정지상권이므로 관심을 가지고 공부해야 한다.

특수한 용익물권인 전세권 이해하기

전세권이란 전세권자(임차인)가 사용·수익권을 가져오는 대신에 전세보증금을 전세권설정자(임대인)에게 지급하고 전세권이라는 물권을 등기하는 것을 말한다. 예시를 보면 이해하기 쉽다. 집주인 A와 임차인 B가 임대차계약을 체결했다. 주택가격은 4억 원이고 전세가는 3억 원이다. 임차인 B는 보증금 3억 원을 확실하게 지키고 싶다. 그래서 집주인에게 전세기간과 보증금을 등기부등본에 기재하자고 요구한다. 이때 등기되는 권리를 전세권이라고 한다.

전세권: 타인의 부동산을 점유 · 사용 · 수익 가능한 권리.

아파트

임대차 계약 : 채권 계약 : 사람 대상
전세권 등기 : 물권 계약 : 사람 대상

원칙: 사용·수익의 권리
예외: 처분(강제 경매 가능 ⇨ 담보물권적 성격 보유)
     (임의 경매 가능 ⇨ 전세권으로 임의 경매 신청 시 권리말소 기준이 됨)

<전세권의 속성>

전세권은 계약, 보증금 지급, 전세권등기가 충족되었을 때 성립된다. 등기부등본에 공시되기 때문에 전세권자 입장에서 자신의 존재를 대내외적으로 알리는 기능이 있다. 반면, 일반 임대차는 등기 없이 주택의 인도, 주민등록, 확정일자로 자신의 권리를 보호한다.

전세권: 임대차 계약체결 ⇨ 채권계약 ⇨ 전세권 설정 등기 ⇨ 물권 효력 발생!

전세권의 성립요건

① 전세 계약 ② 전세권 등기 ③ 전세금 지급(집주인)

참고 주택임대차의 대항력: 전입신고 + 거주
만약 전세권 설정 등기를 하면 "전입신고 + 거주" 필요·의미 없음.
∵ 등기부등본에 등기 공시 ⇨ 채권계약(화) ⇨ 물권(화)

<전세권의 성립요건>

전세권은 만기에 보증금이 반환되지 않을 때 부동산을 처분하여 먼저 돈을 회수하는 담보물권적인 성격도 지니고 있다. 다만, 전세권이 설정된 물건의 종류에 따라 우선변제할 수 있는 금액이 달라진다. 아파트나 주거용

오피스텔과 같은 집합건물은 건물부분(전유부분)에 설정된 전세권이 토지(대지권)에도 효력이 미친다. 일반적으로 집합건물의 대지권은 종물로서 분리처분이 무효이기 때문이다. 즉, 집합건물에 설정된 전세권은 토지와 건물의 매각대금 전부에 대하여 우선변제권을 받을 수 있다(대법원 2001다68389 판결, 배당이의).

단독주택(일반건물) 등에 설정된 전세권의 효력은 건물 부분에만 영향을 미친다. 그래서 건물 매각대금에서만 우선변제를 받을 수 있다. 토지 부분이 건물의 종물이 아니기 때문이다. 이런 경우 주택의 인도, 주민등록, 확정일자를 통해 대항력과 우선변제권을 확보하는 것이 유리하다. 주택임대차보호법을 통해 주택과 토지 부분의 매각대금에서 변제를 받을 수 있기 때문이다.

참고로 대항력만을 갖춘 임차인이 전세권등기를 할 때에는 임대차계약증서상에 확정일자를 받은 것과 같은 효력이 발생하게 된다. 배당 시 우선변제권을 주장할 수 있다(대법원 2001다51725 판결, 구상금). 임차인을 보호하기 위한 특별법의 취지로 이해하면 된다.

전세권의 분석은 어떻게?

전세권 권리분석의 핵심은 배당요구와 경매 신청을 확인하는 것이다. 말소기준등기 이전에 설정된 전세권자가 법원이 공고한 배당요구종기일까지 채권계산서를 제출한 뒤, 배당을 받으면 전세권은 소멸(민사집행법 제91조 4항 단서)하게 된다. 반면, 배당요구를 하지 않은 선순위 전세권은 낙찰자가 인수한다. 경매에서 채권계산서를 제출한다는 것은 계약을 해제하고 보증금을 돌려받겠다는 의사를 표시한 것이다. 전세권이 소멸되는 것이지, 그 자체가 말소기준등기가 되는 것은 아니다. 그래서 선순위 전세권자의 채권계산 제출 여부를 입찰 전 확인해야 한다. 선순위 전세권자가 임의경매를 신청했다면, 전세권은 경매로 인해 소멸된다. 이때의 전세권은 말소기준등기가 된다. 임의경매를 신청했다는 것은 전세권의 담보적 기능이 건물과 토지에 영향을 미쳤다는 것을 의미한다. 즉, 집합건물에 전세권을 설정한 사람이 신청한 것으로 추측할 수 있다. 단독주택, 다가구 등 건물 일부에 설정된 전세권은 그 자체만으로 경매 신청을 할 수 없고, 소유자를 상대로 전세금반환청구소송 후 판결문을 획득한 뒤에 진행해야 한다.

강제경매를 진행할 때 대지의 매각대금을 제외한 건물의 매각대금에서만 우선변제를 받을 수 있다. 그래서 단독, 다가구와 같이 건물 일부에 설정된 전세권은 말소기준등기가 될 수 없다. 후순위 저당권에 의해 경매가 진행되어도 선순위 전세권은 소멸되지 않는다.

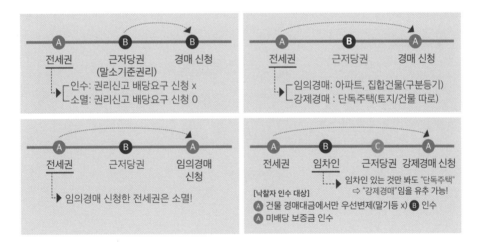

<전세권의 분석 1>

한 권으로 끝내는 실전 경매

말소기준등기인 근저당권 후에 전세권이 설정되었다면 경매 절차에서 전세금의 배당여부와 상관없이 무조건 소멸하게 된다. 이는 전세권보다 먼저 설정된 말소기준등기가 배당받고 소멸하면 후순위 전세권은 선순위 말소기준등기와 운명을 함께하여 소멸되기 때문이다.

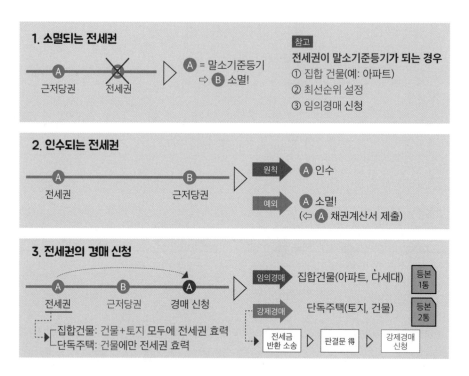

<전세권의 분석 2>

♠ 전세권을 정리하면

1. 전세권은 사용·수익의 가치를 추구하지만 전세금 회수를 위해 처분이라는 선택지도 가지고 있는 특수한 용익물권이다.
2. 전세권은 등기되지만, 일반 임대차는 등기로 공시되지 않는다.
3. 선순위 전세권자가 채권계산서를 제출한다는 것은 계약해제의 의사표시로 전액 배당받으면 소멸하지만, 말소기준등기가 되는 것은 아니다.
4. 말소기준등기 이후의 후순위 전세권자는 매각으로 소멸한다.
5. 집합건물에 설정한 전세권은 건물과 토지에 효력이 있고, 임의경매 신청을 통해 건물과 토지의 매각대금에서 우선변제를 받을 수 있다.
6. 임의경매를 신청한 전세권은 말소기준등기가 된다.
7. 단독주택 등 건물 일부에 설정한 전세권은 건물에 효력이 있고, 판결문을 통해 강제경매를 신청해야 하며, 건물의 매각분에 대해서만 배당받을 수 있다.
8. 강제경매를 신청한 전세권은 말소기준등기가 될 수 없다.
9. 전세권이 설정된 물건이 집합건물인지 일반건물인지 따져보고, 배당요구를 통해 배당금을 얼마나 받는지 면밀히 분석해야 한다.

단지 점유만 해도
성립하는 유치권

유치권이란 타인의 물건 또는 유가증권을 점유하는 자가 그 물건에 관하여 발생된 채권이 있을 경우 그 채권을 변제 받을 때까지 물건을 유치할 수 있는 권리를 말한다(민법 제320조).

① 타인의 물건에 대한 점유
② 그 물건에 관하여 생긴 채권(견련성)
③ 채권이 변제기에 있을 것

유치권은 위의 세 가지 요건을 갖추면 성립하는 법정 담보물권이다. 전세권처럼 계약, 보증금 입금, 등기 등의 복잡한 절차가 없으므로 다양한 형태로 권리가 성립된다.

유치권: 말소기준 상관없이 무조건 인수 사항! 단지 점유로써 성립!

▶ 민법 제367조: 우선상환 받을 수 있다(필요비, 유익비).
⇨ 민사집행법 제91조 ⑤항 : 우선변제권 無(무제한적 인수주의)

참고 **필요비** 부동산을 유지 보수하는데 필요한 유지비 및 수리비용.

참고 **유익비** 부동산의 가치를 증가시키는 데 도움이 되는 비용.

> **예시**
> 임차인이 본인 비용으로
> 이중창을 설치한다거나
> 화장실 등 보수.

예시 **건설유치권**

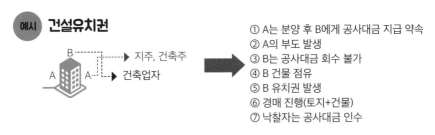

B ······▶ 지주, 건축주
A·······A ·····▶ 건축업자

① A는 분양 후 B에게 공사대금 지급 약속
② A의 부도 발생
③ B는 공사대금 회수 불가
④ B 건물 점유
⑤ B 유치권 발생
⑥ 경매 진행(토지+건물)
⑦ 낙찰자는 공사대금 인수

<유치권의 개념>

예를 들어, 휴대폰 수리업자가 수리비용을 받지 못하면 물건에서 발생된 채권(수리비)을 변제 받을 때까지 휴대폰의 인도를 거절할 수 있는 것이다. 휴대폰 수리업자가 가진 권리를 유치권이라고 생각하면 된다. 경매에서 가장 많이 일어나는 것이 공사채권에 의한 유치권 행사다. 소위 건설유치권, 비용유치권이라고도 하는데, 건축주와 건설업자, 소유자와 임차인 사이에서 빈번하게 발생한다.

건설유치권 발생 상황의 경우를 살펴보자. 금융기관의 대출금과 건축업자 자금(외상 공사)으로 건물을 신축한 후 임대와 분양을 통해 공사비를 회수하기로 건축주와 협의했다. 공사는 완료되었지만 건축업자는 공사비를 받지 못했다. 이때 건축업자는 공사비를 받을 때까지 건물을 점유하면서 유치권자로서의 권리를 주장하는 것이다. 비용유치권은 임차인이 임차목적물에 투입한 필요비와 유익비를 받을 때까지 유치권을 주장하는 경우다(민법 제367조). 낙찰 후 명도과정에서 임차인이 새시 설치비의 반환을 주장할 때도 있다. 이는 유익비로 진정 발생했고, 정당한 유치권의 요건을 갖췄다면 낙찰자는 비용을 전액 부담해야 한다. 경험상 거짓 유치권이 많으므로 꼼꼼히 따져보아야 한다.

이와 같이 유치권은 등기 없이 목적물을 유치함으로서 채무변제를 간접적으로 강제할 수 있다. 만약, 유치권이 성립된 물건을 낙찰받으면 공사 비용도 함께 인수하게 되어 심각한 손해를 발생할 수도 있다. 그래서 공사채권이 얼마인지 파악한 뒤 입찰가를 결정해야 한다. 특히, 건설유치권과 비용유치권은 빈번하게 발생하는 만큼 현장 조사를 통해 깊이 있게 파악해야 한다(민사집행법 제91조 5항).

유치권의 분석은 어떻게?

유치권은 다른 물권보다 성립이 자유로운 편이다. 낙찰자 입장에서 불리해 보이지만, 반대로 소멸도 쉬울 수 있다. 유치권의 성립요건 중 하나라도 성립하지 않는다면, 유치권은 깨지기 때문이다. 대다수의 유치권은 소송을 통해서 해결해야 한다. 유치권을 깰 수 있는 여러 가지 증거를 수집, 입증하는 것이 분석의 핵심이다.

① 점유의 상실

유치권의 공시방법은 등기가 아니라 점유이다. 유치권의 성립요건이자 존속 요건인 유치권자의 점유는 직접점유나 간접점유로도 가능하다. 다만 유치권은 목적물을 유치함으로써 채무자의 변제를 간접적으로 강제하는 것을 본체적 효력으로 하는 권리이다. 직접점유자가 채무자인 경우에는 유치권의 요건으로서의 점유에 해당하지 않는다(대법원 2007다27236 판결, 건물명도). 즉,

PART 3. 확인할 수 있는 권리부터 확인할 수 없는 권리까지

유치권은 채무자를 압박하는 수단으로 사용된다. 채무자를 직접점유로 하는 경우에는 점유의 상실로 보아 유치권이 소멸한다(민법 제328조). 만약 유치권자의 점유 상실을 제대로 주장·입증할 수 있다면 유치권을 깰 수 있다.

② 채무자의 승낙 없이 다른 자에게 사용·대여·담보제공 + 유치권 소멸 청구 시

유치권자는 선량한 관리자 주의로 유치물을 점유하여야 하고 유치물의 보존에 필요한 경우를 제외하고는 채무자의 승낙 없이 유치물의 사용, 대여 또는 담보 제공을 하지 못한다(민법 제324조). 유치권자와 임대차계약을 하고 제3자가 점유하는 경우가 있다. 판례에서는 유치권자에 대한 채무자의 동의만으로는 민법 제324조 2항에 따른 동의가 있었다고 볼 수 없다고 했다. 낙찰자가 임차인을 상대로 건물인도청구를 한다면, 임차인은 거절할 수 없다는 내용이다(대법원 2010다94700 판결, 건물명도).

③ 피담보채권의 소멸

피담보채권은 유치권 성립의 기본 요건사실이다(민법 제320조). 공사채권을 피담보채권으로 이해하면 된다. 채권의 변제, 유치권자의 소송 패소, 공사대금채권이 3년 경과했거나 일반채권이 10년 지난 경우 피담보채권의 소멸시효가 완성된 것으로 보아 유치권이 소멸하게 된다. 만약 담보제공과 유치권 소멸을 청구한 사실을 입증할 수 있다면 유치권 소송에서 유리한 입지를 차지할 수 있다(민법 제327조).

④ 경매개시결정등기 이후에 유치권이 성립된 경우

민사집행절차에서는 경매개시결정과 함께 압류를 명하므로 압류를 행사함과 동시에 매각절차인 경매절차가 개시된다. 이 경우 민사집행법 제92조

1항, 제83조 4항에 따른 압류의 처분금지효가 적용된다. 즉, '압류-현금화-배당'이라는 공식 절차에 돌입하는 것이다.

앞에서 언급한 것처럼 유치권의 성립은 교환 가치를 하락시킨다. 시세가 1억 원인 부동산에 6,000만 원의 유치권이 있다면, 4,000만 원 수준으로 거래될 것이기 때문이다. 경매개시결정 시 압류는 1억 원을 현금화하여 배당할 수 있다는 기대로 진행된 것이다. 압류 이후의 유치권을 인정한다면, 불평등한 가치의 감소가 발생한다. 경매개시결정 이후에 유치권이 성립된 경우는 매수인에게 대항할 수 없다. 만약 설득력 있는 증거로 주장·입증할 수 있다면 유치권을 깨트릴 수 있다. 하지만 반대의 경우에는 유치권 성립을 인정하고 있다(대법원 2008다70763 판결, 유치권 확인).

⑤ 신의칙 위반에 의한 유치권 행사

유치권은 점유를 이전해 주지 않기 때문에 최우선순위담보권으로써의 지위를 가질 수 있다. 자신의 이익을 위해 고의로 행사할 수 있는 위험을 내포한다. 채무 초과에 있는 채무자가 자신의 채권을 만족시키려고 제3자와 통정하여 유치권을 성립시키는 경우가 있다. 이때 유치권성립으로 선순위 저당권자의 채권이 불이익을 얻을 수 있다. 이런 유치권자의 주장은 신의칙에 거스르는 권리행사 또는 권리남용으로 허용되지 않을 수 있다(대법원 2011다84298 판결, 유치권 부존재 확인).

따라서 개별 사안의 구체적인 사정을 종합적으로 판단할 때 신의성실의 원칙을 어긴다고 평가되는 유치권 남용은 허용될 수 없다(대법원 2014다53462 판결, 유치권 부존재 확인). 실무적으로 신의칙은 실제 증명이 어려운 만큼 추가 사항으로 활용하되, 핵심 주장으로 사용하지 않는 것이 좋다.

⑥ 유치권 포기 각서의 제출

유치권자가 과거 채무자와의 관계에서 유치권을 행사하지 않겠다는 취지의 내용을 담은 계약서를 작성할 때가 있다. 건축주가 시공사를 선정할 때 유치권포기특약을 요구하기도 한다. 이런 내용이 합의된 각서가 있다면, 경매 투자에서 유치권을 깨트릴 수 있는 자료로 활용할 수 있다.

위에 해당하는 명확한 자료를 수집하여 증빙할 수 있다면, 소송을 통해 유치권을 파기할 수 있다. 점유할 권원이 없는 유치권자를 상대로 건물명도와 임료를 청구할 수 있게 된다. 유치권이 성립한 물건의 입찰가는 시세에서 비용과 공사채권액을 차감한 수준으로 정한다. 즉, 유치권을 깰 수 있는 명확한 자료를 확보하고, 하자 있는 물건을 인수해도 손해를 보지 않을 금액(입찰가= 시세-각종 비용-유치권자 채권액)으로 입찰하라는 것이다. 이것이 유치권 분석의 핵심이다.

🔒 유치권을 정리하면

1. 유치권은 등기 없이 물건의 점유, 피담보채권 존재, 변제기의 도래로 성립한다.
2. 실무에서는 건설업자와 임차인이 건축비와 비용지출을 채권으로 주장하는 경우가 많다.
3. 유치권은 말소기준등기의 선·후와 상관없이 성립하는 법정담보물권이다.
4. 유치권은 일반적으로 소송을 통해서 해결한다. 명확한 자료와 증거를 수집, 증명할 수 있는 경우 입찰하는 것이 좋다.
5. 유치권자의 점유상실, 채무자 승낙 없는 대여와 담보제공, 피담보채권의 소멸, 경매 개시결정등기 이후 유치권 성립, 신의칙 위반, 유치권 포기각서 증명은 소멸 사유다.
6. 유치권을 인수해도 손해가 없을 금액으로 입찰하라.

투자자라면 알고 있어야 할 가등기와 예고등기

가등기는 임시로 해두는 등기를 말한다. 담보가등기와 소유권이전청구권 보전가등기(이하 보전가등기)가 있다. 금전거래에서 대물변제계약서를 작성하고 이를 등기하는 것이 담보가등기이다. 만기에 채무자가 금전을 상환하지 못하면, 귀속청산과 매각이라는 방법으로 권리를 행사하게 된다. 귀속청산은 담보가등기의 목적인 부동산의 가액과 채무액의 차이(청산금)를 채무자에게 통지하고 2개월의 청산기간이 지나면 청산금을 지급하면서 소유권을 취득하는 것이다(매매예약 실행). 매각은 담보가등기에 기해 임의경매를 신청하여 그 낙찰대금에서 채권을 회수하는 것이다.

즉 담보가등기는 저당권과 동일한 개념으로 보면 된다. 만약 경매에서 가등기로 임의경매 신청을 했다면 이를 담보가등기라고 보는 이유다. 통상 담보가등기는 경매에서 말소기준등기로서 역할을 하며 매각으로 소멸한다(가등기담보 등에 관한 법률 제13조, 제15조).

보전가등기는 매수자가 잔금을 완납했지만 세금과 권리문제로 정상적인 소유권 이전을 하지 못하는 경우에 사용한다.

가등기: 본등기를 할 수 있는 법적 요건을 못 갖춘 경우, 장래 본등기의 순위를 확보하기 위해 임시로 하는 등기

담보가등기 = 채권담보를 목적으로 가등기의 형식을 갖춘 담보 형태(≒저당권)
보전가등기 = 장차 생길 권리에 대한 청구권을 보전하기 위해 하는 가등기

\<가등기의 종류\>

보전가등기는 소유권이라는 권리를 가등기권자가 보전하는 차원에서 설정하는 등기를 말한다. 담보가등기와 다르게 소유권의 확보를 주된 목적으로 한다. 보전가등기가 설정된 물건을 취득한 사람은 언제나 소유권을 상실할 위험에 처하게 된다. 이렇게 보전가등기는 소유권이전청구권을 확보하기 위해 설정하는 것이므로 말소기준등기에 해당하지 않는다. 그래서 선순위 보전가등기는 매각으로 낙찰자가 인수하게 된다.

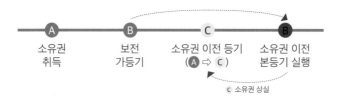

Ⓑ가 보전가등기로 소유권 이전 등기 실행 시
Ⓒ는 소유권 상실

\<보전가등기의 실행\>

보통의 권리는 등기부등본을 통해서 종류를 파악할 수 있다. 하지만 가등기는 등기를 보아도 그 종류를 구별해 낼 수 없다. 특히 말소기준등기보다 앞서 설정된 가등기라면 경매로 인수되는데, 최악의 경우 보전가등기로 판별되어 소유권을 잃을 수 있으므로 주의해야 한다.

| A | B | B |
| 가등기 | 근저당권 | 경매 신청 |

Ⓐ가 '담보가등기'라면 고려한다!
Ⓐ가 '보전가등기'라면 포기한다!

담보가등기일 확률 ↑
(뒤에 저당권이 있으므로)

★법원에서 형식만으로는 담보/보전가등기 판단 불가

<가등기의 판별>

반면 최선순위로 설정된 가등기가 담보가등기라면 낙찰자는 인수의 부담이 없다. 저당권과 동일한 말소기준등기로 보기 때문이다. 그렇다면, 경매사건에서 담보가등기와 보전가등기를 어떻게 구별할 수 있을까?

경매사건에서 법원은 가등기권자에게 가등기의 종류를 신고하도록 안내한다. 담보가등기권자에게는 매각대금을 배당해 주기 위해서이다. 즉, 가등기권자의 신고에 따라 가등기의 종류를 결정한다. 만약 가등기권자가 권리신고를 하지 않으면 어떻게 될까? 법원은 보수적 관점에서 보전가등기로 추정한다. 마음대로 배당하여 권리를 말소시킬 수 없기 때문이다. 권리신고가 되어 있지 않지만 선순위 가등기가 설정되어 있다면, 보전가등기로 보고 분석하는 것이 좋다.

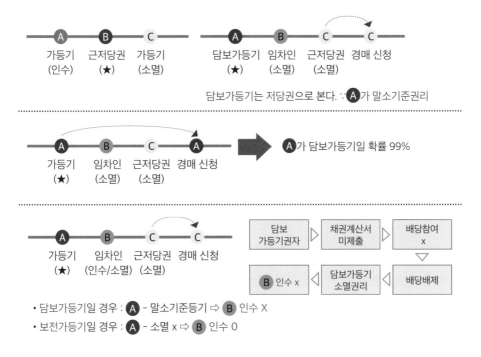

<가등기의 속성>

가등기의 분석은 어떻게?

① 1순위 담보가등기, 2순위 가압류, 2순위자 강제경매 신청

가압류가 후순위에서 강제경매 신청을 했더라도 말소기준등기는 선순위 담보가등기가 된다. 따라서 담보가등기 이후의 권리들은 경매 시 매각으로 소멸되어 낙찰자가 입찰금액 이외에 추가로 인수해야 하는 부분이 없다. 담보가등기는 저당권이라는 공식을 기억하면 쉽게 분석할 수 있을 것이다.

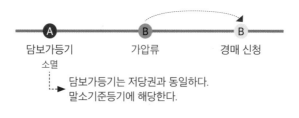

<선순위 담보가등기의 분석>

② 1순위 가등기, 2순위 임차인, 3순위 근저당권, 1순위자의 임의경매신청

가등기가 임의경매를 신청했다는 것은 저당권의 담보권실행과 같이 보아야 한다. 즉, 말소기준등기의 역할을 하는 것이다. 이때 2순위 임차인은 말소기준등기인 1순위 담보가등기보다 나중에 대항력을 갖추었기에 경매 시 매각으로 소멸한다. 마찬가지로 3순위 근저당권도 배당을 받고 소멸하게 된다.

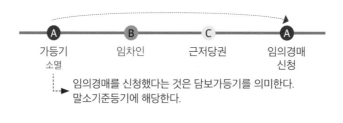

<가등기의 임의경매 신청>

③ 1순위 가등기, 2순위 임차인, 3순위 가처분, 4순위 근저당권, 4순위자 임의경매 신청

1순위가 가등기인 경우, 경매분석에서 주의를 기울여야 한다. 4순위 근저당권자가 임의경매를 신청하면 법원은 선순위 가등기권자에게 그 내용을 통보하라고 최고한다. 등기부등본만으로는 그 종류를 파악할 수 없기 때문이다. 만약 1순위 가등기를 담보가등기로 볼 수 있는 금전거래, 대물변제 예약이라는 명확한 증거가 있는 상황이다. 1순위 가등기권자가 채권계산서를 제

출하지 않았다면, 1순위 가등기는 어떻게 될까? 가등기권자가 회수하지 못한 채권액은 낙찰자가 인수해야 할까? 1순위 가등기권자는 자기 채권을 배당받는 것과는 관계없이 낙찰자의 경매대금 완납으로 소멸하게 된다(가등기담보 등에 관한 법률 제15조). 즉, 낙찰자의 인수사항이 되지 않는다.

그렇다면 2순위 임차인과 3순위 가처분은 어떻게 될까? 1순위 담보가등기는 채권계산서를 제출하지 않아 배당받지 못할 경우 말소기준등기가 되는지 쟁점이 된다. 이때 1순위 담보가등기가 배당받지 못해도 말소기준등기가 되어 2순위 임차인과 3순위 가처분권자는 낙찰자에게 대항할 수 없게 된다. 다만, 1순위 가등기가 확실한 담보가등기라는 근거가 있어야 한다. 실무적으로 일반 가등기를 담보가등기로 보는 근거를 찾기는 쉽지 않다. 분쟁이 많은 영역인 만큼 꼼꼼하게 대비하여 접근해야 한다.

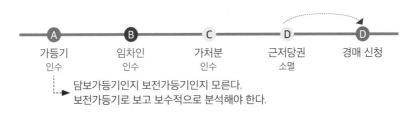

<선순위 가등기의 분석>

④ 1순위 근저당권, 2순위 보전가등기, 3순위 근저당권, 1순위 또는 3순위 자가 임의경매 신청

1순위 또는 3순위 근저당권이 경매 신청을 했을 경우 말소기준등기는 1순위 근저당권이 되고, 2순위 가등기는 말소기준등기 이후에 설정되었기 때문에 매각으로 소멸하게 된다. 즉 권리분석 시 인수권리는 없다.

한 권으로 끝내는 실전 경매

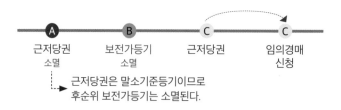

<후순위 보전가등기의 분석>

⑤ 1순위 가압류, 2순위 보전가등기, 3순위 근저당권, 3순위자 임의경매 신청, 1순위 말소

3순위 근저당권자가 경매 신청을 했고 잔금납부 전 경매 절차에서 1순위 가압류가 말소되었다면, 말소기준등기는 3순위 근저당권자로 후퇴한다. 2순위 보전가등기는 말소기준등기보다 먼저 권리가 성립되었으므로 소멸하지 않는다. 만약 이러한 물건을 낙찰받았다면 실패한 경매 투자가 될 것이다.

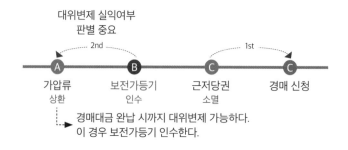

<후순위 보전가등기의 대위변제>

※ 예고등기란?

말소 및 말소회복청구 등의 소송이 제기된 경우, 법원에서 제3자에게 분쟁 중임을 알려주는 예비등기이다. 즉, 이 부동산은 분쟁 중에 있다는 것을 알리는 경고 등기이다. 예고등기는 경매로 소멸되지 않고 무조건 낙찰자가 인수하게 된다. 따라서 예고등기의 원인이 해결되었거나 확실한 해결책을 가지고 있지 않다면 투자를 하지 않는 것이 현명하다. 현재 예고등기는 존재하지 않지만 예외적으로 발견되는 경우도 있으니 투자자는 내용을 알고 있어야 한다.

★ 예고등기 ⇨ 소유권 관련 예고등기 ⇨ 소유권 관련 분쟁 중!
➡ 소송과 경매는 별개. 소송에 의한 경매 효력은 無 ⇨ 위험성 大
➡ 예고등기는 말소기준권리와 무관! ⇨ 있다면, 투자 배제!

<예고등기의 개념>

🔁 가등기를 정리하면

1. 가등기에는 담보가등기와 소유권이전등기청구권 가등기가 있다.
2. 소유권이전등기청구권 가등기가 설정된 이후 소유권을 취득한 사람은 본등기로 소유권을 잃을 수도 있다.
3. 담보가등기는 저당권과 유사한 개념으로 말소기준등기에 속한다.
4. 가등기권자가 배당요구를 하여 배당을 받으면 담보가등기로 볼 수 있다.
5. 가등기권자가 배당요구를 하지 않으면 소유권이전등기청구권 보전가등기로 보아야 한다.
6. 가등기권자가 임의경매를 신청했다면 담보가등기로 볼 수 있다.
7. 말소기준등기 이후의 가등기는 매각으로 소멸한다.
8. 말소기준등기 이전의 가등기는 담보가등기인 경우 소멸하지만, 소유권이전등기 청구권 보전가등기인 경우에는 인수하게 된다.

임차인에게는
여러 권리가 있다

대항력이란 무엇일까?

대항력이란 주택임대차보호법이라는 특별법에서 규정하고 있는 것으로 채권적 지위를 물권화시킨 법률적 힘을 말한다. 보증금을 임대인에게 맡겼고, 주택의 인도(=입주)와 더불어 주민등록을 완료하면 익일 '0시'(자정)부터 임대차기간 만료일까지 거주할 수 있다. 기간이 만료되면 보증금을 받을 때까지 버틸 수 있는 힘을 말한다(주택임대차보호법 제3조 1항, 대법원 99다9981 판결, 건물명도).

대항력

| 전입신고 | + | 주택인도 | = | 대항력 ⇨ 익일 '0'시부터 대항력 발생. |
| 대항요건 | | | | 사용·수익을 대항해서 싸울 수 있는 힘 |

주택임대차보호법 §3조 ①항

<대항력의 개념>

예를 들면, A와 B가 2월 1일에 임대차계약을 체결한 뒤 B가 3월 1일에 주택인도와 주민등록을 했다면 3월 2일 0시 이후 보증금을 줄 때까지 집에서 나갈 수 없다고 주장할 수 있다. 소유권이 A에서 C, D, E로 바뀌어도 마찬가지다. 과거 집주인이 바뀌면 보증금을 받지 못해 피해를 입는 임차인이 생겼기 때문에 이를 보호하기 위해 만들어졌다. 이것이 주택임대차보호법에 있는 대항력의 개념이다.

<대항력의 효력>

실무에서 중요한 것은 '대항력이란 무엇인가?'가 아니라, '대항력을 어떻게 확인하고 활용할 것인가?'이다. 교과목에 비유하자면, '수학'과 비슷하다. 공식만 외우면 풀이를 해낼 수 있을 것이라 믿지만, 실제로는 아무것도 할 수 없을 때가 많다. '대항력'의 개념을 아는 것은 '공식'을 아는 것에 불과하다. 이 공식을 어떻게 '활용'하는지 '풀이'를 직접 해봐야 한다. 다음의 내용을 통해 알아야 할 서류와 대항력의 적용을 연습해 보자.

주민등록등본	해당 주소에 전입된 한 세대주 혹은 동일 세대 내의 구성원이 나온 서류(즉, 동일 세대의 구성원이 나온 서류).
전입세대열람내역서	해당 주소에 전입된 세대주 전체의 전입일자와 최초 전입일자를 표시한 서류.
건축물대장	건물의 현황을 파악하는 서류로 구조, 면적, 건축연월일, 건축주 및 소유자가 나온 서류로 불법 건축 여부 확인 가능. 건축물대장과 등기부상 주소가 다른 경우, 건축물대장 우선 적용.
등기사항전부증명서	건물과 토지의 소유권과 이외의 권리 등을 공시하여, 부동산에 대한 권리관계를 보여주는 서류.

예를 들어, 4세대가 거주하는 다가구주택이 경매에 나왔다면, 실무적으로
어떻게 대항력 보유 여부를 판단할 수 있을까? 먼저 전입세대열람내역서를
통해 전입신고 여부를 확인해야 한다. 주소가 학동 610-1번지라고 가정하
자. 이 주소를 열람하면 세대주인 김남편, 박남편, 유남편, 최남편의 전입일
을 확인할 수 있다(세대주의 가족 구성원은 확인 불가). 만약 김남편이 1월 3일 전
입신고 후 가족은 그대로 둔 상태에서 전입을 다른 주소지로 옮겼다가 3월 5
일에 다시 세대주로 전입신고했다면 왼쪽 전입일자는 3월 5일이 되고, 최초
전입일자는 1월 3일이 된다. 주민등록은 가족도 포함하기 때문에 대항력은
최초 전입일자를 기준으로 판단하는 것이 옳다.

전입세대열람 내역(동거인포함)

행정기관: 서울시 강남구 학동 610-1
신청주소: 서울시 강남구 학동 610-1

순번	세대주 성명	전입 일자	등록 구분	최초 전입자	전입 일자	등록 구분	동거인수	동거인사항			
								순번	성명	전입 일자	등록 구분
	주소										
1	김남편	3/5	거주자	김남편	1/3	거주자					
2	박남편	2/5	거주자	박남편	2/5	거주자					
3	유남편	3/7	거주자	유남편	3/7	거주자					
4	최남편	4/5	거주자	최남편	4/5	거주자					

　다음은 등본을 확인해야 한다. 등본은 세대의 가족 구성원을 확인하는 서류이다. 전입세대열람내역서만 보면 학동 610-1번지에 거주하는 사람은 4명이다. 하지만 각 세대에는 부양가족이 거주할 수 있다. 실제 거주하는 사람들을 확인하는 서류는 주민등록등본이다. 전입세대열람내역서를 통해서 4명의 세대주를 확인하고, 각각의 세대주별로 주민등록등본을 열람하면 학동 610-1번지에 거주하는 사람들 전체를 파악할 수 있다. 전입세대열람내역서와 주민등록등본을 통해서 세대별 대항력과 거주자를 확인할 수 있다.

호실	주택인도일	주민등록일	대항력	세대주	세대 구성원
101	1/5	1/3	1/6 0시	김남편	김부인, 김아들, 김딸
201	2/5	2/5	2/6 0시	박남편	박부인, 박아들
301	3/5	3/7	3/8 0시	유남편	유부인, 유딸
401	4/5	4/5	4/6 0시	최남편	최부인, 최아들, 최딸

※ '0시'의 개념 : 23:59:59에서 00:00:00으로 넘어가는 시점.

　책이나 법조문에 나온 대항력에 대한 정의보다 실제 서류에서 정보를 찾아 해석하고 의사 결정을 하는 적용 능력이 중요하다. 주변을 보면 임대차계약을 체결했음에도 주민등록을 하지 않거나, 보증금을 받지 못한 채로 퇴거하는 경우가 있다. 이때 내 보증금을 지킬 수 있을까? 재산을 지키는 방법에 대해서도 다시 한번 생각해 보자.

우선변제권 vs. 최우선변제권

우선변제권은 후순위권리자보다 먼저 돈을 받을 수 있는 권리를 말한다. 임차인이 주택의 인도와 주민등록을 마친 후 임대차계약서상에 확정일자를 받으면(주민센터, 등기소, 공증사무실 등 가능)된다. 즉, 대항력과 확정일자를 모두 갖추면 우선변제권을 갖게 된다. 주택이 경매나 공매로 매각되는 경우, 후순위 채권자보다 먼저 보증금을 변제 받을 수 있다.

우선변제권

주택을 경(공)매 시, 후순위 권리자보다 보증금을
우선변제 받을 권리가 있다.

"임대차보호법의 특별법 형식으로 채권을 물권화"

<우선변제권의 개념>

즉, 대항력을 갖춘 상태에서 확정일자를 받아 놓으면 우선변제권이 생기게 되고 이후 근저당권이 설정되더라도 자신의 보증금을 먼저 변제 받을 수 있다(주택임대차보호법 제3조의2 제2항). 임차인이 보증금을 하루라도 빨리 회수할 수 있도록 특별법으로 새로운 권리를 부여한 것이다.

구분	주택인도일	주민등록일	대항력	확정일자	우선변제권 발생 시기
A	1/5	1/3	1/6, 0시	1/5, 주간	1/6, 0시
B	2/5	2/5	2/6, 0시	2/6, 주간	2/6, 주간
C	3/5	3/7	3/8, 0시	3/9, 주간	3/9, 주간
D	4/5	4/5	4/6, 0시	5/8, 주간	5/8, 주간

※ 주민센터의 업무시작 시간은 오전 9시이지만, 편의상 '주간'으로 표시함.

최우선변제권이란 경매사건에서 보증금 중 일정 금액을 최우선으로 보호해주는 권리를 말한다. 법에서 정하는 소액보증금이면서 경매개시결정기입등기일 이전에 대항력을 갖춘 경우에 혜택을 받을 수 있다.

대항력과 우선변제권은 임차인을 보호하기 위한 특별법이지만 이것만으로는 보증금을 보호하기 어려운 경우가 발생했다. 다음의 사례를 살펴보자.

ᐟᐟᐟᐟᐟ▶ 낙찰자 인수 x
Ⓐ 대항력(≠ 대항요건) ⇨ : 1월 3일 '0시'
Ⓐ 확정일자에 의한 우선변제권 : 1월 3일 '0시'
Ⓑ 저당권에 의한 우선변제권 : 1월 2일 '주간' ⇨ Ⓐ < Ⓑ

<최우선변제권의 필요성>

임차인A는 저당권 B보다 확정일자를 먼저 받았지만 저당권이 설정된 날(1월 2일)에 전입신고하여 대항력은 1월 3일 0시에 성립되었다. 저당권 B는 말소기준등기로 그 이후에 성립된 권리는 소멸된다. 따라서 배당절차에서 보증금을 회수하는 것과는 별개로 임차인A는 낙찰자에게 주택을 비워주어야 한다. 임차인A는 대항력과 우선변제권을 갖추었음에도 보증금을 회수하지 못할 수도 있다. 이런 소액임차인의 보증금을 최우선으로 보호하기 위해 최우선변제권이라는 개념이 추가되었다. 소액임차인이 대항력을 갖추면 우선변제권보다 앞서서 최우선으로 보증금을 보호해 주자는 것이다(주택임대차보호법 제8조 1항).

최우선변제를 받을 수 있는 금액은 매각부동산에 우선변제권이 설정된 시기에 따라 달라진다. 대표적으로 근저당권이 설정된 당시의 소액보증금 범위에 있어야 최우선변제를 받을 수 있다.

담보물건 설정일	지역	소액보증금의 범위	최우선변제금
84.01.01 ~ (시행)	서울특별시	300만 원 이하	300만 원
	수도권(과밀억제권역)	200만 원 이하	200만 원
87.12.01 ~ (1차 개정)	서울특별시	500만 원 이하	500만 원
	수도권(과밀억제권역)	400만 원 이하	400만 원
90.02.19 ~ (2차 개정)	서울특별시	2,000만 원 이하	700만 원
	수도권(과밀억제권역)	1,500만 원 이하	500만 원

95.10.19 ~ (3차 개정)	서울특별시	3,000만 원 이하	1,200만 원
	수도권(과밀억제권역)	2,000만 원 이하	800만 원
01.09.15 ~ (4차 개정)	서울특별시	4,000만 원 이하	1,600만 원
	수도권(과밀억제권역)	4,000만 원 이하	1,600만 원
	광역시	3,500만 원 이하	1,400만 원
	기타지역	3,000만 원 이하	1,200만 원
08.08.21 ~ (5차 개정)	서울특별시	6,000만 원 이하	2,000만 원
	수도권(과밀억제권역)	6,000만 원 이하	2,000만 원
	광역시	5,000만 원 이하	1,700만 원
	기타지역	4,000만 원 이하	1,400만 원
10.07.26 ~ (6차개정)	서울특별시	7,500만 원 이하	2,500만 원
	수도권(과밀억제권역)	6,500만 원 이하	2,200만 원
	광역시 (인천, 군지역 제외) 안산, 용인, 김포, 경기도 광주시	5,500만 원 이하	1,900만 원
	그밖의 지역	4,000만 원 이하	1,400만 원
14.01.01 ~ (7차 개정)	서울특별시	9,500만 원 이하	3,200만 원
	수도권(과밀억제권역)	8,000만 원 이하	2,700만 원
	광역시 (인천, 군지역 제외) 안산, 용인, 김포, 경기도 광주시	6,000만 원 이하	2,000만 원
	그밖의 지역	4,500만 원 이하	1,500만 원
16.03.31 ~ (8차 개정)	서울특별시	1억 원 이하	3,400만 원
	수도권(과밀억제권역)	8,000만 원 이하	2,700만 원
	광역시 (인천, 군지역 제외) 안산, 용인, 김포, 경기도 광주시	6,000만 원 이하	2,000만 원
	세종시	6,000만 원 이하	2,000만 원
	그 외의 지역	5,000만 원 이하	1,700만 원
18.09.18 ~ (9차 개정)	서울특별시	1억 1,000만 원 이하	3,700만 원
	수도권(과밀억제권역) 용인, 세종, 화성포함	1억 원 이하	3,400만 원
	광역시 (인천, 군지역 제외) 안산, 김포, 경기도 광주, 파주	6,000만 원 이하	2,000만 원
	그 외의 지역	5,000만 원	1,700만 원

※ 9차 개정으로 과밀억제권역 수준에 인접한 세종, 용인, 화성시를 수도권으로
조정하고 광역시 등의 수준에 인접한 파주시의 지역군을 조정.

한 권으로 끝내는 실전 경매

만약, 배당금액 전체를 최우선변제금의 재원으로 한다면 어떻게 될까? 바로 형평성의 문제가 발생할 것이다. 그래서 최우선변제금으로 배당할 금액을 아래와 같이 결정하였다.

> [매각대금과 이자 + 재경매 시 기존 경매보증금 + 지연이자 + 항고보증금
> - (집행비용)]의 1/2 범위 내

만약에 근저당권이 2018년 9월 18일 이후에 설정되어 경매를 신청했다면 그 소재지가 서울특별시인 경우에는 보증금 1억 1,000만 원 이하일 때 3,700만 원을 최우선적으로 배당받을 수 있다. 그러나 최우선적으로 배당해 주는 금액의 합계가 낙찰가격에서 경매 신청 비용을 제한 배당금액의 2분의 1 이상일 때에는 2분의 1 범위 내에서만 최우선적으로 배당받을 수 있다. 즉, 위의 공식에 의해 실제 배당할 금액이 2억 원인데, 최우선 변제를 받을 수 있는 대상이 5가구일 경우, 1가구당 3,700만 원씩 배당받는다고 가정한다면 최우선변제금액의 합계액은 1억 8,500만 원(=3,700만 원 × 5가구)이 된다. 이렇게 계산하면 잔여 배당금이 1,500만 원이 되어 근저당권과 같이 우선변제권을 가진 권리자들의 배당액이 줄어드는 문제가 발생한다. 그래서 임차인들이 최우선적으로 배당받을 수 있는 금액을 제한한 것이다. 비용을 제외한 최종 배당재원이 2억 원이라면 그 절반인 1억 원의 범위 내에서 배당을 하게 된다. 이때 최우선 배당금액은 가구당 3,700만 원이 아닌 2,000만 원(1억 원 / 5가구)이 되는 것이다.

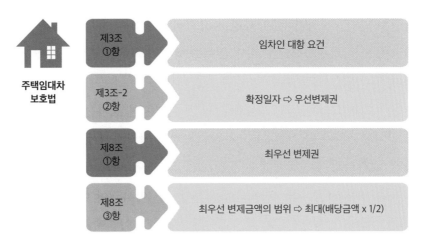

주택임대차 보호법	제3조 ①항	임차인 대항 요건
	제3조-2 ②항	확정일자 ⇨ 우선변제권
	제8조 ①항	최우선 변제권
	제8조 ③항	최우선 변제금액의 범위 ⇨ 최대(배당금액 x 1/2)

<주택임대차보호법의 핵심>

임차인이라면 꼭 알아야 할
임차권등기명령제도

현실에서 임차인이 가장 걱정하는 부분은 무엇일까? 바로 만기에 보증금을 회수하지 못하는 일이 발생하는 것이다. 보증금도 받지 못한 상태에서 이사라도 간다면, 대항력을 상실해 버린다. 결국 이사도 갈 수 없는 진퇴양난의 상황에 빠지게 된다. 이런 주택임대차보호법의 단점을 보완하기 위해 마련된 제도가 바로 임차권등기명령제도(1993년 3월 1일 시행)이다. 주민등록을 전출하면 임차인의 대항력과 우선변제권이 상실되므로 이런 상황을 보완하기 위해 마련되었다. 만약, 만기 경과 후 보증금을 받지 못한 상황이 발생했다면 임차주택 소재지의 관할 법원에 신청하면 된다.

임차권등기명령을 신청하여 임차권등기가 끝나면 임차인은 우선변제권을 취득한다. 실무적으로 임차인이 이미 대항력(인도+주민등록 후 익일 0시)과 우선변제권(대항력+확정일자)을 취득한 경우에는 종전의 대항력과 우선변제권이 임차권등기명령 시점이 아닌 과거 시점으로 소급하여 유지된다. 즉 임차권 등기 이후에는 퇴거하더라도 이미 취득한 대항력과 우선변제권이 유지되는 것이다.

　다만 주의해야 할 사항이 있다. 임차권등기명령의 효과는 신청할 때가 아니라 임차권등기가 된 시점부터 발생하다. 만약 착각하여 등기 신청 후 퇴거한다면, 대항력과 우선변제권을 상실하여 보증금을 반환받지 못할 수도 있다. 따라서 임차권등기가 경료된 것을 확인하고 이사해야 한다. 임차권등기 명령의 집행에 의한 임차권등기가 끝난 주택을 그 이후에 임차한 임차인은 요건을 갖추더라도 우선변제를 받을 권리가 없다(주임법 제3조-3 6항). 이것은 임차인뿐만 아니라 투자자에게도 중요한 의미가 있다. 만약 A가 임차권등기 명령에 의해 등기가 된 주택에 B가 후순위 임차인으로 우선변제권을 갖추면 정당한 법적 절차를 갖췄음에도 자신의 보증금을 지키지 못하는 상황이 발생하게 된다. 투자자 입장에서도 권리분석을 할 때 B가 우선변제권에 의해 보증금을 모두 받아 갈 것이라고 오판할 수 있는 것이다.

주택임차권등기명령신청서

신청인(임차인)   성명 : 부 동 삶   (주민등록번호 : XXXXXX - XXXXXXX)

주소 : 서울시 XX구 YY동 1234

연락 가능한 전화(FAX 또는 호출)번호 : XXX-XXXX-XXXX

피신청인(임대인)   성명 : 나 임 대

주소 : 서울시 YY구 ZZ동 5678

신 청 취 지

별지목록 기재 건물에 관하여 아래와 같은 주택임차권등기를 명한다라는 결정을 구합니다.

아 래

1. 임대차계약일자   2018 . 6 . 1 .
2. 임차보증금액   금 200,000,000 원
3. 주민등록일자   2018 . 6 . 12 .
4. 점유개시일자   2018 . 6 . 12 .
5. 확 정 일 자   2018 . 6 . 12 .

신 청 이 유

1. 신청인은 2018년 6월 1일 피신청인과 별지목록기재 부동산에 관하여 전세 보증금 200,000,000원. 전세기간 24개월로 하는 내용의 전세계약을 체결하고 계약당일 계약금 20,000,000원과 2018년 6월 12일에 180,000,000원을 각각 지급하고 위 건물에 이사(입주)를 하였으며, 2018년 6월 12일에 관할 주민센터에 주민등록전입신고와 전세계약서에 확정일자를 받았습니다.

2. 위 전세계약서에 의한 약정 전세기간은 2020년 6월 12일로 만료되었으며 신청인은 그 이전에 전화와 방문을 통해 10여 차례에 걸쳐 피신청인에게 위 계약을 갱신할 의사가 없음을 분명히 알렸을 뿐만 아니라, 위 기간 만료 시 전세보증금을 돌려줄 것을 요청하였습니다. 하지만 피신청인은 경제사정을 핑계로 위 부동산이 재임대되면 보증금을 돌려주겠다는 취지의 무성의한 답변만 계속하고 있는 실정입니다.

3. 한편, 신청인은 타지역 발령으로 거주지를 이전할 계획을 가지고 진행 중이어서 속히 이사 및 주민등록을 옮겨야할 필요성이 절실한바, 피신청인이 위 전세보증금을 돌려주지 않는 관계로 거주이전에 많은 제약을 받고 있습니다. 이로 인해 금전적, 정신적 피해가 막심합니다.

4. 따라서 신청인은 주택임대차보호법 제3조3의 규정에 의거 신청취지 기재와 같은 내용의 임차권등기명령을 구하기 위하여 본 건 신청에 이른 것입니다.

첨 부 서 류

1. 건물등기부등본   1통
2. 주민등록등본   1통
3. 임대차계약증서 사본   1통
4. 부동산목록   8통

2020 . 8 . 10 .

신청인   부 동 삶 (인)

○○ 지방법원 ○○지원 귀중

현실에서 임차권등기명령을 통해 등기를 경료한 임차인에게 먼저 등기를 말소해야 보증금을 반환해 주겠다고 하는 경우가 많다. 이 제도는 임차인의 권리를 보전하기 위해 만들어진 제도로 등기말소의 선후관계를 따지지 않는다. 판례는 임대인이 먼저 선행해서 보증금을 반환한 뒤 등기를 말소하라고 판시하고 있다(대법원 2005다4529 판결, 구상금). 임차권등기명령제도는 경매를 떠나 실수요자 입장에서 숙지하고 있어야 한다. 투자자 입장에서는 임차권등기명령에 의해 선순위 임차권등기가 있고, 후순위 임차인의 대항력과 우선변제권이 형성되었다면, 후순위 임차인이 보증금을 받지 못하는 위험에 노출되었다는 것을 의심해야 한다. 임차인은 보증금을 받기 어려운 상황이 발생했을 경우 신속히 법적 절차를 진행해야 된다. 또한 보증금을 잃을 수도 있다는 경계심을 가지고 새로운 임대차 계약을 진행하되, 되도록이면 이런 물건을 피해야 한다. 이 부분은 투자뿐만 아니라 실생활에서도 유용한 상식으로 활용될 수 있다.

이 제도는 임대인의 동의 없이 단독으로 신청할 수 있고 발생된 비용을 임대인에게 추가로 청구할 수 있다(주택임대차보호법 제3조-3 1항). 실무적으로는 임차권등기명령신청서를 작성하고, 주민등록등본, 부동산등기부등본, 임대차계약서 사본, 건물도면, 부동산목록 등을 첨부하면 된다.

임대차보호법(주택 vs. 상가)

주택 임차인에게 주택임대차보호법이 있다면, 상가 임차인에게는 상가임대차보호법이 있다. 상가임대차보호법은 상가 건물의 임대차에 적용된다. 여기서 상가건물은 부가가치세법, 소득세법, 법인세법의 규정에 의해 사업자등록이 정상적으로 되는 것을 말한다. 상가 건물로 보는 기준은 영리 목적의 영업용 사용을 원칙으로 하되 건물의 현황과 용도를 살펴보고 실질적으로 판단한다. 일반적으로 상가를 운영하기 위해서는 임대차계약을 진행한다. 당연히 사용과 수익에 대한 반대급부로 보증금과 월세를 지급한다. 상가건물에서도 대항력, 우선변제권, 최우선변제권은 매우 중요한 사항이다. 대항력은 점유와 더불어 사업자등록을 하게 되면 익일 0시를 기준으로 주장할 수 있다(상가임대차보호법 제3조 1항). 대항력요건을 갖춘 임차인이 관할 세무서장으로부터 임대차계약서에 확정일자를 받으면 우선변제권을 행사할 수 있다(상가임대차보호법 제5조 2항). 특히, 경매개시결정등기 전까지 대항력 요건을 갖추고 배당요구를 한 소액임차인은 배당금액의 1/2의 범위에서 최우선변제를 받도록 배려하고 있다. 이 법의 보호를 받기 위해서는 보증금이 동법 제2조 제1항의 범위에 있어야 한다. 기준은 주택임대차보호법과 비슷하다.

다만, 우선변제권을 주장하기 위해서는 임차보증금이나 환산보증금[기본보증금 + (월차임 × 100)]이 기준금액 내에 포함되어야 한다. 그래서 임차인은 환산보증금을 줄이는 것이 좋다. 우선변제를 받을 수 있는 확률이 높아지기 때문이다. 실무적으로는 '부가가치세 별도'로 기재하는 경우가 많다. 월세의 범위가 명확하면 부가세를 제외하고 환산보증금을 계산하기 때문이다. 아무런 표시가 없다면 부가세를 포함하여 계산해야 해서 임차인으로서는 이득이 없다.

구분	주택임대차보호법	상가임대차보호법
적용범위	주거용 건물(주택)의 임대차 * 주거용 판단 기준은 계약 당시 * 겸용사용 시에는 주용도가 주거용	비주거용 건물(상가)임대차 적용 (사업자등록+영업용건물) * 주된 부분이 영업용
대항력	인도 + 주민등록(전입신고) - 다음날 0시 효력 발생 양수인은 임대인 지위 승계 간주	인도 + 사업자등록신청 - 다음날 0시 효력 발생 양수인은 임대인 지위 승계 간주
대항력 제한사항	해당사항 없음	해당사항 없음
우선변제권	대항력+확정일자 (공증,등기소,법원,주민센터 가능)	대항력+확정일자(세무서장)
우선변제 제한사항	해당사항 없음	서울 9억 원 수도권과밀억제권역, 부산: 6억 9,000만 원 광역시, 세종시, 파주시, 화성시, 안산시, 용인시, 김포시, 광주시 : 5억 4,000만 원 그 밖의 지역 : 3억 7,000만 원 (상가임대차법 시행령 개정, 19.04.02)
최우선변제 배당한도	매각가액의 1/2	매각가액의 1/2
계약해지사유	2회 이상 차임 연체	3회 이상 차임 연체
임차권 등기	가능	가능
묵시적갱신 해지통고	3월 후 효력발생	3월 후 효력발생

환산보증금 이하인 경우 대항력, 우선변제권, 계약갱신요구권(10년), 임대료 상한 보호를 받을 수 있다. 만약 환산보증금을 초과하면 대항력과 계약갱신요구권만 보호받을 수 있으나 우선변제권은 주장할 수 없다. 따라서 환산보증금을 초과하는 선순위 임차인은 보증금을 보호받기 위해 전세권이나 근저당을 설정하는 것이 좋다. 경매 투자자로서도 환산보증금을 초과하는 선순위 임차인은 분석 시 주의해야 한다. 우선변제권이 없어서 배당을 받지 못하기에 보증금을 인수해야 하기 때문이다. 상가임대차보호법 적용을 받지

않는 사항은 민법에 따라 처리하게 된다. 상가임차인을 보호하기 위한 취지에서 만들어진 것이므로 주택임대차보호법과 비교하면 이해하기 쉽다.

가짜 임차인이 있다?!

가장임차인이란 쉽게 표현하면 가짜 임차인을 의미한다. 현장에서 사용하는 용어로 대항력과 우선변제권이 없음에도 보증금 수령을 목적으로 거짓 권리를 주장하는 사람을 의미한다. 도대체 왜 경매 투자에서 가장임차인에 대한 분석을 해야 할까?

바로 보증금 인수 여부에 따른 손익이 달라지기 때문이다. 남들보다 정확한 분석력을 가진 투자자가 가장임차인이 있는 물건을 낮은 가격에 낙찰받아서 보증금청구를 배제해 버린다면 어떨까? 진성임차인이라고만 믿었던 일반인보다 뛰어난 투자수익률을 올릴 수 있게 될 것이다. 그렇다면 가장임차인 분석의 원리는 무엇일까?

법조문을 자세히 보면 분석 기준을 뽑아낼 수 있다. 주택임대차보호법은 주거용 건물의 전부 또는 일부의 임대차에 관하여 적용하고 있다. 임차주택의 일부가 주거 외의 목적으로 사용되는 경우에도 준용된다. 진정한 대항력을 갖추기 위해서는 주거용 건물, 정상 임대차계약, 점유, 주민등록이라는 요건을 갖추어야 한다. 이 중 하나라도 부정된다면, 가장임차인이 되는 것이다. 위 조건을 충족하지 못하는 사람이 대항력을 주장하면서 보증금의 반환을 요구하는 것은 무권리자의 잘못된 주장이다.

주거용 건물이란 실무적 입장에서 건축물대장이나 등기부등본의 표제부에 나온 표시보다는 실제 사용 용도를 기준으로 판단하는 것이다. 10층짜리 모텔에서 1층만을 주거용으로 사용하는 경우, 만약 1층의 임차인이 주택임대차보호법을 근거로 대항력을 주장한다면, 인정해 주는 것이 맞을까?

외형상 주택임대차보호법이 적용되는 것 같아 보이지만, 주택이 아니므로 부정되는 것이 맞다. 주거 형태를 관찰하는 것도 가장임차인을 해결하는 중요 포인트가 된다. 또한 진성 임차인이 되기 위해서는 정상적인 임대차계약을 체결해야 한다.

대차계약의 경우 소비대차, 사용대차, 임대차로 나눌 수 있다. 소비대차는 돈이나 쌀과 같이 동종, 동량의 물건을 거래하는 것이지만, 사용대차와 임대차는 부동산, 책, 공구 등과 같은 물건을 거래하는 것이다. 이 둘은 무상인지, 유상인지만 차이가 있다. 적법한 임대차계약이라는 것은 바로 유상으로 거래가 이루어진 것을 말한다. 무상 거주자는 임대차계약을 체결한 것이 아니다. 즉, 대항력이 부정되는 것이다. 실제 금융기관에서는 제3자가 전입되어 있다면 무상거주확인서라는 것을 수령하고 대출을 진행한다. 추후 대항력을 주장하지 못하게 하려고 받는 것이다.

경매 물건 중에 소유자가 부인이고 남편이 세대주로 전입되어 있는 경우가 있다. 이때도 임대차계약이 성립하지 않는 것이 일반적이다. 임대차는 유상거래뿐만 아니라 외형상으로도 임대차가 이루어져야 하는데 실제 거주를 함께하면서 임대차를 한다는 것은 말이 되지 않기 때문이다. 이러한 부분을 확인하는 것도 대항력을 깨트리는 데 중요하다. 주택의 인도와 주민등록은 대항력에 있어서 핵심 요소다. 기존의 채권을 회수하기 위해서 실제 인도는 하지 않고 주민등록만 한 것도 있다. 이때 주택임대차보호법의 보호를 받을 수 없다. 반대로 전입세대열람내역서상 주민등록은 없는데 실제 거주하고 있는 것도 있다. 원칙에 따라서 보호받지 못할 수 있다. 임차인을 분석할 때 반드시 알아야 할 판례가 있다. 전 소유자가 현 경매사건의 임차인이 된 경우와 전 경매사건의 임차인이 현재 임차인이 된 것이다.

시간	세부내용	비고
2020.07.01	A 소유권 취득 A 주민등록 및 인도	대항력 익일 0시
2021.06.01	A 매도 B 매수, 소유권이전등기 C 근저당권설정등기 A 임대차계약	대항력 익일 0시
2022.04.01	경매개시결정기입등기	1차 경매 진행
2020.11.01	D 낙찰 후 잔금납부	

보통 사람들은 A의 대항력을 2020년 7월 2일 0시로 판단하고 A의 보증금에 대한 부담을 느낄 수 있다. 판례(대법원 99다593 06판결, 전부금)에는 전 소유자의 대항력은 소유권이전등기의 익일 0시에 발생한다고 판시하고 있다. 즉, 2021년 6월 2일 0시에 A의 대항력이 새로 생기는 것이다. 보통 소유권이전등기일에 금융기관의 근저당권이 설정되는 것을 생각한다면, 전 소유자의 대항력은 새로 성립되기 때문에 낙찰자 입장에서는 대항력을 깨트릴 수 있다.

다음은 1차 경매사건에서 대항력이 없는 임차인이 2차 경매에서 임차인이 된 경우다. 이때도 증명 자료만 잘 찾아낸다면 수익을 올릴 수 있는 투자 포인트가 된다. 1차 경매사건에서 B 근저당 이후에 대항력이 성립되었으므로 D가 잔금납부 시 대항력은 소멸한다. 만약 D가 잔금 납부 전 주민등록은 되어 있으나 대항력이 없는 C와 새로이 임대차계약을 체결하고 낙찰대금을 냈다. C는 D가 낙찰대금을 납부하여 소유권을 취득하는 즉시 임차권의 대항력을 취득하게 되어서 2차 경매에서 낙찰자가 인수해야 하는 문제가 발생한다. 그런데 D가 E에게 금전을 차입하여 잔금을 납부한 이후 C와 새롭게 임대차계약을 체결한다면 2차 경매에서 신규 낙찰자에게 대항력을 주장할 수 없게 되는 것이다(대법원 2002다38361, 38378 판결, 전세보증금, 건물명도 등).

시간	세부내용	비고
2019.07.01	A 소유권 취득 B 근저당 설정	
2019.07.02	C 임대차계약 + 주민등록 + 인도	대항력 익일 0시 전 경매사건 대항력 없음
2019.12.01	경매개시결정기입등기	1차 경매 진행
2020.06.01	D 낙찰 후 잔금납부(1차 경매 낙찰자) E 근저당 설정	D는 E에게 대출을 받아 잔금 납부
2020.06.10	C 신규 임대차계약 진행(보증금 증액)	전입 유지 상태에서 신규계약서 작성 후 보증금 증액
2020.12.01	경매개실결정기입등기	2차 경매 진행
2022.06.01	F 낙찰 후 잔금납부 (2차 경매 낙찰자)	

여기서 중요한 것은 '우리가 입찰자 F의 지위에 놓여 있다면, 어떻게 대응해야 하느냐?'라는 것이다. 바로 D가 잔금납부 이후 C와 새롭게 임대차계약을 한 자료를 끈질기게 찾아내야 한다. 보증금 수준이 과거와 다르게 인상되어 현재 시세 수준에 근접한다면 D와 신규계약을 체결했을 가능성이 높다. 여기서 주의할 점이 있다. 만약 1차 경매사건에서 C가 선순위 임차인으로 대항력과 우선변제권을 갖춘 상태에서 배당요구를 했다. 하지만 전액 배당을 받지 못한 상태에서 2차 경매가 진행되었다면 어떻게 분석해야 할까? 이 경우 입찰자 F는 똑같이 C가 우선변제권이 있기에 배당을 받을 수 있다고 착각할 수 있다. 이미 1차 경매에서 우선변제권을 사용했기 때문에 2차 경매에서는 우선변제권을 주장할 수 없다. 대항력은 그대로 존재하므로 보증금을 인수할 것을 고려해서 입찰해야 한다(대법원 2005다21166판결, 배당이의). 많은 전문가도 실수하는 부분이니 주의해야 한다.

가장임차인은 어떻게 판별해야 할까? 사실 모든 답은 오직 현장에 있다.

철저하게 현장을 검증해야만 결론을 내릴 수 있다. 전입세대열람을 통해서 주민등록이 된 사람이 누구인지, 그 시기는 언제인지, 채무자 겸 소유자와 이름의 연관성을 서류로 확인한 후 주변 탐문을 해야 한다. 가장 좋은 방법은 근처 중개사무소를 방문해서 임대차나 매매와 관련된 정보를 수집하는 것이다. 간판이 오래되고, 규모가 크며, 연륜 있는 중개사가 있는 곳을 먼저 방문하는 것이 좋다. 또한, 근처 마트나 미용실, 세탁소, 음식점을 찾는 것도 좋은 자료를 수집할 확률을 높여준다. 가능하다면 경비실에 있는 우편물수령대장과 관리실에 있는 관리비고지서, 입주자카드, 입주차량카드 등을 열람해야 한다. 실제 거주여부를 확인할 수 있기 때문이다.

가장임차인은 권리가 없음에도 보증금만큼 입찰가를 줄이는 부작용을 일으킨다. 낙찰자에게 부당한 채권을 주장함으로써 공정한 경매를 방해하는 위법행위를 하는 것이다(부천지원 2001고단23 판결, 경매방해). 형법 제315조의 위계에 의한 경매방해죄를 범하는 것이다. 진성 임차인이 그 집에 거주하는지 합리적인 의심이 필요한 이유다.

그림으로 배우는
경매 권리분석

지금까지 공부한 내용을 바탕으로 기본적인 권리분석을 도전해 보자. 직관적인 연습이 중요한 만큼 그림을 보고 눈으로 연습해 보자. 등기부등본에 드러나는 물권적 권리와 전입세대열람내역서를 통해서 확인되는 채권적 권리를 모두 분석하는 것이 중요하다. 어느 하나 소홀히 해서는 안 된다. 익숙해지면 10초 만에 끝내는 권리분석을 해낼 수 있을 것이다.

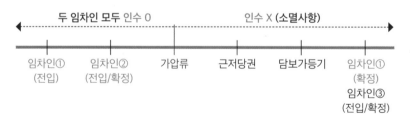

<권리 인수와 소멸>

앞에서 다루었던 '돌고래 이야기'를 기억해 보자. 돌고래가 죽으면 그에 종속된 것들은 사라진다. 말소기준등기에 해당하는 (근)저당, (가)압류, 경매개시결정등기, 담보가등기, 특수한 상황의 전세권을 기준으로 전에 성립된 권리는 인수하고 이후에 성립된 권리는 소멸된다.

임차인은 전입일의 익일 0시에 대항력이 성립하게 된다. 대항력이 성립한 경우, 낙찰자는 보증금을 인수해야 한다. 말소기준등기 이후에 성립한 대항력은 매각으로 소멸된다. 사례2에서 보는 바와 같이 후순위 임차인이 소멸되지 않는다면, 낙찰가격은 내려가게 되고 선순위권리자가 불이익을 받는다.

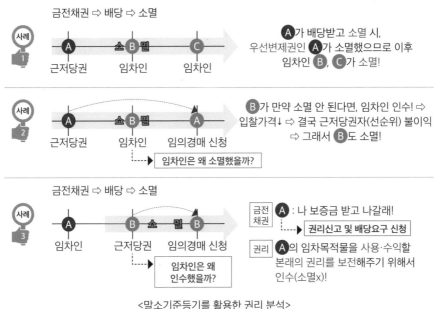

<말소기준등기를 활용한 권리 분석>

즉, 말소기준등기 이후에 성립된 권리와 대항력을 갖춘 임차인은 매각으로 소멸하는 것이다. 그림으로 선후관계를 비교하면 쉽게 분석할 수 있다. 그림을 통해 연습해 보자.

임차인의 권리 분석

앞에서 배운 말소기준등기, 대항력, 우선변제권의 개념을 바탕으로 분석해보자. 대항요건이 있다고 해서 대항력을 모두 갖춘 것은 아니다. 대항력은 말소기준등기보다 선순위인지 후순위인지에 따라 달라진다. 임차인의 대항력이 말소기준등기보다 앞서 성립한다면 보증금을 인수하는 것이고, 반대라면 소멸된다. 반면 대항요건은 단순히 전입[1]과 인도를 갖춘 것을 의미한다.

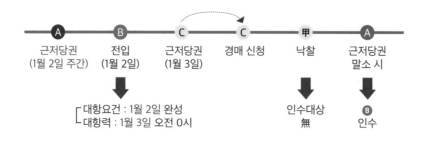

<임차인 분석의 원리>

① 1월 1일 A전입, 1월 2일 A확정일자, 1월 2일 근저당권B 설정

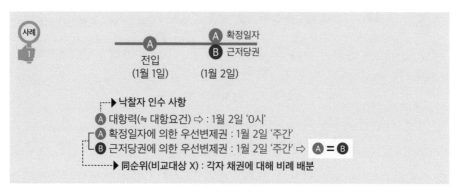

<임차인 분석 사례1>

---

1   이 책에서 특별한 언급이 없다면 전입 시 인도를 받은 것으로 본다.

ⓐ 임차인A의 대항력 발생시기 : 1월 2일 오전 0시
ⓑ 임차인A의 확정일자 발생시기 : 1월 2일 주간
ⓒ 임차인A의 우선변제 효력발생시기 : 1월 2일 주간
ⓓ B의 근저당권 효력발생시기 : 1월 2일 주간
ⓔ 권리분석 : 임차인A는 말소기준등기인 근저당권B보다 먼저 대항력을 갖추어 낙찰자에게
대항할 수 있다. 우선변제순위는 근저당권과 같으므로 각자의 채권액에 비례하여 배당받
고 회수하지 못한 보증금은 낙찰자가 인수해야 한다.

② 1월 1일 A전입/확정일자, 1월 2일 근저당권B 설정

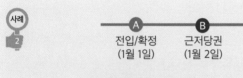

<임차인 분석 사례2>

ⓐ 임차인A의 대항력 발생시기 : 1월 2일 오전 0시
ⓑ 임차인A의 확정일자 발생시기 : 1월 1일 주간
ⓒ 임차인A의 우선변제 효력발생시기 : 1월 2일 오전 0시
ⓓ B의 근저당권 효력발생시기 : 1월 2일 주간
ⓔ 권리분석 : 임차인A는 말소기준등기인 근저당권B보다 먼저 대항력을 갖췄다. 낙찰자에
게 보증금 반환을 주장할 수 있다. 배당은 A의 보증금을 우선변제한 뒤 B의 채권을 충당
한다.

③ 1월 1일 A전입, 1월 2일 근저당권B 설정, 1월 3일 A확정일자

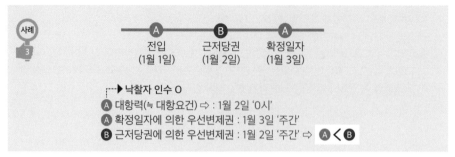

<임차인 분석 사례3>

ⓐ 임차인A의 대항력 발생시기 : 1월 2일 오전 0시
ⓑ 임차인A의 확정일자 발생시기 : 1월 3일 주간
ⓒ 임차인A의 우선변제 효력발생시기 : 1월 3일 주간
ⓓ B의 근저당권 효력발생시기 : 1월 2일 주간
ⓔ 권리분석 : 임차인A는 근저당권보다 먼저 대항력을 갖추어 낙찰자에게 대항할 수 있다.
　　하지만 근저당권보다 나중에 확정일자를 받아 배당은 후순위로 받는다. 배당순위는 근
　　저당권 B가 채권만족을 한 후 A의 순서가 된다.

④ 2015년 1월 1일 근저당권A 설정, 2018년 1월 1일 임차인 B 전입/확정

일자(서울, 보증금 1억 원)

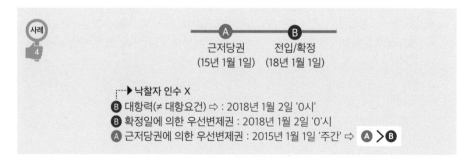

<임차인 분석 사례4>

　　　　　　　PART 3. 확인할 수 있는 권리부터 확인할 수 없는 권리까지

2015년 1월 근저당권A의 설정 당시 소액임차보증금 최우선변제의 기준은 보증금 9,500만 원 이하일 때 3,200만 원까지이다. 그런데 2018년 1월 전입 당시 B의 보증금은 1억 원이다. B는 최우선변제를 받을 수 없다. 근저당권에 이어 2순위 배당만이 가능하다. 또한 낙찰자에게 대항할 수 없으므로 보증금 회수를 위한 대비책을 세워야 한다. 현재의 소액임차보증금 기준이 1억 1,000만 원 이하이므로 3,700만 원까지 보장받을 수 있다고 착각할 수 있다. 최선순위 담보물권(근저당권 등)을 기준으로 판단해야 한다.

⑤ 2017년 1월 1일 가압류A, 2018년 5월 1일 근저당권B, 2018년 11월 1일 임차인C 전입(서울, 보증금 1억 1,000만 원)

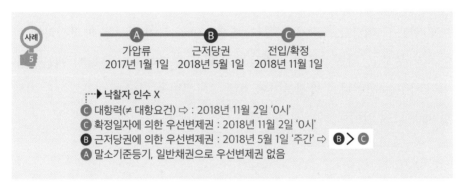

<임차인 분석 사례5>

앞에서 근저당권과 같은 담보물권이 설정될 당시 소액보증금 범위 내에서 일정 금액을 우선하여 변제 받는다고 했다(주임법 제8조 1항, 주임법시행령 부칙 18.09.18 제2조 경과조치). 2017년에 선순위로 등기된 가압류는 담보물권이 아니기 때문에 최우선변제의 기준이 되지 못한다. 반면 2018년 5월에 설정된 근저당권은 우선변제권이 있는 담보물권에 해당하므로 최우선변제의 기준이 된다.

위의 기준표를 보면 2018년 5월에 설정된 근저당권을 기준으로 1억 원 이하인 경우 3,400만 원까지 배당을 받을 수 있다. 그런데 임차인의 보증금은 1억 1,000만 원이므로 최우선변제를 받을 수 없다. 임대차계약을 했을 당시에는 소액임차보증금의 기준에 부합하지만, 주택임대차보호법 제8조 1항에 의해 최우선 변제를 받을 수 없게 되는 것이다. 경매가 진행될 때 법원은 임차인에게 배당요구 종기일까지《권리신고 및 배당요구신청》을 하라고 통보한다. 등기부등본에는 임차인의 보증금이 얼마인지 드러나지 않기 때문이다. 대항할 수 있는 선순위 임차인은 낙찰자에게 보증금을 반환 받을 수 있기 때문에 보증금 회수에 문제가 없다. 그래서 배당신청을 하지 않더라도 큰 문제는 되지 않는다.

말소기준등기 이후에 대항력을 갖춘 임차인은 낙찰자에게 대항할 수 없으므로 반드시 배당요구를 해야 한다. 배당요구를 하지 않으면 배당절차에 참여하지 못하고, 낙찰자에게 보증금의 반환을 주장하지도 못하기 때문이다. 이런 사고는 빈번하게 발생하기에 경매 투자뿐만 아니라 임대차계약을 진행할 때 반드시 알아야 하는 부분이다.

등기부등본을 활용한 권리분석

① 가처분 → 근저당권 → 가압류 → 임의경매 신청

여기서 말소기준등기는 2월 1일에 설정된 근저당권이다. 이 권리를 기준으로 후순위 권리는 모두 소멸된다. 1월 1일에 설정된 가처분은 말소기준등기에 앞에 있으므로 낙찰자가 인수한다. 대다수의 가처분은 소유권에 대한 분쟁이 발생원인이므로 입찰 시 주의해야 한다.

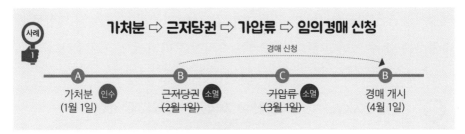

<등기부를 활용한 분석 사례1>

② 보전가등기 → 근저당권 → 가처분 → 임의경매 신청

말소기준등기는 2월 1일에 설정된 근저당권이다. 이후 권리는 소멸된다. 하지만 1월 1일에 설정된 보전가등기는 인수된다. 보전가등기는 소유권을 보전하기 위해 설정한 것으로 낙찰자는 소유권을 잃을 수도 있다. 선순위가 등기가 경매를 신청했거나 경매사건에서 배당요구를 한 경우 담보가등기로 보아 소멸되지만, 아무런 조치를 취하지 않은 선순위가등기는 보전가등기로 보고 권리분석을 하는 것이 좋다.

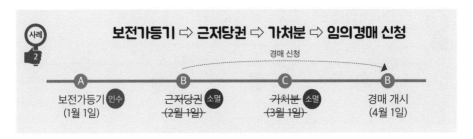

<등기부를 활용한 분석 사례2>

③ 지상권 → 근저당권 → 지역권 → 임의경매 신청

말소기준등기는 2월 1일에 설정된 근저당권이다. 3월 1일에 설정된 지역 권은 말소된다. 하지만 1월 1일에 설정된 지상권은 인수해야 한다. 보통의 약정지상권은 견고한 건물의 경우 30년간 사용 가능하고 만료 시 지상물 매수청구를 할 수 있다고 했다. 낙찰자는 수익성을 따져서 입찰해야 한다.

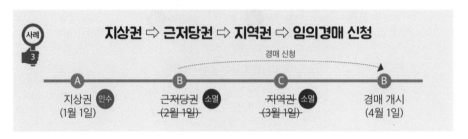

<등기부를 활용한 분석 사례3>

④ 전세권 → 근저당권 → 전세권 → 임의경매 신청(근저당권)

말소기준등기는 2월 1일에 설정된 근저당권이다. 마찬가지로 3월 1일에 설정된 전세권은 소멸된다. 하지만 1월 1일에 설정된 전세권은 인수한다. 즉, 전세권의 보증금에 따라서 입찰해야 한다. 만약 전세권에 기해 임의경매가 진행되었거나 배당요구를 할 때 전세권은 소멸된다.

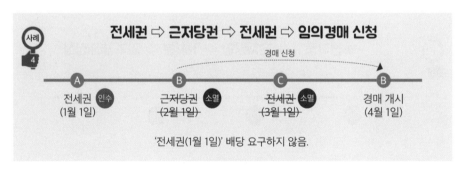

<등기부를 활용한 분석 사례4>

임차인과 등기부등본을 활용한 권리분석

① 임차인A(전입) → 근저당권 → 임차인A(확정) → 임의경매 신청

말소기준등기는 2월 1일에 설정된 근저당권이다. 마찬가지로 이후의 권리는 소멸된다. 임차인A는 1월 1일에 전입신고를 하였으므로 1월 2일 0시에 대항력이 형성된다. 보증금을 받을 때까지 나가지 않아도 되는 권리가 근저당권보다 먼저 성립했다. 낙찰자는 임차인A의 보증금을 인수해야 한다. 대항력은 확정일자와는 무관하다.

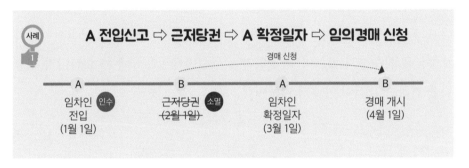

<등기부와 전입세대열람을 활용한 분석 사례1>

② 임차인A(전입/확정) → 근저당권 → 가처분 → 임의경매 신청

말소기준등기는 2월 1일에 설정된 근저당권이다. 3월 1일에 등기된 가처분은 소멸한다. 임차인A는 대항력과 우선변제권이 1월 2일 0시에 성립되었다. 또한 배당요구도 하지 않았다. 말소기준등기보다 앞서므로 인수해야 한다. 인수보증금을 고려하여 입찰가를 결정하는 것이 좋다.

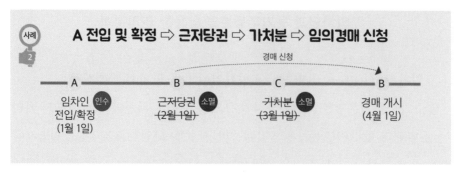

<등기부와 전입세대열람을 활용한 분석 사례2>

③ 임차인A(확정) → 근저당권 → 임차인A(전입) → 임의경매 신청

말소기준등기는 2월 1일에 설정된 근저당권이다. 이후의 권리는 소멸된다. 임차인A의 대항력은 3월 2일 0시에 성립되었다. 그러므로 낙찰자는 A의 보증금을 인수하지 않는다. 확정일자는 우선변제권을 갖추는 요건이지 대항력을 취하는 요건이 아니기 때문이다.

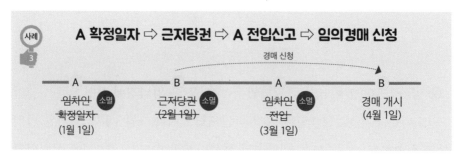

<등기부와 전입세대열람을 활용한 분석 사례3>

④ 근저당권 → 임차인B(전입/확정) → 근저당권 → 경매개시 → 선순위 근저당권말소(임차인대위변제)

3월 1일에 설정된 근저당권이 경매를 신청하여도 말소기준등기는 1월 1일에 설정된 근저당권이다. 앞에서 배운 말소기준등기 중 최선순위에 위치한

PART 3. 확인할 수 있는 권리부터 확인할 수 없는 권리까지

것이 청소부 역할을 하는 것이다. 이때 2월 1일에 전입하여 2월 2일 0시에 대항력을 갖춘 임차인B는 소멸된다. 그런데 낙찰자가 잔금을 납부하기 전 임차인B가 1월 1일에 설정된 근저당권을 말소하는 경우가 생길 수 있다. 이것을 모르고 잔금을 내는 경우 낙찰자는 임차인B의 보증금을 인수하게 된다. 권리는 잔금을 납부할 때까지 많아지거나 적어질 수 있기 때문이다.

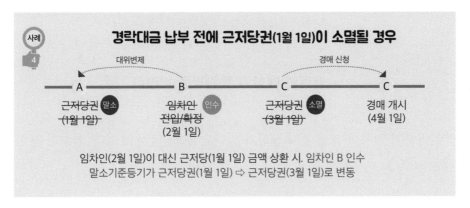

<등기부와 전입세대열람을 활용한 분석 사례4>

⑤ 임차인A(전입/확정) → 임차인B(전입/확정) → 가처분 → 강제경매(임차인A)

임차인A는 미반환보증금을 피보전권리로 소송을 진행한 뒤 판결을 받았다. 이후 강제경매를 진행하였다면 말소기준등기는 7월 1일에 설정된 강제경매개시결정등기이다. A, B, C를 낙찰자가 인수하게 된다면 A와 B의 인수보증금을 고려해서 가처분C를 치유할 수 있을 때 입찰해야 한다.

<등기부와 전입세대열람을 활용한 분석 사례5>

경매에 대한 고정관념을 버려라

권리분석을 하다 보면 인수권리가 있다면 좋지 않게 보인다. 가처분을 인수하는 경우 소유권을 잃을 수도 있으므로 나쁜 투자가 될 수 있다. 하지만 대항력 있는 임차인을 인수하는 것이 무조건 나쁜 투자는 아니다. 만약 급매 가격이 3억 원이고 보증금이 1억 원이라면 2억 원 이하로 낙찰받으면 된다. 보증금을 인수하더라도 3억 원 이하로 부동산을 취득했기 때문에 좋은 투자가 될 수 있다. 또한 보증금 1억 원을 반환한다는 마음으로 낙찰받았기에 임차인 명도를 쉽게 진행할 수 있다는 장점도 있다.

만약 선순위 임차인에게 미배당 보증금의 발생이 예상될 경우 더 낮은 가격에 입찰하면 된다. 낙찰가가 낮은 만큼 초기투자 비용의 부담이 줄어드는 장점이 있다. 또한 양도 시 보증금 인수금액은 취득가액에 포함되므로 양도차익이 줄어드는 효과도 누릴 수 있다(지방세법 시행령 제18조 1항). 모든 투자의 성공은 고정관념을 탈피하는 발상의 전환에서 시작한다.

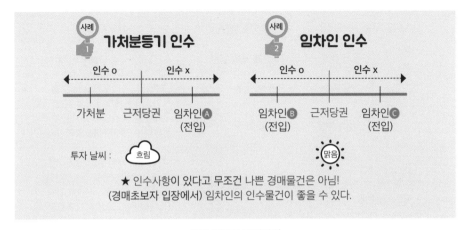

<경매 투자의 고정관념>

인수하는 임차인, 어떤 장점이 있을까?

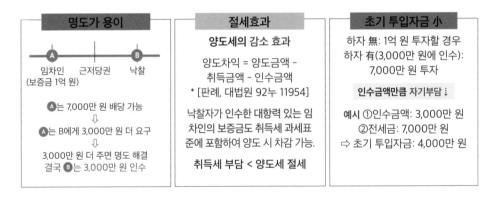

<경매 투자와 세금>

비용 구분		취득세 포함 여부	비고 사항
집합건물 체납 관리비 (APT, 빌라 등)	공용 부분	과세표준에 포함 납부	대법원 04다3598 판결 채무부존재 확인 등 대법원 2012두28285 판결 양도소득세부과처분 취소 대법원 2001다8677 판결 전유부분 입주자대표회의 부담
	전용 부분	포함 안 됨	
	연체료 부분	포함 안 됨	
대항요건이 있는 선순위 임차보증금 (인수보증금)		과세표준에 포함 납부	지방세법 시행령 제18조 1항 조세심판원 2009지883 결정 조세심판원 2009지907 결정 조세심판원 2010지129 결정
명도 협상 및 이사 비용 등		포함 안 됨	조세심판원 11지173 결정
유치권 분쟁 관련 비용		과세표준에 포함 납부	조세심판원 11지766 결정

※ 세법은 개정이 빈번하므로 실무 시 세법해석 사전답변제도 및 서면질의제도를 활용할 것.

<경매 투자와 세금>

1. 대항력은 보증금을 줄 때까지 나갈 수 없다고 주장할 수 있는 힘이다.
2. 대항력은 주택의 인도와 주민등록을 마치면 익일 0시부터 성립한다.
3. 우선변제권은 후순위권리자보다 돈을 먼저 받아 갈 수 있는 권리이다.
4. 우선변제권은 대항력과 확정일자를 모두 갖춘 날 성립한다.
5. 최우선변제권은 소액임차보증금을 우선변제권보다 앞서서 보호해주는 것이다.
6. 최우선변제권을 갖기 위해서는 법에서 정하는 소액보증금이면서 경매개시결정기입등기 전 대항력을 갖추면 된다.
7. 최우선변제금은 비용을 제외한 배당금의 1/2 범위 내이다.
8. 임차권등기명령제도는 임차권등기가 난 후 퇴거해야 대항력과 우선변제권이 보호된다.
9. 임차권등기명령에 의해 선순위로 임차권등기가 된 주택은 임대차계약을 피해야 된다.
10. 상가임대차보호법은 환산보증금에 따라 우선변제권과 최우선변제권이 결정된다.
11. 가장임차인을 깨는 방법은 주택인도, 주민등록, 임대차계약, 건물의 목적성, 판례를 따지는 것이다.
12. 현재가 아닌 최선순위 담보물권을 기준으로 소액보증금, 최우선 변제금액이 달라질 수 있다.
13. 말소기준등기 이후에 대항력을 갖춘 임차인은 무조건 배당요구를 해야 한다.
14. 등기상의 권리와 임차인의 권리를 그림으로 그려서 함께 분석하면 편하다.

PART 4

부동산 경매의
존재 이유, 배당

배당을 소위 '빚잔치'라고 한다. 금전을 빌려준 사람들이 경매를 통해서 돈을 받아가
는 절차이기 때문이다. 사실 부동산 경매의 존재 이유는 채권자의 금전 회수다. 채권
자에는 가압류, 근저당권, 임차인 등 다양한 사람들이 있다. 반면 투자자는 수익 달성
이 목적이다. 그래서 본인이 입찰한 금액 외에 추가로 비용이 발생하는 것을 경계해
야 한다. 대항력 있는 임차인이 배당을 받지 못하는 경우, 투자자는 추가비용이 발생
하여 손실을 입을 수도 있다. 배당은 채권자만의 문제가 아니다. 오히려 투자자가 반
드시 알아야 할 영역이다. 배당 공부를 통해 권리분석을 완성해 보자.

경매에서 배당이 갖는 의미는?

배당이란 무엇일까? 경매사건에서 완납된 매각금액을 우선순위에 따라 채권자에게 나누어주는 과정을 말한다. 만약 모든 채권자의 채권액보다 배당액이 많으면 나머지를 채무자 겸 소유자에게 돌려준다. 실무상 이런 경우는 많지 않다. 그래서 경매법원은 배당원칙과 배당순위에 의하여 배당금액을 정해서 나누어준다. 여기서 말하는 개념이 바로 '배당'과 '교부'이다. 배당은 총 채권액이 배당금보다 클 때 순위에 따라 나누어주는 것이고, 교부는 반대의 상황을 말한다.

매각대금 납부 → 배당기일 지정 및 통지 → 채권계산서 제출 → 배당표 작성 및 교부
→ 배당기일 → 배당표의 확정 → 배당의 실시 → 배당표에 대한 이의

배당기일 지정 및 통지의 경우 매각대금을 완납하면 이해관계인과 채권자에게 배당기일을 통지한다. 채권자를 포함한 이해관계인은 배당기일 3일 전

에 배당표의 수정 및 이의를 요청할 수 있다. 배당표의 예측은 권리분석에도 큰 영향을 미친다. 배당순위와 배당요구에 따라 채권자나 임차인들의 배당액이 달라진다. 배당액을 입찰 전에 분석하는 이유는 수익률과 경매 난이도를 결정하기 때문이다. 예를 들어 대항력은 없지만 전액 배당을 받는 임차인과 그렇지 못한 임차인은 명도 시 많은 차이가 있다. 전자보다 후자는 퇴거를 시키기 위한 시간과 비용이 많이 발생한다. 우리가 배당을 공부하는 이유다. 경매에서 배당을 받으려면 배당요구[1]를 해야 된다. 대항력이 있는 임차인이라도 배당요구를 해야만 배당을 받을 수 있다.

배당요구를 해야만 배당이 되는 채권자들

모든 채권자는 경매개시결정이 있는 때로부터 첫 매각기일 전 법원이 정한 배당요구의 종기일까지 배당요구를 해야 배당을 받을 수 있다(민사집행법 84조). 배당요구에 따라 매수인이 인수하여야 할 부담이 바뀔 때 배당요구를 한 채권자는 배당요구 전에 철회할 수 있다. 그렇지만 배당요구종기가 지난 뒤에는 철회할 수 없다(민사집행법 제88조). 법원은 등기부등본과 배당요구자를 통해서 배당 대상자를 파악한다. 반면에 등기부등본을 통해서 파악되지 않는 채권자들은 배당요구를 해야만 한다.

---

1 다른 채권자의 신청에 따라 개시된 집행 절차에 참가해 동일한 재산의 매각대금에서 채권의 변제를 받으려는 집행법상 행위를 말한다.

ⓐ 소액임차인
ⓑ 임금채권자
ⓒ 담보가등기권자
ⓓ 대항요건과 확정일자를 갖춘 임차인
ⓔ 집행력 있는 정본을 가진 채권자(판결문, 조정조서, 화해조서, 인낙조서, 공증채권문서 등의 채무명의에 집행문을 부여받은 채무명의 정본을 가진 채권자)
ⓕ 국세 등의 교부청구 채권자
ⓖ 민법, 상법 기타 법률에 의하여 우선변제청구권이 있는 채권자

배당요구도 없이 배당에 참가할 수 있는 채권자들

다음의 채권자들은 경매 절차로 인하여 그 권리가 소멸하는 대신 배당요구를 하지 않아도 당연히 배당을 받을 수 있다. 법원에서 등기부등본을 통해 알 수 있기 때문이다. 실무적으로 배당표를 작성할 때 배당요구를 하지 않아도 배당대상에 포함시키는 것이다. 다만, 등기부등본과 집행 시 기록된 서류를 증빙으로 임의 계산하게 된다. 잘못 계산된 금액에 대해 채권자는 다시 채권액을 추가하지 못하기 때문에 이 경우에도 배당요구를 하는 것이 좋다 (민집법 제84조 4항, 5항).

ⓐ 저당권자
ⓑ 가압류 채권자
ⓒ 소멸되는 전세권자
ⓓ 임차권 등기를 한 임차인

배당요구는 어떻게 할까?

배당요구는 채권계산서를 제출하는 것으로 한다. 채권계산서에는 채권원금, 이자, 비용, 그 밖의 부대채권을 포함한 금액이 기재된다. 실무적으로는 총 2회 제출한다. 1차는 배당기일이 확정되기 전에 이자율을 작성해서 제출한다. 2차는 배당기일이 확정되면 다시 계산하여 확정액이 기재된 채권계산서를 제출한다. 약정이자가 있는 경우에는 약정이자를 적고 약정이자가 없다면 법정이자[2]를 기재한다.

계산 예시 : 원금 1억 원, 약정이율 10%, 연체기간 100일

원금 + (원금 × 약정이율 × 연체기간/365)
1억 원 + [(1억 원 × 10%) × 100/365]

추가로 돈을 받을 수 있는 권리가 있는지 주장, 입증하는 자료가 필요하다. 바로 다음의 첨부서류를 바탕으로 배당받을 권리가 있음을 보여주면 된다. 채권계산서와 증빙서류를 동봉하여 경매법원에 발송해야 한다.

---

2   민사채권의 법정이자는 연 5%이고, 상사채권의 법정이자는 연 6%이다.

채권의 종류	증빙서류
주택임대차보호법 우선변제임차권자	임대차계약서, 주민등록등본
근로기준법에 의한 임금채권자	회사 경리 장부, 근로감독관청확인서, 관할세무서의 근로소득원천징수서류
소액우선변제 임금채권자	임대차계약서, 주민등록등본
가압류권자	가압류 결정정본, 주민등록등본
집행력 있는 정본의 채권	집행력 있는 정본
담보가등기권자	등기부등본, 채권원인증서 사본
경매등기부 저당권자	등기부등본
일반채권자	채권원인증서 사본

<채권의 종류와 증빙서류>

PART 4. 부동산 경매의 존재 이유, 배당

권리신고 및 배당요구신청서(주택임대차)

사건번호　　2019 타경 1234　　　　　부동산강제(임의)경매
채 무 자　　A
소 유 자　　A
채 권 자　　B

임차인은 이 사건 매각절차에서 임차보증금을 변제받기 위하여
아래와 같이 권리신고 및 배당요구신청을 합니다.

1	임차부분	전부(방 3 칸)
2	임차보증금	보증금 300,000,000원
3	점유(임대차)기간	2018. 06. 12. 부터 2020. 06. 11. 까지
4	전입일자 (주민등록전입일)	2018. 06. 12.
5	확정일자 유무	유(2018. 06. 12.)
6	임차권·전세권등기	무
7	계약일	2018. 05. 12.
8	계약당사자	임대인(소유자)　A　임차인(채권자) B
9	입주한 날 (주택인도일)	2018. 06. 12.

- 아　래 -
첨부서류

1. 임대차계약서 사본 1통
2. 주민등록표등(초)본 1통

2020. 2. 10.
권리신고 겸 배당요구신청인　　　　　　　B (날인 또는 서명)
(주소 : 서울시 XX구 YY동 ZZ 아파트)
(연락처 : 010 - XXXX - XXXX)

XX지방법원　　　경매 1계 귀중

채권자들은 어떤 순서로 돈을 받을까?

배당 대상이 되는 채권자들은 어떤 순서로 돈을 받아 갈까? 배당요구를 한 순서대로 돈을 받을까? 다음의 세 가지 원칙을 머릿속에 담아두면 이해하기 쉽다. 당해세, 물권, 특별법이 우선한다.

첫째, 당해세는[3] 부동산 자체에서 발생한 세금을 말한다. 그래서 우선변제권을 가지는 권리보다 먼저 배당받게 된다. 부동산에 부과된 상속, 증여세가 근저당권보다 먼저 배당받은 것이다.

둘째, 물권우선주의는 물권의 배타성이 채권의 상대성보다 앞서는 것을 말한다. 배당에서도 우선변제권에 의해 먼저 채권을 만족시키게 된다. 다만, 상황에 따라 물권과 채권이 동순위의 지위를 가질 수도 있다(가압류 성립 후 근저당권 성립 시 안분배당).

---

3   국세에서의 당해세는 상속세, 증여세, 종부세가 있으며, 지방세로서의 당해세는 재산세, 지방교육세 등이 있다.

★ 당해세: 해당 부동산에서 발생한 세금(상속, 증여세 등)
★ 일반세: 당해세를 제외한 세금
★ 특별법: 특별 계층을 보호하기 위해 저장된 법률

<배당순위의 원칙>

마지막으로는 특별법 우선원칙이다. 일반법과 특별법이 충돌할 경우 특별법이 일반법에 우선한다는 내용이다. 주택의 소유권 변동은 민법의 영역에 속하는 물권의 변동이지만, 주택 임차인의 대항력은 특별법인 주택임대차보호법의 영역이다. 주택의 소유권이 변동되더라도 대항력을 갖춘 임차인은 새로운 소유자에게 기존의 권리를 주장할 수 있다는 것은 민법보다 특별법이 우선하기 때문이다.

다음의 그림을 살펴보자. 3월 1일에 성립된 당해세가 1월 1일에 성립된 근저당권보다 우선하는 것을 확인할 수 있을 것이다. 또한, 주택임대차보호법에 근거하여 대항력 있는 임차인 을은 병에게 보증금의 반환을 주장할 수 있다.

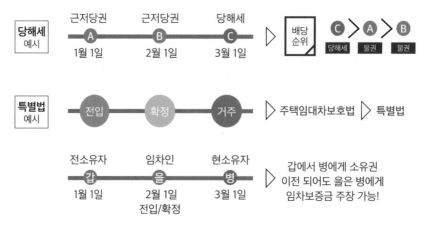

<배당순위의 예시>

물권 사이의 배당순위

저당권, 전세권, 담보가등기와 같은 물권 상호 간에는 등기설정일의 선후에 따라 우선순위를 정한다. 만일 등기설정일이 동일한 경우에는 접수번호의 선후에 의하여 우선순위를 정하게 된다.

채권 상호 간의 배당순위

채권 상호 간의 채권자 평등의 원칙이 적용된다. 채권 상호 간의 그 성립시기를 따지지 않고 그 순위를 동등한 것으로 취급한다. 그리고 동순위자 간의 배당은 채권액의 비율에 따라 평등배당(=안분배당)을 하게 된다. 방식은 다음과 같다.

1월 1일 A 채권액 1억 원
2월 1일 B 채권액 2억 원
3월 1일 C 채권액 1억 원
4월 1일 D 채권액 1억 원
12월 1일 배당할 총액 2억 원

D가 배당받을 금액
(1억 원 / 5억 원) × 2억 원 = 4,000만 원
(본인의 채권액 / 총 채권액) × 배당할 금액 = 본인의 배당금액(채권자 평등주의)

물권과 채권 간의 배당순위

근저당권인 물권과 가압류인 채권을 비교하면 근저당권이 우선한다. 이것이 물권 우선의 원칙이다. 그러나 예외적으로 가압류가 최선순위인 경우에는 다르다. 선순위 가압류와 후순위 근저당권을 동순위로 취급하여 안분배당을 하게 된다. 결국 선순위 채권과 후순위 물권의 관계에서 물권은 채권에 대항할 수 없다.

국세와 지방세의 순위 관계는?

국세나 지방세 등의 조세와 근저당권 간의 순위 관계는 국세의 경우 법정기일, 지방세는 과세기준일과 근저당권 설정등기일을 기준으로 그 우선순위를 정한다.

(근)저당권과 우선변제권 갖춘 임차인

대항력과 확정일자를 갖춘 임차인을 우선변제권 있는 임차인이라고 한다. 배당절차에서는 (근)저당권과 동일하게 물권으로 취급한다. 따라서 대항력과 확정일자를 비교하여 우선변제권 성립일을 계산하고 다른 물권 설정일을 비교하여 우선순위를 정한다.

배당 순위를 정리하면

실제 지급하는 배당금의 종류를 보면 경매비용, 최우선변제권, 우선변제권, 보통변제권으로 나눌 수 있다. 최우선변제금의 대표 주자는 소액임차보증금이다. 소액의 보증금을 보호해 주기 위해서 대항력만 갖추었다면 최선순위로 보증금을 배당해 주는 제도다. 그다음이 근저당권이나 확정일자부임차인, 전세권, 담보가등기, 조세채권과 같은 우선변제권이 있다. 당해세는 우선변제권 중 가장 먼저 배당받게 된다. 이런 우선변제권 배당이 끝난 후 보통변제권을 배당해 준다. 실무상 경매 비용은 소액이며 우선변제권에서 배당재원이 고갈되는 경우가 많다.

배당금의 종류

0, 3 순위 고려하지 말고 1, 2 순위 중심으로 생각하기!

<배당금의 종류>

실제 경매물건을 찾아서 분석해 보면 말소기준등기 중 대다수는 근저당권이다. 이후 성립하는 권리는 소멸되므로 배당액을 계산할 필요조차 없다. 배당의 큰 틀을 이해하고 세부 내용을 보면 배당 공부의 부담을 줄일 수 있다.

순위	권리의 종류	세부내용
1	경매비용 (필요비 및 유익비 포함) 경매비용을 예납 후 경매 신청권자에게 반환	경매 신청서 등에 첨부한 인지대 경매개시결정 등기의 등기촉탁비용 등기부등본, 공과증명 등 각종 첨부서류 발급비용 경매진행 서류의 송달비용 경매절차 진행비용 감정평가 수수료 집행관의 집행수수료(현황조사 수수료 등)
2	최우선변제권	근로기준법상 임금채권 중 일정금액 (최종 3월분의 임금, 최종 3년간의 퇴직금 및 재해보상금) 소액보증금 중 일정액(주택, 상가)
3	당해세	당해 부동산에 부과된 국세 및 지방세와 그 가산금(당해세)으로써 부동산 자체의 담세 능력을 인정하는 조세 국세 : 상속, 증여, 재평가, 종합부동산세 지방세 : 재산, 자동차, 도시계획세
4	우선변제권	당해세를 제외한 국세(법정기일), 지방세(과세기준일) 저당권, 전세권, 담보가등기에 의하여 담보된 채권 대항요건과 **확정일자**를 갖춘 임차인의 임차보증금 채권
5	일반임금채권	최종 3개월분의 임금과 최종 3년간의 퇴직금을 제외한 나머지 임금채권
6	담보물권보다 늦은 조세채권	법정기일이 전세권, 저당권, 질권설정일보다 늦은 국세, 지방세
7	각종 보험료(공과금)	의료보험법, 국민연금보험료, 산업재해보상보험법
8	일반채권	재산형, 과태료, 국유재산 사용료 및 대부료와 변상금, 수도료, 가스료, 시청료, 경매 신청한 유치권 등

※ 배당순위를 약어(비, 필, 3, 소, 당, 확, 임, 세, 공, 일)로 외우면 이해하기 쉽다.

<배당받을 권리의 종류>

사례로 익히는 배당금의 원칙

법원은 신고된 채권계산서와 등기부등본, 집행서류를 통해 배당 대상자와 순위를 정한다. 이후 낙찰자가 잔금을 납부하면, 배당할 금액을 계산하게 된다. 이것을 배당재원이라고 한다. 배당은 채무자의 재산을 압류 후 현금화해서 채권자들에게 나누어주는 '빚잔치'의 개념이다. 바로 '빚잔치'를 하기 위한 재원을 확정하는 것으로 배당금의 배분을 시작한다. 배당재원은 단순히 경매로 매각되어 낙찰자가 완납한 금액이 아니다. 바로 아래의 금액으로 구성이 되어있다.

① 매각대금(매수인의 매수보증금 포함)
② 재매각 시 전 매수신청인이 낸 매수신청보증금(민집법 제138조 4항)
③ 재매각 절차가 취소되었을 경우에 매수인이 대금지급기한부터 대금납입 당일까지 연 12%에 의해 지급한 지연이자(민집법 제138조 3항)
④ 매각 허부에 대한 항고인의 기각 시 공탁한 보증금(민집법 제130조 6항)
⑤ 매각 허부에 대하여 채무자와 소유자 이외의 자가 항고를 제기했다가 기각된 경우에는 항고를 한 날부터 항고기각 결정이 확정된 날까지 연 12%의 이율에 의하여 산정된 금액 (민집법 제130조 제7항)

여기서 경매 초보자들이 조심해야 할 부분이 바로 ②번 항목이다. 권리분석을 잘못하여 낙찰 후 잔금 납부를 포기한다면, 입찰 시 납부한 보증금은 반환되지 않고 배당재단에 귀속되어 채권자들에게 배당된다. 즉 입찰보증금을 몰수당한다. 만약 몰수된 보증금을 회수하고 싶다면 경매 신청권자가 경매 취하를 해야 한다. 실제 입찰 시 꼼꼼하고 전략적인 준비가 필요하다.

1순위 가압류, 2순위 근저당권, 배당재원 2억 원

물권과 채권이 충돌하면 물권우선주의에 의해 물권이 채권에 우선한다. 반면, 채권인 가압류가 물권인 근저당권보다 먼저 설정되었다면 동순위의 지위를 가진다. 가압류는 채권으로써 채권자 평등주의에 의해 우선변제권이 없다. 근저당권은 물권으로써 우선변제권이 있지만 후순위 권리자들에게만 주장할 수 있다.

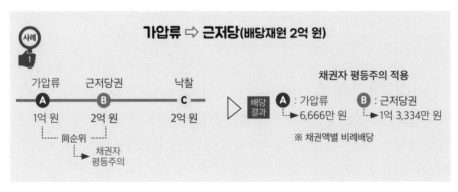

<배당사례 1>

근저당권보다 먼저 설정된 가압류에 대해 우선변제권을 주장할 수 없다. 그래서 선순위 가압류와 후순위 근저당권은 동순위의 지위를 갖게 되는 것이다. 예를 들어 가압류의 채권액이 1억 원, 근저당권 권리액이 2억 원, 배당금액이 2억 원이라면, 이들은 동순위이기에 각자 채권액에 비례하여 배당을 받게 된다. 배당금액은 다음과 같다.

가압류 배당액 = 배당재원 × 가압류 채권액 / (가압류 채권액 + 근저당권 채권액)
근저당권 배당액 = 배당재원 × 근저당권 채권액 / (가압류 채권액 + 근저당권 채권액)

□ A : 2억 원 × 1억 원 / 3억 원 ≒ 6,666 만 원
□ B : 2억 원 × 2억 원 / 3억 원 ≒ 1억 3,334만 원

1순위 가압류, 2순위 근저당권, 3순위 가압류
및 근저당권, 배당재원 9,000만 원

앞서 설명한 사례1과 비교하면 이해하기 쉽다. A와 B는 선순위 가압류와 후순위 근저당권의 관계로 근저당권이 우선변제권을 주장할 수 없으므로 동순위가 된다. 또한 A와 C는 둘 다 채권자이므로 채권자평등주의에 의해 동순위가 된다.

<배당사례 2>

B와 C의 관계에서 근저당권자인 B가 우선변제권에 의해 C보다 앞서게 된다. 즉, 다음의 공식이 성립한다.

A = B, A = C → A = B = C, 엄격히 보면 B > C의 관계

먼저 A, B, C를 동순위로 채권액에 비례해서 배당을 한다. 이후 근저당권자인 B는 후순위 권리인 C에 대해 우선변제권이 있으므로 C가 받은 배당액을 B가 흡수하는 것이다.

① **비례배당**(A = B, A = C → A = B = C)

　□ A 가압류 : 9,000만 원 × 1억 원 / 3억 원 = 3,000만 원

　□ B 저당권 : 9,000만 원 × 1억 원 / 3억 원 = 3,000만 원

　□ C 가압류 : 9,000만 원 × 1억 원 / 3억 원 = 3,000만 원

② **흡수배당**

　우선변제권을 가진 근저당권B는 가압류C의 비례배당액인 3,000만 원을 흡수한다. 물권이 채권보다 우선하는 원칙이 적용되어 B는 6,000만 원을 배당받는다. 안타깝게도 채권자C는 경매사건에서 배당을 받지 못한다.

1순위 근저당권, 2순위 가압류, 3순위 가압류, 배당재원 2억 원

물권인 근저당권이 채권인 가압류보다 먼저 설정된 경우, 근저당권이 자기 채권액을 먼저 배당받고 나머지를 채권인 가압류를 배당받는다. 배당재원이 고갈된다면, 채권을 회수하지 못하고 소멸하게 된다. 이렇게 되더라도 낙찰자와 아무런 관련이 없다. 경매로써 소멸되는 말소기준등기 중 하나이기 때문이다. 우선변제권이 있는 A는 자신의 채권액 1억 원을 먼저 충당하고 나머지 1억 원을 B와 C가 채권자 평등주의에 의해 나눠 갖는다.

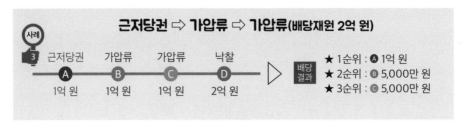

<배당사례 3>

① 흡수배당
 □ A 근저당권 : 1억 원

② 비례배당
 □ B 가압류 : 1억 원 × 1억 원 / 2억 원 = 5,000만 원
 □ C 가압류 : 1억 원 × 1억 원 / 2억 원 = 5,000만 원

여기서 C가 우선변제권이 있는 근저당권이라고 하더라도 결과는 동일하다. B와 C의 관계에서 선순위 가압류와 후순위 근저당권이 반복되는 상황이기 때문이다. 모든 사례에서 근저당권 대신 확정일자부 임차인을 대입하여

PART 4. 부동산 경매의 존재 이유, 배당

생각해도 결과는 마찬가지다. 배당 관계에서 근저당권과 마찬가지로 우선변제권이 있는 권리이기 때문이다.

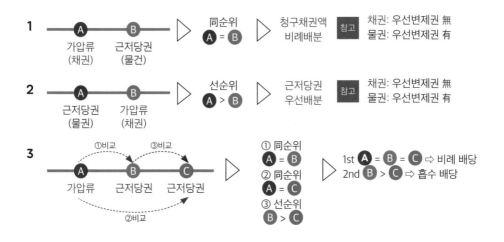

<배당금의 배분 원칙>

실전 사례로 배우는 배당 분석

지금까지 배당의 원칙에 대해 알아보았다. 이제 실전처럼 연습해 보자. 처음에는 다가구 주택을 기준으로 분석하면 이해하기 쉽다. 아래의 순서를 기억하며 실습해 보자.

ⓐ 등기부등본과 전입세대열람내역서를 통해 권리의 성립 순서를 정리한다.
　(등기부로 순위 정리 → 전입세대로 임차인 정리 → 합치기)
ⓑ 말소기준등기를 찾아 인수권리와 소멸되는 권리를 구분한다.
ⓒ 배당할 금액을 확정한다.
ⓓ 배당요구권자와 등기에 따라 배당 대상을 구분한다.
ⓔ 경매비용, 최우선변제금(소액임차보증금 등)을 배당한다.
ⓔ 당해세, 확정일부 임차인과 시간 순위에 따르는 우선변제권리를 비교하여 배당한다.
ⓕ 인수되는 임차인 중 배당받지 못한 금액이 얼마인지 확인한다.

다음은 다가구 주택이 경매에 나온 사례이다. 최우선변제금에 대한 이해를 돕기 위해 2000년대 낙찰을 가정했다. 사례의 핵심은 김가*와 최가*만 최우선변제를 받은 뒤 순위배당을 한 이유를 이해하는 것이다. 유가*, 박가*, 이가*, 윤가*은 최가*보다 전입이 앞서지만 최우선변제를 받지 못했다. 전입 당시의 기준이 아닌 최선순위 담보물권이 설정된 날을 기준으로 소액보증금의 범위를 결정하기 때문이다. 이 개념을 머릿속에 떠올리며 사례를 보면 이해하기 쉬울 것이다.

담보물건 설정일	지역	소액보증금의 범위	최우선변제금
84.01.01 ~ (시행)	서울특별시	300만 원 이하	300만 원
	수도권(과밀억제권역)	200만 원 이하	200만 원
87.12.01 ~ (1차 개정)	서울특별시	500만 원 이하	500만 원
	수도권(과밀억제권역)	400만 원 이하	400만 원
90.02.19 ~ (2차 개정)	서울특별시	2,000만 원 이하	700만 원
	수도권(과밀억제권역)	1,500만 원 이하	500만 원
95.10.19 ~ (3차 개정)	서울특별시	3,000만 원 이하	1,200만 원
	수도권(과밀억제권역)	2,000만 원 이하	800만 원
01.09.15 ~ (4차 개정)	서울특별시	4,000만 원 이하	1,600만 원
	수도권(과밀억제권역)	4,000만 원 이하	1,600만 원
	광역시	3,500만 원 이하	1,400만 원
	기타지역	3,000만 원 이하	1,200만 원
08.08.21 ~ (5차 개정)	서울특별시	6,000만 원 이하	2,000만 원
	수도권(과밀억제권역)	6,000만 원 이하	2,000만 원
	광역시	5,000만 원 이하	1,700만 원
	기타지역	4,000만 원 이하	1,400만 원

<소액임차보증금 기준표>

한 권으로 끝내는 실전 경매

물건내역 주소 및 세부사항	감정평가금액	임대차현황	등기내역
서울시 강남구 삼성동 1234-1234 대지 200㎡(60평) 1층 80㎡(24평/2가구) 2층 80㎡(24평/2가구) 3층 70㎡(21평/1가구) 지층 100㎡(30평/2가구) 옥탑 토지 : 203,800,000원 건물 : 167,450,000 원 제시외 : 10,000,000원 일괄입찰 철근콘크리트구조 지하철 10분거리 도시가스난방 3종 일반주거지역	감정평가금액 381,250,000원 최저매각가액 244,000,000원 (64%) 유찰 01.09.01 유찰 01.10.06 낙찰 01.11.18 288,000,000원	김가*(옥탑, 방1) 전입 91.04.23/2,000만 원 확정 98.02.21 배당요구완료 유가*(3층) 전입 95.06.03/6,000만 원 확정 95.06.08 배당요구 완료 박가*(2층) 전입 95.03.11/3,500만 원 확정일자 없음 이가*(2층) 전입 95.05.23/3,300만 원 확정 95.05.21 배당요구 완료 윤가*(2층) 전입 98.02.10/3,000만 원 확정 98.02.10 배당요구 완료 최가*(지층) 전입 00.05.03/1,800만 원 확정 00.05.13 배당요구 완료	근저당권 92.03.20 (4,800만 원) 우리은행(강남) 근저당권 95.06.11 (3억6,000만 원) 우리은행(강남) 가압 00.08.02 (8,562만 원) 기술신용 가압 00.08.26 (4억5,521만 원) 국민은행 압류 00.12.10 (1,000만원) 강남구청 임의 01.04.11 우리은행(강남)

먼저 말소기준등기를 찾으면 92.03.20에 설정된 우리은행(강남)의 근저당권임을 확인할 수 있다. 이것을 기준으로 인수와 소멸이 결정되는 것이다. 등기부상의 권리를 정리하면 다음과 같다.

① 근저당권 92.03.20 / 4,800만 원 / 우리은행(강남)

② 근저당권 95.06.11 / 3억 6,000만 원 / 우리은행(강남)

③ 가압 00.08.02 / 8,562만 원 / 기술신용

④ 가압 00.08.26 / 4억 5,521만 원 / 국민은행

⑤ 압류 00.12.10 / 1,000만 원 / 강남구청

이렇게 등기부상 권리를 정리하면 임차인의 권리 순위를 정한다. 대항력과 확정일자가 모두 갖춰진 날에 우선변제권이 생기므로 우선변제권이 성립된 날짜를 계산하여 비교하는 것이 좋다. 참고로 ⓐ김가*이 거주하는 옥탑이 무허가, 미등기, 가설건축물로서 주택이 아니더라도 주거생활을 영위하면서 주거 목적으로 사용한다면 대항력과 우선변제권이 인정된다.

ⓐ 김가* / 대항력 91.04.24 / 우선변제권 98.02.21 / 2,000만 원 / 배당요구 완료

ⓑ 유가* / 대항력 95.06.04 / 우선변제권 95.06.08 / 6,000만 원 / 배당요구 완료

ⓒ 박가* / 대항력 95.03.12 / 우선변제권 없음 / 3,500만 원 / 배당요구 없음

ⓓ 이가* / 대항력 95.05.24 / 우선변제권 95.05.24 / 3,300만 원 / 배당요구 완료

ⓔ 윤가* / 대항력 98.02.11 / 우선변제권 98.02.11 / 3,000만 원 / 배당요구 완료

ⓕ 최가* / 대항력 00.05.04 / 우선변제권 00.05.13 / 1,800만 원 / 배당요구 완료

먼저 임차인이 많은 경우 정보를 바탕으로 위와 같이 나열한 뒤, 대항력을 기준으로 성립일자를 재배열하면 쉽게 배당순위를 정할 수 있다. 대항력은 보증금을 받을 때까지 나갈 수 없다고 주장하는 힘이기 때문에 낙찰자 입장에서 대항력을 기준으로 보증금의 인수 여부가 결정된다. 여기서 ⓒ박가*은 확정일자가 없으므로 후순위권리자보다 우선변제를 받을 수 없다. 일반채권자의 지위에 놓이게 되는데 배당요구도 하지 않았기 때문에 배당대상에서 제외된다. 참고로 말소기준등기의 날짜가 92.03.20임을 감안하면 실제 경매 사건에서 ⓒ박가*은 보증금을 한 푼도 받지 못하고 집에서 쫓겨난다.

한 권으로 끝내는 실전 경매

ⓐ 김가* / 대항력 91.04.24 / 우선변제권 98.02.21 / 2,000만 원 / 배당요구 완료

ⓒ 박가* / 대항력 95.03.12 / 우선변제권 없음 / 3,500만 원 / 배당요구 없음

ⓓ 이가* / 대항력 95.05.24 / 우선변제권 95.05.24 / 3,300만 원 / 배당요구 완료

ⓑ 유가* / 대항력 95.06.04 / 우선변제권 95.06.08 / 6,000만 원/ 배당요구 완료

ⓔ 윤가* / 대항력 98.02.11 / 우선변제권 98.02.11 / 3,000만 원 / 배당요구 완료

ⓕ 최가* / 대항력 00.05.04 / 우선변제권 00.05.13 / 1,800만 원 / 배당요구 완료

이제 물권과 채권을 시간 순서대로 다시 정리하면 된다. ⑤강남구청의 법정기일은 00.10.10이라고 가정하자. 물권과 채권의 순서를 정리하면 다음과 같다.

ⓐ 김가* / 대항력 91.04.24 / 우선변제권 98.02.21 / 2,000만 원 / 배당요구 완료

① 저당 92.03.20 / 4,800만 원 / 우리은행(강남)

ⓒ 박가* / 대항력 95.03.12 / 우선변제권 없음 / 3,500만 원 / 배당요구 없음

ⓓ 이가* / 대항력 95.05.24 / 우선변제권 95.05.24 / 3,300만 원 / 배당요구 완료

ⓑ 유가* / 대항력 95.06.04 / 우선변제권 95.06.08 / 6,000만 원 / 배당요구 완료

② 저당 95.06.11 / 3억 6,000만 원 / 우리은행(강남)

ⓔ 윤가* / 대항력 98.02.11 / 우선변제권 98.02.11 / 3,000만 원 / 배당요구 완료

ⓕ 최가* / 대항력 00.05.04 / 우선변제권 00.05.13 / 1,800만 원 / 배당요구 완료

③ 가압 00.08.02 / 8,562만 원 / 기술신용

④ 가압 00.08.26 / 4억 5,521만 원 / 국민은행

⑤ 압류 00.12.10 / 1,000만 원 / 강남구청

여기서 말소기준등기는 ①저당 92.03.20이 된다. ⓐ김가*은 인수되고 나머지는 권리적으로 소멸하게 된다. 하지만 배당금 수령은 대항력 순서가 아닌

우선변제권의 성립순서에 따라 결정된다. ⓐ김가*의 금액이 2,000만 원으로 배당재원에 비해서는 작지만 우선변제권이 늦게 성립되어 보증금을 인수할 수 있는 것이다. 우선변제권과 일반채권의 순서대로 다시 나열해 보자. 대항력이 있는 ⓐ김가*의 배당순서는 이렇게 뒤로 밀리게 된다.

① 저당 92.03.20 / 4,800만 원 / 우리은행(강남)

ⓓ 이가* / 대항력 95.05.24 / 우선변제권 95.05.24 / 3,300만 원 / 배당요구 완료

ⓑ 유가* / 대항력 95.06.04 / 우선변제권 95.06.08 / 6,000만 원 / 배당요구 완료

② 저당 95.06.11 / 3억 6,000만 원 / 우리은행(강남)

ⓔ 윤가* / 대항력 98.02.11 / 우선변제권 98.02.11 / 3,000만 원 / 배당요구 완료

ⓐ 김가* / 대항력 91.04.24 / 우선변제권 98.02.21 / 2,000만 원 / 배당요구 완료

ⓕ 최가* / 대항력 00.05.04 / 우선변제권 00.05.13 / 1,800만 원 / 배당요구 완료

③ 가압 00.08.02 / 8,562만 / 기술신용

④ 가압 00.08.26 / 4억 5,521만 원 / 국민은행

⑤ 압류 00.12.10 / 1,000만원 / 강남구청

ⓒ 박가* / 대항력 95.03.12 / 우선변제권 없음 / 3,500만 원 / 배당요구 없음

이제 배당할 금액이 얼마인지 계산하면 된다. 일반적으로 낙찰가에서 경매 비용을 차감하되, 잔금 미납으로 몰수된 보증금이 있는 경우에는 배당재원에 추가하면 된다.

배당재단 : 2억 8,800만 원(낙찰가) - 400만 원(경매 비용) = 2억 8,400만 원

이후 최우선변제금액에 대한 배당을 진행하면 된다. 167쪽의 예시를 다시

한 권으로 끝내는 실전 경매

보자. 이 시기에 소액임차인의 최우선변제금액은 보증금이 2,000만 원인 경우 700만 원까지 최우선변제를 해주는 것이었다.

배당 전 재단	배당항목	세부내용	비고
288,000,000	4,000,000	경매비용	비용변제
284,000,000	7,000,000 7,000,000	김가* 최가*	최우선변제금
270,000,000	48,000,000	우리은행(강남)	우선변제금
222,000,000	33,000,000	이가*	우선변제금
189,000,000	60,000,000	유가*	우선변제금
129,000,000	129,000,000	우리은행(강남)	배당고갈

바로 이렇게 계산할 수 있다. 주목할 부분은 ⓐ김가*의 배당금액이다. 실제 대항력이 말소기준등기보다 앞서 있기 때문에 보증금을 인수해야 하는데 우선변제권이 늦게 성립되어 배당을 700만 원 받게 되었다. 나머지 1,300만 원은 온전히 낙찰자가 인수해야 하는 것이다. 즉, 실제 부담금액은 낙찰가 2억 8,800만 원과 인수금액 1,300만 원을 더한 3억 100만 원이다.

ⓒ박가*과 ⓔ윤가*은 배당을 받지 못한 만큼 명도 시 추가 비용이 발생될 것으로 예상된다. 특히 ⓒ박가*은 배당요구조차 하지 않았는데 이는 매우 잘못된 것이다. 배당재원이 부족하여 배당을 받지 못하더라도 배당요구를 해야 한다. 말소기준등기 이후에 대항력을 갖춘 임차인이 배당요구도 하지 않는 것은 최악의 대응이라 할 수 있다. 참고로 ⓕ최가*이 19년 12월에 대항력을 갖춘 뒤, 20년 5월에 경매가 진행되어도 700만 원을 최우선변제 받게 된다. 최선순위 담보물권을 기준으로 소액임차보증금에 해당하기 때문이다.

전략적으로 배당표를 작성하는 방법

배당표는 각 채권자와 채무자가 쉽게 열람할 수 있도록 배당기일 3일 전까지 작성해서 그 원안을 법원에 비치한다(민사집행법 제149조 1항). 배당표에는 매각대금, 각 채권의 원금, 이자, 비용, 배당의 순위와 배당의 비율이 기재되어 있다. 이해관계인은 배당기일 3일 전까지 법원에 연락해서 배당부분에 문제가 있는지 확인하고 수정하는 절차를 거쳐야 한다.

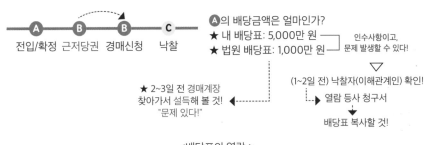

배당표: 매각대금과 채권자의 원금, 이자, 비용, 배당 순위와 배당률 등을 기재, 법원에서 작성

<배당표의 열람 >

경매법원은 배당기일에 이해관계인과 배당을 요구한 채권자에게 배당표 초안을 제시한다. 진술을 들은 다음 정정할 것이 있으면 수정한 뒤에 배당표를 확정한다. 배당기일에 출석한 채권자 및 채무자로부터 신청이 없거나 합의된 경우에는 법원이 작성한 배당표를 그대로 확정해서 배당을 실시한다. 법원사무관 등은 법원보관금 출급명령서에 소정의 사항을 기재하고 배당표 사본을 첨부하여 담당 법관의 날인을 받아 채권자(청구자)에게 교부한다. 채권자는 교부 받은 출급명령서를 출납 공무원에게 제출하고 출급지시서를 교부 받아 은행 등 출납 취급점에서 출급을 받는다.

채권 전부의 배당을 받을 채권자에게는 배당액 지급증을 내어 주는 동시에 그가 가진 집행력 있는 정본 또는 채권증서를 받아 채무자에게 교부한다. 채권의 일부를 배당받을 채권자에게는 집행력 있는 정본 또는 채권증서를 제출하게 한 뒤 배당액을 적어서 돌려주고 배당액 지급증을 내주는 동시에 영수증을 받아 채무자에게 교부한다(민사집행법 제159조). 다음과 같이 배당표를 나눠주는 것이다.

법원
배 당 표

2019 타경 1234   부동산임의경매

배 당 할 금 액		금 288,000,000				
세명	매 각 대 금	금 288,000,000				
	지 연 이 자	금 0				
	전매수인의 경매보증금	금 0				
	항고보증금	금 0				
	보증금이자	금 0				
집 행 비 용		금 4,000,000				
실 제 배 당 할 금 액		금 284,000,000				
매 각 부 동 산		별지와 같음				
채 권 자		김가*	최가*	우리은행 (강남)	이가*	유가*	우리은행 (강남)
채권금액	원 금	20,000	18,000	48,000	33,000	60,000	360,000
	이 자	-					
	비 용	-					
	계	20,000	18,000	48,000	33,000	60,000	360,000
배 당 순 위		1	1	2	3	4	5
이 유		소액임차인	소액임차인	신청채권자	확정일자 임차인	확정일자 임차인	신청채권자
배 당 액		7,000	7,000	48,000	33,000	60,000	129,000
잔 여 액		13,000	11,000	-	-	-	231,000
배 당 비 율		35%	38%	100%	100%	100%	36%

※ 이해를 돕기 위해 이자나 비용은 없다고 가정.

배당기일에 출석하지 않은 이해관계인은 배당에 대해서 이의가 없는 것으로 간주한다. 그 이후에는 배당에 관해서 이의를 제기할 수 없다. 그래서 배당표를 수정하지 못한 경우, 배당기일에 직접 참석해서 배당이의를 해야 한다. 채권자 및 채무자는 배당기일에 출석해서 배당표 작성, 확정, 실시와 다른 채권자의 채권과 배당순위에 관하여 이의를 신청할 수 있다. 주로 자신이 수령하는 채권금액이 부족할 때 이의신청을 한다.

실제 이의가 있는 경우, 다툼이 있는 부분에 관해서 배당표가 확정되지 않으며 이의가 없는 부분만 배당을 실시한다. 배당표에 대하여 이의신청이 있으면 배당 법원은 이의신청이 적법한지 여부만 형식적으로 심사할 수 있다. 대다수의 이의신청을 현장에서 받아 준다. 이의신청의 내용은 배당이의 소에서 판결 절차에 따라 판단해야 하기 때문이다. 일반적으로 채권자가 이의신청을 하면 이의가 있는 채권 배당의 실시를 유보한다. 이의신청권자는 상대방 채권자에게 배당기일로부터 7일 이내에 배당이의의 소를 제기하고 소제기증명원을 배당법원에 제출해야 한다.

배당표 작성은 판결과 같은 효력이 있다. 말로만 이의를 신청하는 것은 이의로써 의미가 없기 때문이다. 그래서 소로써 다툼을 해결하고 소를 제기했다는 증명이 필요하다. 만약 7일 내에 배당이의의 소를 제기하지 않거나 소제기증명원을 제출하지 않는다면 배당은 확정, 실시하게 된다.

빠르게 명도를 하는 방법이 있다!

타인의 속마음을 파악하기는 어렵다. 내 마음도 자주 바뀌는데 다른 사람의 마음조차 어떻게 알 수 있을까. 자본주의 사회에서 사람의 마음을 움직이는 도구는 무엇일까? 바로 '돈'이다. 배당표를 작성하면, 이해관계인이 받아갈 돈이 얼마인지 계산할 수 있다. 사람의 속마음은 알 수 없지만, 마음의 방향성을 예측할 수 있다. 배당표는 점유자의 진실된 마음을 확인할 수 있는 바로미터다.

임차인의 최대 관심사는 무엇일까? 바로 보증금의 회수다. 그래서 배당표를 미리 작성하면 임차인의 생각을 읽을 수 있다. 배당표와 명도는 어떤 관계가 있을까? 아래와 같이 상충관계임을 확인할 수 있다.

임차인 배당금 ↓ → 소통시간 ↑ + 감정의 소비 ↑ + 비용 ↑ → 명도 난이도 ↑

정확한 배당표의 작성은 뒤에서 배우게 될 명도와 깊은 관련이 있다. 입찰

한 권으로 끝내는 실전 경매

전 임차인의 배당액을 계산하는 것은 명도에서 발생할 어려움을 예상하는데 도움이 된다.

대항력을 갖춘 임차인의 명도

⇨ 임차인의 수령금액이 얼마나 되는지 파악(배당표 작성)

대항력이 없는 임차인의 명도

⇨ 사례1과 마찬가지로 임차인의 수령금액이 얼마나 되는지 파악(배당표 작성)

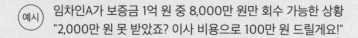
임차인A가 보증금 1억 원 중 8,000만 원만 회수 가능한 상황
"2,000만 원 못 받았죠? 이사 비용으로 100만 원 드릴게요!"

전 소유주가 직접 거주하며, 과다한 이사 비용 요구

⇨ 인근 월세 수준의 손해 발생을 언급, 강제 집행 준비

<배당상황별 명도 난이도>

배당금별 명도의 난이도를 정리하면 위와 같이 세 가지로 나눌 수 있다. 사례1에서 사례3으로 갈수록 명도의 난이도는 더욱 높아진다. 즉, 임차인이 수령하는 배당액이 많을수록 명도는 쉽지만, 배당액이 적으면 명도가 어렵고 강제집행을 진행하게 될 확률이 높다. 경매에서 이루어지는 배당표 작성은 단순히 받아갈 돈을 계산하는 것 이상의 가치가 있다.

빠른 **명도**를 원한다면, 법률적 관계로 접근하면 안 된다!
사실적 관계에 집중해야 한다! ⇨ 명도 대상이 얼마나 회수해 가는가?
정확한 배당표 작성을 통해 명도 난이도를 파악하자!

\<배당표와 명도의 관계\>

한 권으로 끝내는 실전 경매

PART 5

맘고생 없는
명도를 위한 전략

완벽한 소유권의 취득이란 무엇일까? 단순한 명의의 이전을 떠나 목적물의 점유권
까지 옮기는 것을 말한다. 일반 매매는 상호 협의 하에 점유회복이 이루어진다. 하
지만 경매는 낙찰자가 스스로 해결해야 한다. 낙찰은 받았지만 명도가 되지 않아 힘
든 경우가 많다. 경매의 마무리는 명도다. 어떻게 하면 명도를 효과적으로 해 낼 수
있을지 알아보자.

명도의 대상을
분석하라

명도란 무엇일까? 낙찰 후 불법 점유하고 있는 임차인을 퇴거시키는 절차를 말한다. 완벽한 소유권의 행사는 완벽하게 점유를 했을 때만 가능하다. 그래서 명도는 경매에서 매우 중요하다. 낙찰을 받은 뒤 명도할 때 누구에게 무엇을 청구해야 할까?

점유권원의 유무를 따져 나누면 된다. 채무자, 소유자, 점유자(대항력 있는 선순위의 점유자는 전액 배당을 받으면 인도 가능), 채무자의 동거가족 및 특수관계인, 법인의 단순 점유보조자, 집행 방해를 목적으로 점유한 자의 경우에는 대항력이 없다. 후순위 임차인은 낙찰자가 매각대금을 완납하면 대항력이 없어져 무상거주자가 되는 것을 앞에서 배웠다. 선순위 임차인이 전액 배당을 받으면 명도가 쉽지만, 배당을 일부 받는다면 대항력이 있기 때문에 인도명령 신청의 대상이 되지 않는다.

선순위 임차인이 우선변제권을 선택하여 배당요구를 했지만, 전액 배당을 받지 못한 경우에는 임대차 관계의 존속을 주장하며 경락인에게 보증금 반환을 요청할 수 있다(대법원 97다11195 판결, 건물명도 등). 이렇게 명도의 대상은 크게 대항력이 있는 임차인과 없는 임차인으로 구분할 수 있다. 대항력이 없는 임차인은 인도명령신청의 대상으로 빠르게 집행할 수 있지만, 인도명령을 할 수 없는 임차인[1]은 소송으로 다투어야 한다. 명도의 대상에 대해 자세히 알아보자.

대항력을 보유하지 않은 임차인

말소기준등기 이후에 대항력을 갖춘 임차인은 낙찰자에게 대항할 수 없다. 이러한 임차인은 권리 신고 및 배당요구를 반드시 해야 한다. 만약 신청하지 않으면 보증금을 회수하지 못한 상태에서 퇴거해야 하기 때문이다. 반면, 낙찰자는 대항력이 없는 임차인에게 보증금을 반환할 의무가 없다. 불법점유의 대상으로 치부될 뿐이다. 잔금을 완납한 후 6개월 이내에 인도명령을 신청하면 수월하게 강제집행을 할 수 있다.

대항력 無 임차인의 명도집행

근저당권 Ⓐ · 임차인 전입/확정 Ⓑ

낙찰자에게 대항할 아무런 권리가 없다.
⇨무조건 권리신고 및 배당요구 신청해야 한다!
채권 미신고 시 : 배당 No! & 명도대상자

예시 (2019년 서울 기준) 보증금 1억 1,000만 원 이하 ⇨ 3,700만 원 수령 가능.
(단, 권리신고 및 배당요구 신청 시에만)

대금 완납	(6개월 이내)인도명령 신청 : 낙찰자 단독 행위
	(6개월 초과)명도소송 진행 : 원고, 피고 쌍방 행위

<대항력을 보유하지 않은 임차인>

---

1   재침입한 임차인, 일부 배당을 받은 선순위 임차인, 법정지상권이 성립하는 건물 임차인, 유치권자 등.

한 권으로 끝내는 실전 경매

대항력을 보유한 임차인

① 권리신고 및 배당요구를 한 임차인

대항력을 갖추었지만 보증금 전액을 배당받는다면 낙찰자는 편하게 명도를 할 수 있다. 임차인이 보증금을 배당받기 위해서는 낙찰자가 작성해 주는 명도확인서를 법원에 제출해야 하기 때문이다. 명도확인서[2]란 임차인이 낙찰자에게 부동산을 인도했다는 사실을 입증하는 서류이다. 낙찰자는 명도확인서를 발급하기 전에 관리비, 전기세, 수도세, 가스비, 점유이전 확인, 현관문 교체 등의 절차를 진행한다.

아래의 그림을 보자. 만약 임차인이 보증금 일부만을 배당받으면 잔여 보증금을 낙찰자가 지급해야 한다. 임차인이 일부 보증금을 배당받을 때는 명도확인서가 필요 없다. 따라서 점유를 유지할 수 있다.

보증금 5,000만 원 중 3,000만 원 수령 시, 낙찰자 2,000만 원 인수

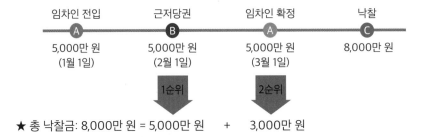

⇨ 임차인은 낙찰자의 명도확인서 불필요(2,000만 원 낙찰자 인수사항이므로)
⇨ 즉, 임차인은 그냥 법원에서 3,000만 원 수령 후 낙찰자에게 요청.

\<대항력 있는 임차인이 보증금 일부만 배당받은 경우\>

2　명도확인서에는 낙찰자의 인감도장 날인 및 인감증명서를 첨부해야 한다.

반면, 임차인에게 잔여 보증금을 지급하려 하지만, 수령을 거부하며 거주할 권리를 주장하는 경우가 있다. 다음 그림에서 보듯이 경매 절차에서 권리신고 및 배당요구를 신청한 것은 계약 해지의 의사 표시로 본다.

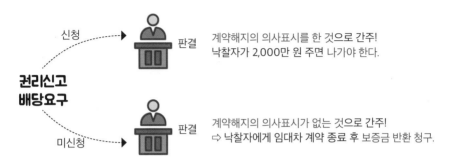

<권리신고 및 배당요구의 의미>

권리신고 및 배당요구를 했지만 전 소유자와 체결한 계약 기간 동안 거주할 권리가 있다고 주장하며, 배당금 수령 거부 및 명도에 불응하는 경우도 있다. 다음 그림을 살펴보자. 이 경우에는 보증금 공탁과 함께 명도소송을 진행하면 된다.

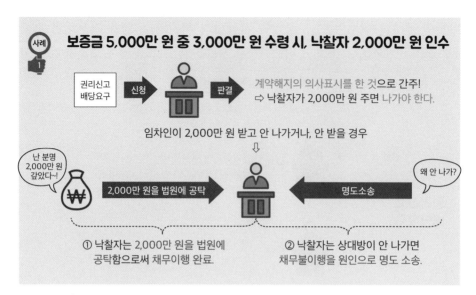

<대항력 있는 임차인이 보증금 전부를 받고 퇴거하지 않는 경우>

통상 집값이나 전세보증금이 급등한 지역에서 주로 발생하는 사안이다. 현재의 보증금으로는 임차를 얻기 어렵기 때문에 퇴거하지 않는 경우가 많다. 실무적으로는 소송보다 신규 임대차 계약을 통해 협상하는 것이 좋다.

② 권리신고 및 배당요구를 하지 않은 임차인

임차인이 채권계산서를 제출하지 않은 것은 계약유지의 의사표시를 한 것이다. 낙찰자에 대하여 전 소유자와 체결한 계약 기간 동안 거주할 권리를 주장할 수 있다. 다음 그림을 살펴보자. 낙찰자가 명도를 요청할 수 있는 시기는 그 임차인의 계약 기간이 만료되는 시점이 된다. 만기 시에 보증금 전액을 반환하면서 명도해야 한다. 명도에 불응한다면, 보증금 공탁과 더불어 명도소송을 통해 해결해야 한다.

권리신고 및 배당요구 신청 X (대항력 有 임차인)

임차인 계약유지 의사 표시

낙찰자는 양수인의 지위를 갖고 前 소유자의 지위를
승계, 당해 물건을 인수해야 한다!

주택임대차보호법
§3조 4항

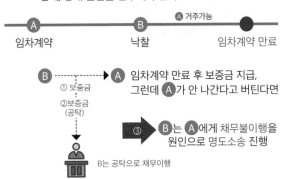

<대항력 있는 임차인이 권리신고 및 배당요구를 하지 않는 경우>

전략적 고수가 되기 위한 명도 실무

명도의 고수는 소송보다 협상을 통해 시간과 비용을 절약하는 사람이다. 임차인을 퇴거시켜야 하기 때문에 불편한 상황이 생길 수밖에 없다. 하지만 명도가 항상 복잡하고 어려운 것은 아니다. 때로는 대화나 간단한 조치를 통해 해결되는 경우도 많다. 상대의 이야기를 경청하며, 인내심을 갖는다면 복잡한 실타래도 쉽게 풀 수 있다. 만약 법대로만 진행한다면 어떻게 될까?

감정이 상한 임차인은 고의로 송달을 받지 않을 수도 있다. 다음 표에서와 같이 송달에만 6개월 이상의 시간이 소요되어, 손해만 발생하게 된다.

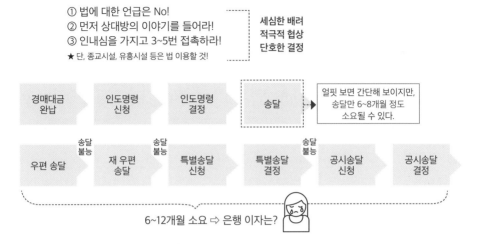

명도협상 시 주의사항

① 법에 대한 언급은 No!
② 먼저 상대방의 이야기를 들어라!
③ 인내심을 가지고 3~5번 접촉하라!
★ 단, 종교시설, 유흥시설 등은 법 이용할 것!

세심한 배려
적극적 협상
단호한 결정

경매대금 완납 → 인도명령 신청 → 인도명령 결정 → 송달

얼핏 보면 간단해 보이지만, 송달만 6~8개월 정도 소요될 수 있다.

우편 송달 → (송달 불능) 재 우편 송달 → (송달 불능) 특별송달 신청 → 특별송달 결정 → (송달 불능) 공시송달 신청 → 공시송달 결정

6~12개월 소요 ⇨ 은행 이자는?

<명도협상 시 주의사항 >

뒤에서 다루겠지만, 강제집행의 시작과 끝은 다음과 같다. 임차인이 마지막까지 연락되지 않을 때 목적물에 있는 가구와 집기 등도 유체동산 경매를 통해 처분해야 된다. 협상으로 가능한 사안을 무리하게 법률대로 진행한다면 손해가 발생할 수 있다.

점유이전금지가처분 신청 → 가처분 결정 및 집행 → 인도소송 접수(인도명령신청) → 재판 → 승소 판결(결정) → 인도소송 송달증명원 및 확정증명원, 집행문 부여서 수령 → 강제집행 신청 → 현황조사 실시 → 집행비용예납 → 집행계고 → 노무비납부 → 강제집행 → 유체동산 강제경매 최고서 발송 → 유체동산 매각신청 → 집행비용 예납 및 공탁 → 유체동산 감정 → 집행비용확정결정신청 → 유체동산 경매 실시 → 저가 낙찰 후 매각

가능하다면 협상을 통해 명도를 마무리하는 것이 좋다. 그런 측면에서 내용증명은 좋은 협상 도구가 되기도 한다. 보내는 사람, 받는 사람, 발송목적,

한 권으로 끝내는 실전 경매

미이행 시 불이익 등을 간단, 명료하게 작성하여 내용증명으로 발송하면 된다. 이사일까지 관리비, 도시가스, 전기료 등 제세공과금 정산 후 영수증을 보여달라는 내용을 적는다. 명도를 거절할 경우 주변 월세 수준의 차임, 법조치, 손해배상, 집행비용을 청구하겠다는 취지의 내용을 추가로 기재하면 좋은 내용증명이라고 할 수 있다. 다음의 내용증명을 참고하면서 자신의 상황에 맞게 수정하길 추천한다. 명도의 시작은 내용증명으로부터 시작된다고 할 수 있을 정도로 중요하다.

인도명령신청

낙찰자는 매각대금을 완납해야만 소유자로서 지위를 갖는다. 이때 명도 대상자의 대항력 유·무에 따라 낙찰자의 대응이 달라진다. 대항력이 없다면, 인도명령신청을 통해 수월하게 해결할 수 있다. 인도명령신청은 명도 사건을 간단하고 명백하게 빠른 결정을 내려주는 장점이 있다. 대금을 낸 뒤 6개월 이내에 신청하면 채무자, 소유자 또는 점유자에 대하여 부동산을 낙찰자에게 인도하도록 명하고 있다(민집법 제136조). 인도명령신청도 소송의 일환으로 누구에게 무엇을 청구할지 정확히 알고 서류를 작성해야 한다.

내 용 증 명

부동산표시 : 명도 대상 부동산 주소
수   신   인 : 점유자 주소
발   신   인 : 낙찰자 주소
제   목 : 부동산 인도 통보

귀하의 무궁한 발전을 기원합니다.

1. 본인은 해당 부동산을 00년 00월 00일에 낙찰받은 사람입니다. 귀하는 본인에게 해당 부동산을 인도해 주어야 하는 명도대상자임을 알려드립니다. 배당기일인 00년 00월 00일까지 집을 비워주시기 바랍니다.

2. 소유권 이전을 하면 귀하는 본인 부동산에 불법으로 무단 거주를 하게 되는 경우로 민사상 본인은 귀하에게 무단 거주에 대한 비용, 즉 월세를 청구할 수 있는 자격이 됨을 알려드립니다.

3. 소유권 이전을 하면 귀하는 본인 부동산에 불법으로 무단점유 및 거주하는 경우로써, 이는 민법 제213조, 제214조, 제 741조에 의거 그에 대한 비용을 청구할 수 있음을 알려드립니다.

4. 이에 본인은 귀하께 00년 00월 00일 까지 해당 부동산을 본인에게 인도하여 줄 것을 강력하게 요청하는 바입니다. 만약 제 요청에 협조를 하지 않을 경우 3항에 의거, 귀하께 비용을 청구하는 것은 물론 강제집행을 진행할 예정입니다.

5. 관리비, 도시가스, 전기료 등 제세공과금을 정산하고 그 영수증을 보여주시길 바라며, 00년 00월 00일까지 집을 비워주지 않을 경우 주변 임차료 수준의 금액을 사용료로 청구하겠습니다.

6. 불법점유에 따른 손해배상과 사용료, 강제집행 비용, 밀린 관리비와 공과금 청구, 배당금 압류까지도 진행될 예정이니 신중한 판단과 함께 원만한 해결 당부드립니다.

만약 신규 임대차를 원하신다면, 인근 시세 수준보다는 유리한 방향으로 진행할 용의가 있습니다. 00년 00월 00일까지 회신을 주시되, 연락이 없을 시 법적 절차에 따르겠습니다.

한 권으로 끝내는 실전 경매

인도명령 신청: 대금납부 뒤 6개월 내 낙찰자에게 대항할 수 없는 사람(임차인 C)에게 신청.

A	B	C	B	D
전입	근저당권	전입	경매 신청	낙찰

보증금: 1억 원
- 배당: 8,000만 원
- 인수: 2,000만 원

⟩ 권리신고 및 배당요구 신청 ⇨ 계약해지 의미

A는 D에게 대항가능! 그러나 계약기간 잔존 사유로 계속 임차 주장 X
⇨ D는 A에게 2,000만 원 지급 ⇨ (수령하지 않으면) 공탁 + 명도소송 진행

<인도명령신청 >

　　인도명령신청은 비용납부와 부동산인도명령신청서, 매각대금완납증명원, 송달비용예납영수증, 수입인지, 신분증, 도장, 부동산표시목록, 일반승계인인 경우 관계를 증명하는 서류를 작성하여 제출하면 된다. 이후 결정과 송달이 된다면 집행문 부여[3]와 송달증명원[4]을 첨부하여 강제집행을 진행할 수 있다.

인도명령신청 → 인도명령 심리 및 심문 → 인도명령 결정 → 인도명령 결정문 송달
→ 집행문 부여 신청 및 송달증명원 수령

　　다만, 점유자가 낙찰자에게 대항할 수 있는 권원이 있다면, 인도명령신청

3　　공정증서에 의한 강제집행이 가능하도록 공증증서정본이 현재 집행력이 있다는 사실과 누가 누구에 대하여 강제집행을 할 것인지를 적어 공정증서정본 뒤에 붙여 주는 문서이다.

4　　인도명령 결정 후 점유자에게 송달되어 해당 내용을 점유자가 알고 있다는 것을 법원도 알고 있다는 서류이다.

을 할 수 없고 인도소송을 진행해야 한다. 인도소송은 송달, 준비서면, 답변서, 변론기일 등의 복잡한 절차를 거쳐야 결론이 난다. 시간적 소모가 심하다. 투자자 입장에서는 대금을 납부한 뒤 6개월이 지나면 인도명령신청을 할 수 없으므로 잔금 납부와 동시에 인도명령신청을 하는 것이 좋다.

특히, 현황조사서[5] 및 전입세대열람 내역서, 등기부등본등에 점유자의 기록이 없는 경우가 있다. 이때는 집행불능조서등본, 주민등록등본 등 그 점유 사실 및 점유개시일자(대금 지급 전에 점유를 개시한 사실)를 증명하는 서면을 제출해야 한다. 실제 점유자의 인적사항을 모른다면 집행을 신청하기 어려운 것이 현실이다. 가장 빠르고 쉽게 실무적으로 해결할 수 있는 방법은 바로 경찰의 도움을 받는 것이다. 경찰관에게 불법점유를 이유로 현행범으로 체포하라고 고소하는 것이다. 경찰관과 동행하는 과정에서 인적사항을 파악할 수 있고, 그 정보를 바탕으로 인도명령신청을 할 수 있다. 실제 인적사항과 달라서 집행불능이 될 수 있다. 이때 집행 연기와 불법점유자라고 표시하면 인도명령결정이 나오는 경우가 있다. 이것을 근거로 승계집행을 하면 된다. 실무적으로 변수가 많기에 단언할 수 없지만 법원과 경찰의 도움을 적절히 받는 것도 지혜일 수 있다.

---

5   집행관이 경매 정보를 제공하기 위해 작성하는 서류, 기본 정보, 부동산 현황 및 점유관계조사서, 임대차관계 조사서, 부동산표시 목록이 기재된다.

부동산인도명령신청

사건번호 2019타경1234
신청인(매수인) 부동삶
　　서울시 마포구 ○동 ○번지
피신청인(임차인) 나몰라
　　서울시 강서구 ○동 ○번지

　위 사건에 관하여 매수인은 2020.04.16에 낙찰대금을 완납한 후 채무자의 부동산 점유자에게 별지 매수부동산의 인도를 청구하였으나 채무자가 불응하고 있으므로, 귀원 소속 집행관으로 하여금 채무자의 위 부동산에 대한 점유를 풀고 이를 매수인에게 인도하도록 하는 명령을 발령하여 주시기 바랍니다.

2020 년　4 월　16 일

매 수 인　　　　　　　　　　　　　　　부동삶　　(인)
　　연락처(☎) 010 - XXXX -XXXX

지방법원　　귀중

☞유의사항
1) 낙찰인은 대금완납 후 6개월 이내에 채무자, 소유자 또는 부동산 점유자에 대하여 부동산을 매수인에게 인도할 것을 법원에 신청할 수 있다.
2) 신청서에는 1,000원의 인지를 붙이고 1통을 집행법원에 제출하며 인도명령정본 송달료(2회분)를 납부하여야 한다.

인도소송

　인도소송은 매각대금완납일로부터 6개월이 지났거나 다툼이 있는 임차권자, 법정지상권자, 유치권자 및 재침입한 임차인 등을 대상으로 진행한다.

소송 시 청구취지, 청구원인을 포함해 인도할 대상, 목적물, 입증방법에 대해 명확히 기재해야 한다. 보통 소송을 시작하면 준비서면과 답변서가 송달된다. 법원에서 쟁점을 정리하면 몇 번의 변론기일을 거친 후 결심과 선고를 한다. 통상 6개월 이상 소요되며 항소 및 상고[6]를 거치면 1년이라는 시간은 금세 지나가 버린다. 보통 1심 법원에서 가집행 선고를 판결하므로 1심 판결 후 인도집행을 할 수 있다. 상대방이 항소와 강제집행정지신청을 통해 방어할 수 있지만, 이런 법리를 모르는 일반인이 많기 때문에 되도록 빠른 협상을 위해 가집행을 공격적으로 진행하는 것이 좋다. 강제집행은 인도명령에서 언급한 과정과 같다.

인도소송 접수 → 재판(준비서면, 답변서, 변론기일) →
승소판결 → 인도소송 송달증명원 및 확정증명원, 집행문 부여서 수령

이 모든 과정은 바로 점유자가 협상에 임하도록 하기 위해서 하는 것이다. 추가로 형법을 활용해 명도 전략을 펼칠 수도 있다. 특히 목적 부동산을 인도받은 후 관리 소홀로 제3자가 불법 점유를 하는 경우에는 인도명령을 할 수 없다. 이때 인도소송을 통해서 해결할 수 있지만 형사로 접근하는 것이 효율적이고 승산이 높다. 형법에서는 강제집행으로 인도 또는 인도된 부동산에 진입하거나 기타 방법으로 강제집행의 효용을 해한 자는 5년 이하의 징역 또는 700만 원 이하의 벌금에 처하고 있다(형법 제140조-2). 사람의 주거, 관리하는 건조물, 선박이나 항공기 또는 점유하는 방실에 침입한 자와 퇴거 요구를 받고도 응하지 아니한 자도 3년 이하의 징역 또는 500만 원 이하의

---

6   항소란 제1심 판결에 대한 불복을 의미하며, 상고란 제2심 판결에 대한 불복을 뜻한다.

벌금에 처하고 있다(형법 제319조). 이런 법률 규정에 근거하여 협상하는 것도 전략이다.

구분	인도명령	인도소송
신청 시기	대금납부 후 6개월 이내	대금납부 후 6개월 경과시
신청 대상	소유자, 채무자, 대항력 없는 점유자	대항력 있는 점유자 대금납부 후 6개월 경과 후의 인도명령 대상자
신청 방법	인도명령신청(경매계)	인도소송 제기(관할법원) 점유이전금지 가처분 동시 신청
집행 과정	소유자 및 채무자(심문 없음) 점유자(심문 후 명령)	소 제기에 의한 심문 후 판결 (입증자료, 증인신청 등)
구비 조건	송달확정증명원 (송달 불능 시 특별송달, 공시송달)	집행력 있는 정본 (판결확정증명원+송달증명원)
주문 형식	피신청인은 신청인에게 별지목록 기재 부동산을 인도하라	피고는 원고에게 피고가 점유하고 있는 별지목록 기재 부동산을 인도하라
소요 기간	신청 후 2~3주	인도소송 제기 후 통상 6~12개월
소요 비용	인지, 송달료, 강제집행수수료 150만 원 내외	인지대, 송달료, 소송경비 및 강제집행비 300~600만 원 내외
최선책	강제집행보다는 대화를 통한 합의 필요	

<인도명령과 인도소송의 비교>

점유이전금지 가처분

점유이전금지가처분은 가처분 당시의 점유자를 고정시키기 위한 보전절차이다. 점유이전금지 가처분 이후 다른 사람에게 점유를 이전하더라도 가처분의 효력 범위 안에 들어온 것으로 본다. 승계집행문[7]을 받아서 강제집행을 할 수 있다. 매각대금 완납증명원으로 소유자임을 확인하고 목적물 가액의 20분의 1을 담보를 제공함으로써 신청할 수 있다. 특히, 점유자가 부재중일 때 효과가 크다. 점유이전금지 가처분 시 집행관은 강제개문을 통해 부동산 내부에 경제집행을 할 것이라는 내용을 고시하므로 대항력이 없는 점유자 입장에서 큰 압박을 느낄 수 있다. 결국 인도소송은 소송 기간이 길어져서 그 사이 점유자가 변경되어 집행의 어려움을 겪을 수 있기 때문에 이를 보호하려는 보전절차에 해당한다. 번거롭고 귀찮겠지만 안정적인 명도를 위해서는 반드시 선행되어야 하는 법적조치이다.

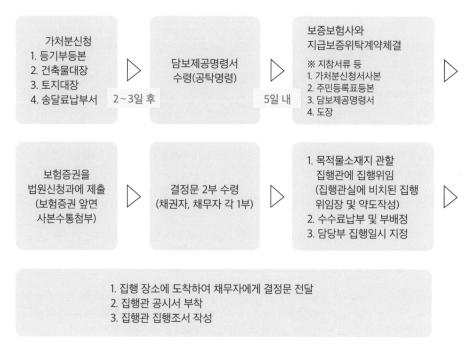

<점유이전금지 가처분의 절차>

---

7   채권자가 사망하거나 채권이 양도된 경우 채권 상속자나 채권 양수인을 위해 작성하는 경우가 있는데 이것을 '승계집행문'이라 한다.

부동산점유이전금지가처분신청

채권자 : 부동삶
채무자 : 나몰라

목적물의 표시 : 별지목록 지재와 같습니다.
목적물가액의 표시 : 금 10,000,000원
피보전권리의 요지 : 20○○. ○. ○ 소유권에 기한 건물명도청구권

신 청 취 지

1. 채무자는 별지목록 기재 부동산에 대한 점유를 풀고 채권자가 위임하는 집행관에게 인도하여야 한다.

2. 위 집행관은 현상을 변경하지 아니하는 것을 조건으로 하여 채무자에게 이를 사용하게 하여야 한다.

3. 채무자는 그 점유를 타인에게 이전하거나 또는 점유명의를 변경하여서는 아니 된다.

4. 집행관은 위 명령의 취지를 적당한 방법으로 공시하여야 한다.
   라는 재판을 구합니다.

신 청 이 유

1. 채권자는 20○○. ○. ○ 이 사건 부동산인 별지목록 기재 건물에 대하여 전 소유자인 국가로부터 적법하게 매수한 소유권자입니다.

2. 채무자는 아무런 권리나 권한 없이 위 건물의 2층 50㎡ 전부 점유하고 있습니다.

3. 채권자는 이 사건 부동산의 소유권에 기초하여 채무자에게 위 건물 점유부분의 명도청구소송을 준비하고 있으나, 만약 채무자가 그 점유를 다른 사람에게 이전해 줄 경우 위 본안판결의 집행이 불가능해질 위험이 있으므로 이 사건 신청에 이른 것입니다.

4. 한편, 이 사건 부동산점유이전금지 가처분 명령의 손해담보에 대한 담보제공은 민사집행법 제19조 제3항, 민사소송법 제122조에 의하여 보증보험주식회사와 지급보증위탁계약을 맺은 문서를 제출하는 방법으로 담보제공을 할 수 있도록 허가하여 주시기 바랍니다.

전략이 필요한 송달

송달이란 소송에 대한 문서나 등기부등본 등을 당사자나 이해관계인에게 전달하는 것이다. 명도에서 가장 문제가 되는 것이 송달이다. 법원은 인도명령이나 인도소송에 관련된 서류가 점유자에게 송달되어야 강제집행절차가 진행된다. 이 부분에서 자의나 타의에 의해 송달불능이라는 문제가 발생하는 경우가 빈번하다. 송달되지 않았다면 특별송달을 거쳐 공시송달을 진행해야 한다. 상황에 따라 수개월이 걸리게 되어 낙찰 물건을 현금화하는 데 어려움을 겪을 수 있다.

송달도 전략이 필요하다. 점유자가 낮 시간대에 부재로 인하여 송달이 되지 않는 경우에는 야간송달과 휴일송달을 활용하면 된다. 우편송달은 당사자의 소재지가 경매개시결정 당시부터 송달 불능으로 나타나 공시최고를 거쳐 사건이 진행될 때 송달시키는 것이다. 유치송달은 송달 받을 자가 일부러 송달 받기를 거부할 때 집행관을 통해서 가능하다.

송달의 종류		세부 내용
교부송달		기본적인 송달 방식, 대상자에게 직접 소송서류를 전달 (주간, 야간, 휴일송달).
교부송달 보완	조우송달	송달 받을 자의 주소지가 없을 때, 제3의 장소에서 만나서 서류를 전달(서류 수령을 거절하지 않을 때).
	보충송달	송달 받을 자의 주소지가 없을 때, 사무원, 고용주, 종업원, 동거인, 법정대리인에게 전달(서류 수령을 거절하지 않을 때).
	유치송달	송달 받을 자가 수령을 거부할 경우, 그 장소에 서류를 두고 가는 것으로 장소가 명백하며, 송달 받지 않을 정당한 사유가 없어야 함.
우편송달(발송송달)		보충, 유치송달이 어려운 경우 등기 우편으로 발송하여 효력을 발생시키는 방법으로 경매개시 결정 시에 송달 불능으로 나타나는 경우 공시최고를 통해 발신주의에 의해 효력을 발생시키는 방식.

공시송달	송달할 서류를 법원 게시판이나 신분에 2주간 공시함으로써 송달을 대신 하는 방식, 대상자의 주소, 송달할 장소, 대리인 등이 변경되어 송달의 방법을 찾을 수 없을 때 사용.

 실무에서는 폐문 부재, 수취인 불명, 이사 불명의 사유로 송달되지 않는 경우가 많다. 송달이 수월하지 않을 때에는 신속하게 공시송달을 진행하는 것이 현명하다. 송달의 지연은 명도 기간과 비용의 증가로 연결된다. 이렇게 명도에서 송달은 매우 중요한 위치를 차지하므로 상황에 맞는 송달 방법을 찾아 적절히 활용해야 한다.

강제집행의 절차

 강제집행은 집행관사무소에 신청해서 진행한다. 강제집행신청서를 접수하면 담당관이 따로 배정되어 비용의 견적과 집행일자를 정한다. 강제집행 신청 시 송달증명원과 인도명령결정문은 반드시 첨부해야 한다. 현황조사 기간 2주를 포함하여 통상 신청일로부터 4주 이내에 집행일자를 확정한다.

> 강제집행 신청 → 현황조사 실시 → 집행비용 예납 →
> 강제집행 계고 → 노무비 납부 → 강제집행 실시

 현황조사는 인도명령의 대상 점유자 확인과 비용을 산정하기 위해서 한다. 집행규모, 노무자 수, 기타 잡비를 근거로 산출된 금액은 집행비용 산출내역서에 기재된다. 집행 전 강제집행비용을 예납하라는 통보를 하는데, 비용을 납부하면 '강제집행을 하겠다.'라는 취지의 예고서를 집행관이 붙인다.

PART 5. 맘고생 없는 명도를 위한 전략

현실적으로 부동산을 인도하라는 내용의 계고를 받게 되면 강성의 점유자도 협상 테이블에 나온다. 당근만으로는 되지 않던 협의가 채찍을 통해서 해결되는 순간이 오는 것이다. 만약 집행계고를 했음에도 점유자가 부동산의 인도에 불응할 경우 강제집행을 위한 노무비를 예납해야 한다. 노무비는 보통 30평~40평 기준으로 12~14명의 노무자가 필요하다. 이것은 1층 기준이라서 층수가 올라갈수록 노무자는 증원될 수 있다. 다만 엘리베이터나 사다리차, 특수차 등을 사용해서 시행하는 경우에는 노무자의 수가 줄어들 수 있다.

기준 평수	노무자 수	자재비용(박스, 마대)
5평(16.529㎡) 미만	2~3명	5만 원
5평(16.529㎡) 이상 10평(33.058㎡) 미만	3~5명	
10평(33.058㎡) 이상 20평(66.116㎡) 미만	6~8명	7만 원
20평(66.116㎡) 이상 30평(99.174㎡) 미만	9~11명	9만 원
30평(99.174㎡) 이상 40평(132.232㎡) 미만	12~14명	10만 원
40평(132.232㎡) 이상 50평(165.29㎡) 미만	15~17명	12만 원
50평(165.29㎡) 초과	협의	매 10평당 2만 원 추가

※ 출처_ 전국 법원 집행관 연합회

<강제집행에 사용할 노무자 수 및 자재비용 기준>

강제집행을 실시할 때에는 낙찰자 외에 2명의 참관인이 있어야 한다. 집행관이 시건장치로 인해 내부로 들어갈 수 없다면 직권으로 열쇠공을 통해 강제개문을 한다. 내부에 있는 유체동산을 외부로 빼놓고 유체동산 목록을 작성함으로써 집행이 종료된다. 이후 노무자를 통해 옮긴 짐을 운반하여 보관업체에 옮기는데 5톤을 기준으로 운반비 50만 원과 컨테이너 1대 보관비가 약 20만 원가량 추가로 발생한다. 특히 보관비는 매월 발생하는 부분이다. 30평 기준으로 강제집행을 진행하면 사다리차 등의 기타 비용을 포함해서

한 권으로 끝내는 실전 경매

약 350만 원 내외의 비용이 발생한다(법원마다 비용이 상이함).

　강제집행 후 보관창고로 옮겨진 짐을 점유자가 찾아가지 않는 경우 낙찰자는 계속해서 보관창고 비용을 부담해야 한다. 이때 점유자를 상대로 해당 짐을 찾아가라는 최고서를 발송한다. 사실 이 단계까지 진행된다는 것은 점유자는 연락이 되지 않을 뿐만 아니라 보관한 짐도 물건으로써 가치가 거의 없는 뜻이다. 그래서 최고서 발송을 신속히 하고 유체동산 매각신청을 진행하는 것이 바람직하다. 이후 유체동산 경매를 실시하기 위한 집행비용 예납과 공탁을 한다. 유체동산 경매는 부동산 경매와 비슷하다. 유체동산 감정을 하고 낙찰자가 점유자를 상대로 부동산인도집행에 소요된 제반비용을 청구하는 집행비용확정결정신청을 한 후 유체동산 경매를 실시한다. 감정된 유체동산을 호가경매하여 낙찰받은 후 처분함으로써 강제집행을 마무리한다.

유체동산강제경매 최고서 발송 → 유체동산 매각신청 → 집행비용 예납 및 공탁
→ 유체동산 감정 → 집행비용 확정결정 신청 → 유체동산 경매 실시 → 저가낙찰 후 처분

　특히, 강제집행비용은 확정된 비용이 아니므로 예상치 못한 큰 금액이 발생할 수 있다. 또한 강제집행에서 발생한 비용은 인도명령 대상자에게 청구할 수는 있지만, 회수하기 어렵다. 실제 진행 시 자신에게 무엇인지 이득인지 따져서 결정해야 한다.

강제집행신청서

OO지방법원 집행관사무소 집행관 귀하

채권자 성명 주소	부동삶 서울 XX구 YY동 ZZZZ	전화번호: 휴대폰: 우편번호:
채무자 성명 주소 대 리 인	나채무 서울 AA구 BB동 CCC	
집행목적물소재지	위 채무자의 주소와 같음.	
채무명의	2019 타인 1234 부동산 인도명령 결정정본	
집행의 목적물 및 집행방법	부동산 인도	
청구금액	금 일천만원 (₩10,000,000)	

위 채무명의에 기한 집행을 하여 주시기 바랍니다.

20 . . .

채권자(대리인)　　　　인

(주민등록번호: 000000 - 0000000)

첨부서류

1. 집행력있는채무명의정본 1통
2. 송달증명서 1통
3. 위임장 1통
4. 목적물소재지 약도 1통

예납금 잔액환급 계좌입금신청서	
개설은행	XX 은행　　XX 지점 (우체국)
예금주	부동삶
계좌번호	XXX - XXX - XXX

특약사항

본건위임은 집행관이 계산한 수수료 기타비용의 예납통지 또는 강제집행속행 의사유무 확인 촉구를 2회 이상 받고도 채권자가 상당한 기간 내에 그 예납 또는 속행의 의사표시를 하지 아니한 때에는 강제집행 신청을 취한한 것으로 보고 완결 처분해도 이의 없음.

채권자(대리인)　　　부동삶　인

명도 비용을 절감할 수 있는 노하우

명도에서 지출되는 이사 비용은 어떻게 계산하여 지급하는 것이 좋을까? 예를 들어 A는 시계를 사야 하는 상황이다. 똑같은 제품이 국내에서는 100만 원이지만, 해외에서는 60만 원에 판매하고 있다. 저렴하게 구매하기 위해 해외에 가려고 보니 비용으로 60만 원 정도 쓸 것 같다. 시간적 부담도 큰 상황이다. 어떻게 시계를 구매할 지 생각해 보면 100만 원(국내 구입)과 120만 원(면세점+여행 예산)의 두 가지 가격 중에 선택할 수 있다. 만약 합리적인 사람이라면 어떤 선택을 할까? 바로 국내에서 시계를 구매할 것이다. 시간과 비용을 아낄 수 있기 때문이다. 이사 비용의 지급도 비슷한 논리로 생각하면 된다.

다음의 예시를 보자. 이사 비용을 지급하지 않고 법적 절차를 밟았을 때 발생하는 비용은 강제집행 비용과 취득 시 받은 대출이자 비용이다. 6개월의 명도 기간을 고려해서 이자비용이 360만 원이라고 가정하자. 이 상황에서 이사 비용으로 최대 지급할 수 있는 금액은 얼마일까? 바로 360만 원이 되는 것이다.

예시 4억 원에 집 낙찰 / 2억 4,000만 원 대출(3.00%)
⇨ 월 60만 원 / 6개월 360만 원 / 1년 720만 원 이자 발생
시간 + 금전 손해가 크다!

★ 경매의 목적은 결국 돈! ⇨ 빨리 내보내고 전·월세 들이는 게 목적!
★ 명도를 법대로 진행할 경우의 가장 큰 문제점은
"돈을 벌기 위한 경매 본래의 목적이 훼손되는 것!"

<명도 비용 절감의 마인드>

만약 점유자와 협의하여 150만 원을 지급하고 퇴거시킨다면 어떨까? 아주 바람직하고 현명한 선택이 아닐까? 바로 이것이 돈을 버는 사람들의 사고방식이다.

명도비용의 분기점 = MAX(예상 대출이자, 강제집행 비용, 적정 이사 비용) - 원상회복 비용

현장에서 지급하는 이사 비용은 대항력 여부에 관계없이 낙찰받은 매물의 점유를 최대한 빨리 회복하기 위해 협상 카드로 사용한다. 이사 비용에도 기준점이 필요하다. 강제집행 비용, 밀린 관리비, 이자비용을 고려하되 점유를 회복한 뒤 추가적으로 발생하는 원상회복 비용은 제외하고 지급해야 한다. 이 부분은 점유자의 약점이므로 협상 시 공략 포인트로 가져가면 좋다. 일부 비용이 발생하더라도 그 지불이 오히려 수익을 가져다주는 경우가 있다. 수익을 남기는 원칙은 물건을 저렴하게 사서 비싸게 파는 것이지만, 적당한 가격에 구입해서 비용을 줄여서 파는 것도 이윤을 남기는 기술 중 하나임을 명심해야 한다.

성공적인 명도를 위한 10가지 원칙!

우리 인생은 수많은 선택과 의사 결정의 갈림길에 놓여 있다. 업무나 투자에서도 마찬가지다. 단순한 일부터 복잡하고 어려운 일까지 해결해야만 하는 경우가 많다. 이럴 때 원칙이나 방향성을 가지고 있다면 남들보다 수월하게 목표를 달성해 낼 수 있다. 부동산 명도에서도 마찬가지다. 전체를 인지한 상태에서 현재 상황을 관리할 수 있는 원칙을 가져야 한다. 이러한 방향성을 갖는다면 작게는 부동산 명도, 크게는 인생에서도 합목적적인 삶을 살 수 있다. 성공적인 명도를 위해서 우리가 가져야 할 원칙에는 어떤 것이 있을까?

원칙 1! 말 한마디에 천 냥 빚을 갚는다

대다수의 분쟁은 잘못된 대화가 원인이 되어 발생한다. 명도의 경우도 마찬가지다. 최대한 감정을 절제하되 서로에게 이익이 되는 방향을 추구하는 쪽으로 대화를 이끌어 나가야 한다. 감정을 드러내는 순간 명도의 게임에서 패배하는 것이다.

원칙 2! 최고의 이익은 최소의 비용에서 비롯된다

명도를 진행하다 보면 이사 비용이나 인도비용을 요구하는 경우가 많다. 원칙만 보면 이사 비용을 지급하지 않는 것이 이득처럼 보인다. 하지만 경매 투자라는 근본적 속성을 생각하면 이사 비용에 대해 다른 관점을 가질 수 있다. 부동산의 생애주기는 취득, 보유, 처분으로 이루어져 있다. 성공적인 투자를 하기 위해서는 취득가뿐만 아니라 보유와 처분 시기를 적절하게 관리하는 것도 중요하다. 강제집행을 통해 불필요한 시간을 낭비하는 것보다 적당한 수준의 이사 비용을 지급함으로써 보유수익과 처분수익을 높일 수 있다면 최고의 이익을 실현하는 것이다.

원칙 3! 강제집행의 시나리오를 주지시켜라

명도 과정에서 희로애락을 느낄 수 있지만 일희일비하게 되면 감정적으로 부딪칠 수밖에 없다. 낙찰자 본인뿐만 아니라 점유자를 상대로 강제집행의 시나리오를 생각해 보자. 결론이 정해진 영화에서 어떤 감정과 반응을 보여야 하는지 스스로 정답을 내릴 수 있게 될 것이다.

원칙 4! 필살기는 아껴두고 밀당하자

사람들이 즐겨하는 게임을 보면 각 등장인물마다 필살기라는 것이 있다. 위기에 빠졌을 때 모든 체력을 끌어모아 상대의 급소를 공략하여 승부를 뒤집는 것을 말한다. 명도를 진행할 때 최후의 통첩, 필살기는 바로 강제집행이다. 이런 강제집행을 처음부터 사용하는 것은 점유자에게 부작용을 불러일으킬 수 있다. 부드러운 협의와 함께 결정적인 순간에 필살기인 강제집행을 사용해야 한다.

원칙 5! 매와 점유자는 빨리 맞고 빨리 만나는 게 좋다

일반 매매는 공인중개사를 통해서 거래가 이루어지기 때문에 매수 대상 부동산의 상태를 쉽게 관찰할 수 있다. 또한 중개사를 통해 협의를 수월하게 이끌어 낼 수 있다. 하지만 경매는 매매와 다르게 직접 해결해야 하는 어려움이 있다. 그렇기에 최대한 빨리 만나서 구체적인 상황을 파악하고 전략을 세우는 게 좋다. 내가 고민하고 주저한다고 점유자의 성향과 방향이 달라지는 것이 아니다. 빨리 해결책을 찾아 시간을 단축하는 것이 좋다.

원칙 6! 대금납부, 인도명령신청, 점유이전금지 가처분은 껌딱지다

인도명령신청은 대금납부 6개월 이내에 신청해야 한다. 특히, 요즘은 명도는 송달이 가장 큰 이슈로 떠오르고 있다. 한 박자 느린 인도명령신청은 송달불능이 되어 두고두고 후회하는 경우가 많다. 원활한 협상을 원한다면 대금납부, 인도명령신청, 점유이전금지 가처분을 함께해야 한다. 껌딱지 법칙을 잊어서는 안 된다.

원칙 7! 점유자 모임이 있다면 이중 첩자를 키워라

다가구 주택과 같이 임차인이 다수일 때 해당하는 원칙이다. 점유자가 여러 명인 경우 낙찰자는 알 수 없는 이유로 죄인이 되는 경우가 많다. 점유자끼리 긴밀한 관계를 형성하기 때문이다. 이때 충분한 보상을 통해 점유자들 중 한 명을 반드시 내 편으로 만들어야 한다. 그 모임에서 발생하는 모든 일을 실시간으로 알 수 있다면 명도의 절반은 해결된 것이다.

원칙 8! 점유자 미상은 경계 1호

경매사건 중 가장 애매모호한 상황이 주민등록된 점유자의 보증금과 점유 여부 미상인 경우이다. 실무적으로 주민등록이 되어 있다면 대항력이 있는 것으로 추정한다. 점유자의 보증금과 점유가 미상인 경우 명도를 완료하는데 꽤 오랜 시간이 소요될 수도 있다. 즉 과도한 비용이 발생하여 경매의 목적인 수익 창출을 하기 어려울 수 있다. 단순히 입찰가가 낮다고 투자에 임하는 것을 경계해야 한다.

원칙 9! 선 점유 이전, 후 명도확인서 및 이사 비용 지급

낙찰자들이 실수하는 부분이 상대방의 말만 듣고 행동을 취하는 것이다. 말은 행동보다 못하고 행동은 문서보다 못하다는 것이 경매 현장에서 통용되는 보편적 논리이다. 가장 안타까운 상황이 명도확인서 및 이사 비용을 먼저 지급한 뒤 나가지 않는 점유자 때문에 힘든 상황에 놓이는 것이다. 금전과 감정, 시간까지 낭비되는 고통을 겪게 된다. 이런 고난을 피하기 위해서는 위의 원칙을 잊지 말아야 한다.

원칙 10! 부동산을 법원에서 적법하게 매입해서 채권자의 고통을 헤아린 것

간혹 명도를 진행하는 것에 대해 비판이나 지탄을 하는 이가 있다. 채권자는 금전 대여 후 채권을 충족하지 못해 말 못 할 고통을 겪었고 그것을 낙찰자의 매각대금을 통해서 해결했다. 낙찰자는 정당한 금액을 주고 법원에서 부동산을 매입한 것이다. 이런 낙찰자가 자신의 권리를 회복하기 위해 행하는 명도는 사회적으로 비판 받을 일이 전혀 아니다. 본인 스스로도 당당해야 한다. 소유권이란 사용·수익·처분할 수 있는 세 가지의 권능으로 이루어져 있다. 사용·수익의 침해를 받는 낙찰자는 명도를 통해 권리를 제자리로 돌려놓는 정당한 일을 하고 있는 것이다.

PART 6

철저한 전략에 따른 수익 분석 기준 마련하기

경매는 일반매매와 다르게 취득 후 수익을 보기까지 시간이 걸린다. 부동산 가격에 영향을 미치는 요소를 더욱 세심하게 고려해야 한다. 정책 분석, 입찰지 선정, 금융계획, 공인중개사 협업, 배당표 작성 등 다양한 수익 분석 방식을 적용할 줄 알아야 한다. 경매에서 수익을 보는 것은 운이 아니다. 철저한 준비에서 비롯된 결과물이다. 이번 장을 통해서 자신만의 수익 분석 기준을 만들어 보자.

꼭 이해해야만 하는 부동산 정책

    부동산 투자를 할 때 가장 중요한 요소는 무엇일까? 대부분의 사람은 수요, 공급, 금리, 통화량, 개발 계획과 같은 것을 중요 사항으로 손꼽는다. 물론 이러한 사항들은 부동산의 가격을 움직이고 거시적인 판단을 하는 데 도움이 되는 것은 사실이다. 하지만 그중에서도 부동산 정책이 가장 중요하다. 대한민국은 자유경쟁을 기반으로 한 시장을 가졌지만, 정부의 개입이 가능하기 때문이다. 최근 4년간 부동산 정책의 변동성이 가장 심한 편에 속하는 시기였다. 정책적으로 굵직한 이슈가 많았고, 피부로 느껴지는 다양한 변화가 많았다. 그 중심에는 무엇이 있었을까? 다른 요소들이 비슷한 상황에서 2017년에 시행된 6.19 부동산 대책, 8.2 부동산 대책, 9.5 부동산 대책, 10.24 부동산 대책, 11.27 부동산 대책, 12월 부동산 대책, 2018년에는 9.13 부동산 대책, 2019~2020년에는 분양가 상한제와 초고가 주택 대출 규제 등 부동산과 관련하여 수많은 정책이 쏟아졌다. 이로 인해 시장은 정책이 원하는 방향이든, 원하지 않는 방향이든 영향을 받아 움직였다. 이것은 '부동산을 움직이는 가장 강력한 요소가 무엇인가?'라는 물음에 대한 답이다.

<부동산 정책의 영향>

시장경기에는 주기가 있듯 부동산 정책에는 패턴이라는 것이 존재한다. 침체기에는 규제완화와 부양책을 통해 부동산 경기의 회복과 상승을 유도하지만, 과열의 국면에 진입하면 규제책을 이용하여 부동산 시장을 안정화시킨다. 만약 시간이 흘러 부동산 시장이 침체되면 부양 정책을 다시금 펼칠 것이다. 이러한 정책의 흐름은 역사적으로 반복되었고, 이미 경험을 통해 검증되었다. 큰 틀에서 보면 부동산 정책은 매뉴얼화되어 있다. 시행되는 정책을 통해 부동산의 상승과 하락 주기를 판단할 수 있다. 또한 투자의 시기도 가늠해 볼 수 있다. 이것이 바로 부동산 정책을 공부해야 하는 이유다.

1988년 8월 10일은 '88 서울 올림픽'이라는 국제적 행사와 더불어 부동산 투기 광풍이 나타났고, 부동산 투기 억제 정책이 시행되었다. 1990년 1월 1일에는 토지 공개념 도입과 1993년 금융실명제가 실시되는 등 정책의 다변화가 일어났다. 특히 1997년 'IMF' 구제금융 요청이라는 국가적 위기를 거치면서 부동산 가격의 하락을 경험했다. 1999년 주택건설촉진책 발표를 통해 부동산 경기를 상승시켰고, 이후 경기 과열 국면에 들어서자 2003년에는 주택가격 및 재건축시장 안정대책을 발표, 2008년 리먼브라더스 파산과 2012년 유럽 재정위기 이후 각종 부동산 규제 완화 정책을 거쳐 2013년부터 수도권을 중심으로 다시 부동산 가격이 상승하기 시작했다. 2017년부터 2020년까지는 부동산 시장의 과열을 진정시키기 위한 정책들이 나왔다. 이미 유명한 8.2 부동산 대책과 9.13 부동산 대책이다. 세계 대국들의 무역마찰에도 불구하고 저금리에 따른 유동성과 인플레이션이 맞물리면서 부동산 시장은 여전히 달아오르고 있다.

부동산 정책은 일정한 패턴이 존재하고 있고, 그 패턴을 이해한다는 것은 정책을 해석하여 현재의 시장 상태와 방향성을 객관적으로 판단하는 기술을 습득하는 것이다. 아래의 표를 보자. 정책의 방향성을 읽기 힘든 독자에게 도움이 될 것이다.

정책의 패턴			정책의 방법	점수
규제 정책	수요 정책	거래규제	투기과열 및 투기지역, 분양권 전매	-1
		수요조절	중도금 대출 강화, 다주택자 규제, 자금출처 신고	-1
		조세강화	취, 등록세 강화, 양도세, 재산세, 종합부동산세 강화	-1
		금융규제	LTV, DTI, DSR도입. 대출심사요건 강화, 금리인상	-2
	공급 정책	공급조절	공공임대 공급 확대	-1
		공급규제	분양가 상한제, 재건축, 재개발 규제 강화, 후분양제도	-2
		개발규제	재건축 초과이익 환수제 실시	-1
	기타		전, 월세 상한제, 전월세 의무기간 연장, 연체자 금융구제	-1
점수 합계				-10

		거래완화	청약자격 완화(1순위), 분양권 전매제한 완화	1
규제 완화 정책	수요 증대	금융지원	LTV, DTI 완화	2
		조세감면	취, 등록세 인하, 양도세 감면(미분양), 종합부동산세 폐지	2
		금융지원	전세자금 지원 및 금리 인하	1
	공급 증대	공급조절	리모델링 수직증축 허용, 임대주택 의무 공급비율 인하	1
		공급확대	공공 토지 민간 공급 확대, 재건축 규제 완화	1
		개발계획	신도시, 혁신도시 개발, 도심재생사업, 국가 주도 개발사업	1
	기타		민간 임대 사업 활성화(뉴스테이), 미분양 아파트 지원	1
점수 합계				10

※ 규제 정책(-1 ~ -10점)은 점수화 단위가 음수이며, 완화 정책(1 ~ 10점)은 양수 단위에서 결정됨.

<부동산정책 분석 기준표>

　　정책결정자가 다주택자 양도세 중과, 분양권 전매 제한, 투기과열지구나 투기지역을 지정하여 거래를 규제하는 것은 부동산 시장에 투기적 수요가 많다고 판단한 것이다. 즉 시장을 안정화시키기 위해 심리까지 냉각시키는 정책이다. 특히, 신규청약과 관련된 규제책은 단골 메뉴로 자주 등장한다.

　　청약 과열은 비슷한 입지, 비슷한 학군, 비슷한 생활 기반을 가진 지역에서 신규 분양 주택과 기존 주택의 가격 차이를 심화시키며, 주변 아파트나 주택 단지로 과열을 확산시키기 때문이다. 경매로 투자할 때 신축 인근의 구축 아파트의 낙찰가가 높은 것도 바로 이런 이유 때문이다. 청약 규제를 시작으로 각각의 규제 정책이 순차적 또는 병렬적으로 시행되며 시장에 영향을 끼친다.

　　반대로 완화정책은 청약자격 및 LTV, DTI 등을 완화함으로써 거래를 활성화시키는 것이다. 자금줄을 풀어서 부동산 취득이 용이하게 만들고 침체된 부동산 경기를 살아나게 한다. 대규모 택지 및 주거 공간 공급을 통해 부동산의 취득 기회를 늘려주고, 세금 감면 등의 정책을 통해 매수 심리를 살

한 권으로 끝내는 실전 경매

아나게 만드는 것이다. 상승, 과열, 하락, 침체라는 국면에서 국민의 삶을 안정화시키고, 지원하기 위해서는 인위적인 정책을 펼쳐야 한다.

다음의 표 〈부동산 정책 분석 연습〉은 과거에 발표되었던 주요 정책 중 각 시기마다 담고 있었던 내용을 간단히 정리한 것이다. 처음 경매를 공부한다면 뉴스나 보도자료, 정책 자료에서 발표되는 내용을 기준표에 대입하길 추천한다. 각 점수의 비중은 동일하게 1점이나 −1점을 부여하였으나, 금융과 조세 부분은 가중치를 2배로 주었다. 이유는 부동산은 고가 자산이므로 대출(레버리지)이 필수적이기 때문이다. 또한 자산의 특성상 취득이나 처분 시 세금에 대한 부담이 크다.

즉, 수요와 공급의 의사 결정을 할 때 가장 크게 영향을 미치는 부분이 대출과 세금이기 때문에 점수화 단계에서 추가 점수를 부여했다. 이런 표를 숙지하고 시장의 현황에 적용해 본다면, 시장을 읽는 전략을 습득하는 것과 같다.

실질적인 활용을 위해 간단한 사례를 살펴보자. 실제 발표되었던 정책을 정리한 표이다. 다음의 정책을 보고 그 당시의 시장을 판단하는 연습을 해보자.

구분	내용	점수
주거 부분	주택구입자금 지원 5,000억 원 증액(1조 5,000억 원 → 2조 원)	+1
	생애최초주택구입자금 지원 재개	+1
	저소득층 전세자금 대출금리 인하(영세민 2%, 근로자 4.5%)	+1
	개발제한구역 해제 예정지 국민임대주택 단지 추가 확대	+1
	10년 장기 민간 건설 임대주택 활성화	+1
주택 거래 부분	실거래 가격 신고 의무화 및 등기부 기재	-1
주택 시장 부분	종합부동산세 세대별 합산, 기준금액 6억 원 초과로 조정	-1
	주택분 재산세 과표 적용률 2006년부터 5%씩 상향 조정	-1
	양도소득세 실거래가 과세 및 1가구 2주택 중과(50%)	-2
	개인 간 주택 거래 시 취득세, 등록세 1% 인하	-2
주택 공급 부분	송파 거여지구 국, 공유지 200만 평 개발	+1
	김포 신도시 양주 옥정지구등 추가 개발	+1
	공공택지 주택공영개발 확대	+1
	원가연동제 및 주택채권 입찰제도 도입(공공택지)	+1
토지 시장 부분	토지거래 허가 신청 시 자금조달 내역 제출 의무화	-1
	개발부담금 재부과 및 기반시설부담금제 도입	-1
	비사업용 토지 종합부동산세 부과(공시지가 6억 원 → 3억 원)	-1
	양도세 실거래가 과세로 전환	-2
합계 점수		-3

<부동산 정책 분석 연습>

해당 정책의 누계점수는 -3점으로 규제책이 시행된 것임을 판단할 수 있다. 또한, 대출 및 세금의 규제가 있는 것으로 보아 이 시기에 규제 정책이 발

한 권으로 끝내는 실전 경매

표된 것이다. 정부입장에서는 부동산이 과열된 것으로 보고, 시장을 안정화
하고자 한 것임을 알 수 있다.

  그렇다면 과연, 이 정책이 시행된 시기는 언제일까? 바로 2005년 8월 31일
발표된 부동산 대책이다. 이때는 노무현 전 대통령이 집권하던 시기로 집값
안정화를 이유로 부동산을 규제하던 시절이다. 해당 표를 활용한다면 어느
시기에 발표된 정책인지 알 수는 없더라도 그 흐름이 규제인지, 완화인지 판
단할 수 있다. 또한, 해당 정책만으로 흐름이 보이지 않는다면, 과거의 부동
산 정책을 국토교통부의 보도자료를 통해 찾아보자.

<국토교통부 보도자료 확인 화면>

아래의 사이트를 방문하여 발표된 보도자료 및 보고서, 동향 및 전망을 다운받아 키워드 중심으로 분석해 보자. 대략적인 경기 흐름과 전망을 보고서나 보도자료에 의존하지 않고 스스로 예측할 수 있게 될 것이다.

	KDI 한국개발연구원	www.kdi.re.kr
	대외경제정책연구원	www.kiep.go.kr
	KIF 한국금융연구원	www.kif.re.kr
향후 경제 전망 및 동향	산업연구원	www.kiet.re.kr
	LG경제 연구원	www.lgeri.co.kr
	현대경제연구원	www.hri.co.kr
	하나금융경영연구소	www.hanaif.re.kr

<경제 전망 확인 사이트>

한 권으로 끝내는 실전 경매

과거 부동산 정책의 추이는 어땠을까? 그 시기마다 부동산 정책과 관련된 이슈가 있었고, 이를 토대로 정책이 결정되고 시행되었다. "미래는 과거와 현재의 발자취이다."라는 말이 있다. 역사의 이해와 학습을 통해 현재와 미래를 대비하는 것은 부동산 정책에서도 동일하게 적용된다. 시행된 부동산 정책의 분석을 통해 추이를 분석해 보면, 아래와 같은 결과를 얻을 수 있다.

구분	박정희	전두환	노태우	김영삼	김대중	노무현	이명박	박근혜	현재
재임 기간	62~79	80~86	87~92	93~97	98~02	03~07	08~12	13~16	17~
정책 방향	수요 규제	수요 완화	수요 규제	수요 완화	수요 완화	수요 규제	수요 완화	수요 완화	수요 규제

<정권별 부동산 정책의 방향>

과거 정권의 부동산 정책 형태는 규제와 완화가 반복되었고, 일정한 규칙을 가지고 있음을 발견할 수 있다. 규제인지 아니면 완화인지 답은 둘 중 하나다. 과거 정책을 분석하지 않았다면 예상하기 어려웠겠지만, 이렇게 분석할 줄 안다면 규제정책이 시행될 것이라는 것을 어느 정도 예상할 수 있다. 경매 투자는 일반매매와 비교하여 현금화하는데 긴 호흡이 필요하다. 입찰 시점과 수익화 시점의 상황이 다를 수밖에 없는 구조이다. 그래서 부동산 정책에 대한 분석을 반드시 해야 한다. 스스로 정책을 분석할 줄 안다면 더욱 신중하게 성공적인 투자를 할 수 있다. 정책 분석 기준표를 스스로 작성할 줄 안다면 당신은 경매 투자에서 이기는 게임을 준비하고 있는 것이다.

이기는 경매를 위한
입찰지 선정 방법

　도시는 부동산, 인프라, 자연환경, 사람으로 구성된 생명체이다. 사람이 생로병사를 경험하듯 도시도 흥망성쇠를 겪는다. 그렇다면 도시의 생명을 결정짓는 핵심 요소는 무엇일까? 정답은 사람이다. 혈액이 장기에 영양소를 제공하듯, 사람은 도시의 생존을 담보하는 존재이다.

　도시의 변화를 예측하기 위해서는 사람이 머무르는 공간을 분석하면 된다. 바로 대표적인 공간이 아파트이다. 이런 분석을 통해 우리가 입찰할 경매 물건을 찾을 수 있다. 방법은 간단하다. 대장 아파트를 찾고, 그 인근에 있는 주거, 상업용 부동산 및 토지를 입찰지로 선정하는 것이다. 다음은 경매 입찰지 선정의 절차를 순서대로 요약한 내용이다. 해당 사례를 통해 투자의 방향성을 찾길 바란다.

STEP1. 자신이 잘 아는 지역을 중심으로 분석하고 싶은 도시, 구, 동을 선정한다.
STEP2. 해당 동네를 대표하는 대장 아파트를 3~5개씩 선정한다(현 평단가 기준 내림차순).
STEP3. 가장 평단가가 높은 아파트부터 가격 추이를 비교한다.
STEP4. 가장 평단가가 높은 아파트의 교통, 교육, 일자리, 인프라, 자연환경을 분석한다
　　　　(5개 항목).
STEP5. 해당 동네의 아파트를 전부 조사해서 각각의 시세 차이를 비교한다.
STEP6. 해당 동네의 아파트가 STEP4에서 5개 항목 중 1~2개 항목이 보완 및 악화되는지
　　　　보며 미래를 예측한다.
STEP7. 최종 후보지에 오른 단지를 중심으로 인근에 있는 토지, 상가, 단독주택, 집합건물
　　　　등을 찾아 입찰을 준비한다.

STEP1. **자신이 잘 아는 지역을 중심으로 분석하고 싶은 도시, 구, 동을 선정한다.** 모든 투자를 시작하기 전 가장 먼저 해야 할 일은 투자 대상 지역을 선정하는 것이다. 지방은 수도권에 비해 도시별, 구별 인구수가 적기 때문에 분석 범위를 넓혀서 파악해도 되지만, 수도권은 구별, 동별 인구 밀도가 높기 때문에 지역적 범위를 축소해서 분석하는 것이 중요하다. 비슷한 위치여도 구별, 학군별, 인프라별 차이에 따라 아파트 가격이 큰 차이를 보일 수 있다. 만약 처음이어서 어렵게 느껴진다면 자신이 거주하는 동네를 중심으로 분석하길 추천한다. 아무리 전문가라고 해도 실제 거주민보다 디테일하게 지역을 알 수는 없기 때문이다.

STEP2. **해당 동네를 대표하는 대장 아파트를 3~5개씩 선정한다**(현 평단가 기준 내림차순). 선정된 지역의 대장 아파트를 뽑아내는 것이다. 마포구에서 대흥동과 창천동을 비교해 보자. 먼저 대흥동에서 아파트를 산출한다. 마포자이2차, 대흥태영, 대흥세양, 동양엔파크 등이 있음을 확인할 수 있다. 평단가를 보면 마포자이 〉 태영 〉 세양 〉 동양 순(19년 상반기 기준)이다. 현재 가장 높은 평단가를 형성하는 것이 마포자이2차이므로 이 아파트를 동네 대장 아파

트라 칭하면 된다.

처음 시작할 때는 매매가격, 전세가격, 세대수, 난방방식, 주차대수, 연식, 평성구성, 용적률, 건폐율 등 다양한 요소를 하나씩 비교해 보는 것이 도움된다. 개인적으로는 이 모든 비교 요소가 가격에 반영되었다고 생각하기 때문에 주로 가격을 비교하는 편이다. 결과보다도 과정이 중요한 만큼 위의 항목을 꼼꼼히 비교해 보길 추천한다.

아파트명	아파트 전경	세대수	평단가 (19년 6월 기준)
마포자이 2차		558	3,643
태영		1,992	2,962
대흥세양		126	2,390
동양엔파트		165	2,234

<분석대상 아파트의 평단가>

한 권으로 끝내는 실전 경매

대흥동의 시세 추이를 보면 서울의 다른 아파트와 비슷하게 9.13 부동산 대책 이전까지 상승하다가 조금 하락을 보인 뒤 다시 상승하는 모습을 발견할 수 있다.

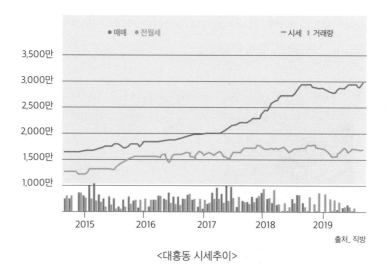

<대흥동 시세추이>

하지만, 여기서 중요한 사실을 하나 빠트렸다. 바로 신축아파트다. 위의 4개 아파트는 현재 입주가 완료된 아파트지만, 현재 잠재력을 가진 단지가 있다면 그 아파트를 포함시켜야 한다. 바로 신촌그랑자이(20년 입주/1,248세대)이다. 보통 매물의 가격 수준은 2019년 6월 기준 33평이 13억 원 수준(평단가 3,852만 원)이다. 신촌그랑자이 아파트 건축을 완료하면 대장 아파트가 바뀔 수 있다는 것을 고려해야 한다.

STEP3. 가장 평단가가 높은 아파트부터 가격 추이를 비교한다. 시간의 흐름에 따른 시세를 분석하는 것이다. 기본적인 재개발과 재건축의 절차는 다음의 그림과 같이 진행된다. 이런 주거환경 정비에 따라 과거 도시와 행정동이 어떻게 형성되었는지, 해당 동의 지리적 구조와 경계 등을 인지하면서 시

PART 6. 철저한 전략에 따른 수익 분석 기분 마련하기

세를 보는 것이다. 신촌 그랑자이의 경우 재개발로 다음의 과정을 거쳐 아파트가 건축되고 있다. 관리처분인가 이후부터 평단가가 급등하는 모습을 보였다.

<재개발, 재건축의 절차>

평단가를 비교하면, 그랑자이 〉마포자이 〉태영 〉세양 〉동양이 된다. 이 단계에서 가격을 기준으로 자신이 매입하고 싶은 아파트를 고르는 것이다. 이때 고려해야 할 사항은 전세가, 담보대출 한도, 신용대출 한도, 마이너스통장, 보유자산 등이다. 잔금을 치룰 수 있는 아파트를 선택하여 분석해야 된다. 과거에는 경락대출이 80~90%까지 나왔지만, 현재는 지역별 규제로[1] 일반매매와 동일한 수준의 한도가 산출된다. 경매 투자에서 낙찰가의 상한은 시장에서 거래되는 급매가격이다. 이 모든 것을 종합할 때 아파트의 선택과 분석은 경매 투자 물건의 방향성을 잡고 왜곡된 의사 결정을 하지 않도록 해준다.

STEP4. 가장 평단가가 높은 아파트의 교통, 교육, 일자리, 인프라, 자연환경을 분석한다(5개 항목). 선택한 아파트의 입지를 분석하는 것이다. 실제로 내가 해당 아파트에 거주하면서 삶을 영위한다는 생각으로 해야 한다. 그래야 분석이 끝났을 때, 마치 그 동네에 거주한 사람처럼 시간이 지나도 빠르고 정

---

1   수도권 등 핵심지 투기, 투기 과열, 조정 대상 지역으로 지정되어 대출한도가 0%~50%로 저감됨.

확하게 분석할 수 있다. 즉, 이미지 연상을 하는 것이다. 예를 들어 신촌그랑 자이와 마포자이를 선택했다고 하자. 교통을 비교하면 다음과 같다. 서울의 대표적인 일자리 공간은 크게 GBD, CBD, YBD[2]로 나뉜다. 각각의 업무지 구는 우수한 일자리와 인재, 훌륭한 오피스가 있는 곳이다. 즉, 돈이 만들어 지고 사람이 도는 곳이다. 다른 지역을 분석할 때도 이런 중심업무지구를 중 심으로 접근성을 분석하면 실패할 확률이 낮다. 3개의 포인트 지역을 중심 으로 접근성을 고려했을 때, 대흥동은 강남보다는 CBD와 YBD에 가까운 곳 이다. 신촌그랑자이는 18분, 25분대인 반면 마포자이는 26분, 23분이다.

업무지구	신촌그랑자이		마포자이	
	소요시간	거리	소요시간	거리
강남역	46분	13.2km	51분	24.5km
광화문역	18분	3.9km	25분	3.7km
여의도역	25분	5.5km	31분	7.5km

<아파트별 접근성 분석>

　지하철을 기준으로 비교하면 2분 정도 차이난다. 하지만 그랑자이는 2호 선으로 1회에 접근이 가능한 반면 마포자이는 강남까지 2회 환승을 해야 하 는 상대적 불편함이 있다. 또한 지하철 노선을 비교할 경우 강남과 서울의 주요지역을 관통하는 2호선이 강북 지역만을 관통하는 6호선보다 비교우위 에 있음은 누구나 알고 있을 것이다.

　학군의 경우에는 중학교와 고등학교가 동일하게 유지되기 때문에 큰 차이 가 없다. 반면 초등학교 학군에서 다소 차이가 있다. 창천초등학교(415m)와

2　강남, 을지로, 여의도 중심업무지구를 일컫는다. BD는 Business District의 약어이다.

용강초등학교(244㎜) 중에 용강초등학교는 도로를 건너야 한다. 그러나 시세에 큰 영향을 줄 만한 변수는 아니다. 참고로 학군에는 학원도 포함되므로 함께 보아야 한다. 대치동, 목동, 중계동, 분당, 대흥동의 학군도 바로 학원에 기반을 두고 있다는 사실을 기억하길 바란다.

중학교	특목고 진학	고등학교	서울대 진학
숭문중학교 (사립/남자)	73명	충암고등학교 (사립/남자)	5명
동도중학교 (사립/공학)	42명	예일여자고등학교 (사립/여자)	5명
서울여자중학교 (공립/여자)	36명	한성고등학교 (사립/남자)	4명
아현중학교 (공립/공학)	32명	숭실고등학교 (사립/남자)	4명
신수중학교 (공립/공학)	31명	선정고등학교 (사립/공학)	4명
광성중학교 (사립/남자)	29명	명지고등학교 (사립/공학)	3명
창천중학교 (공립/공학)	13명	광성고등학교 (사립/남자)	2명

<학군분석>

이런 방식으로 교통, 교육, 일자리, 인프라, 자연환경 등을 비교하는 연습을 하면 된다. 인프라의 경우에는 아파트 자체의 커뮤니티와 동네를 편한 옷차림으로 돌아다닌다고 생각할 때, 어떤 편의 시설을 이용할 수 있는지에 대해 생각해 보자. 또한 자연환경은 하천, 강, 공원, 산 등의 프리미엄도 있겠지만 경사도, 악취, 소음과 같은 디스카운트 요소까지 함께 고려하면 분석에 도움이 된다. 주변 배후 주거형태 역시 어떤 것인지도 체크해야 한다. 강남처럼 아파트 배후의 주거 형태가 고급 빌라나 단독주택이라면 생활수준이 높은

것으로 보여 프리미엄 요소가 되지만, 개발속도와 진척률이 느린 원룸 및 빌라 등이 많은 경우에는 반대로 디스카운트 요소이다. 이렇게 분석하다 보면 후보지 아파트가 10개에서 5개, 5개에서 3개, 3개에서 1개로 줄어든다.

STEP5. 해당 동네의 아파트를 전부 조사해서 각각의 시세 차이를 비교한다. 해당 동네의 아파트 시세를 모두 조사하는 것이다. 해당 동네의 아파트가 어떤 것이 있는지 각각 가격은 얼마인지를 조사해 본다. 1위부터 5위까지 아파트의 평단가와 각 등수별 아파트의 평단가 차이를 분석해 본다. 아파트는 집합건물로 주변 아파트와 유기적으로 가격을 형성하는 특징이 있다. 단독주택이나 다가구주택처럼 개별로 평가를 받는 자산이 아니다. 그래서 주변의 가격 형성이 매우 중요하다. 그런 의미에서 각 단지의 평단가가 높고 그 갭이 좁을수록 상승하거나 하락할 때 안정적인 추이를 보인다. 우리가 학창시절 시험이나 평가를 통해 등수를 나누듯 아파트도 여러 조건에 따라 점수를 부여하는 것이다. 당연히 건축의 상태에 따른 차이를 보면 신축, 재건축 진행 아파트(분양권 상태), 구축아파트, 재건축 임박 아파트로 나눌 수 있다. 평단가도 이런 흐름으로 형성되는 것이 일반적이다. 분석을 하다 보면 평단가 차이가 크게 나타나는 구간의 아파트를 찾을 수 있다. 그런 아파트 단지를 중심으로 세분화 작업을 반복하면 가성비 좋은 단지를 찾을 수 있다.

STEP6. 해당 동네의 아파트 가격에 영향을 미치는 5대 요소 중 1~2개 항목을 보완하거나 악화되는지 살펴보며 아파트 가격을 예측해 본다. 해당 지역이 어떻게 개발되는지, 앞에서 말한 5개 항목[3] 중 부족한 부분이 어떻게 보완되고 충족되는지를 보면 된다. 주변 아파트와의 상호작용이 매우 중요한

---

3   교육, 교통, 일자리, 인프라, 자연환경 등 아파트 가격에 영향을 미치는 5대 요소.

만큼 경쟁 단지로 인해서 해당 아파트의 가격이 영향을 받지 않는지, 신축단지를 중심으로 고민해 보아야 한다. 이렇게 조사를 한 뒤 반드시 10군데 이상의 중개사무소에 전화통화 및 방문을 통해 개발 호재 및 악재, 지역을 표현할 수 있는 자신만의 이미지를 만들어 두어야 한다. 이후 최종 투자 단지 및 아파트를 결정하면 된다.

[단위 : 만 원, 2020년 하반기 가정]

대흥동				
아파트명	평수	가격	평단가	평단가 차이
신촌그랑자이	112㎡	180,000	5,268	-
마포자이2차	110㎡	160,000	4,801	467
태영	109㎡	134,000	4,050	751
대흥세양	113㎡	111,000	3,227	823
염리동				
아파트명	평수	가격	평단가	평단가 차이
마포자이	108㎡	161,000	4,926	-
마포자이3차	113㎡	159,000	4,615	311
염리삼성래미안	109㎡	120,000	3,639	976
염리세양청마루	107㎡	102,000	3,150	489

※ 마포프레스티지자이 반영 전 분석(2021년 3월 입주)

<아파트별 평단가 차이 분석>

STEP7. 최종 후보지에 오른 단지를 중심으로 인근에 있는 토지, 상가, 단독주택, 집합건물 등을 찾아 보고 나서 입찰을 준비한다. 이것이 가장 효율적인 경매 입지 분석의 기술인 것이다. 서울의 유명한 지역, 나중에 이사를

한 권으로 끝내는 실전 경매

가고 싶은 지역, 지방광역시, 군, 구, 읍, 면, 리까지 확대해서 연습하면 전국을 대상으로 좋은 물건을 찾을 수 있다. '경매 투자를 하는데 이런 분석까지 해야 하느냐?'라고 반문할 수 있다. 우리가 경매를 하는 이유는 최소의 비용으로 최대의 수익을 맛보기 위해서이다. 경매라는 기술 자체는 우량한 부동산을 저렴하게 매입했을 때 가치가 있는 것이다. 우리의 주위를 둘러보면 수많은 아파트가 건축되어 있다. 대한민국은 주거지의 50% 이상이 집합 건물로 구성된 아파트공화국이다. 이런 아파트를 철저히 분석했을 때 제대로 된 지역분석을 통해 성공적인 경매 투자를 할 수 있다.

우리는 수익을 맛보기 위해 경매를 공부하는 것이다. 이 점을 반드시 명심해야 한다. 이런 과정이 쌓이고 쌓이면, 반드시 고수가 될 수 있다. 현장 답사를 통해 자신만의 의사 결정 원칙을 세우면 투자 방식을 체계화할 수 있다. 물론 혼자 외롭게 공부하다 보면 이런 분석의 과정이 지겹고 힘들 수 있다. 당장 결과로 나타나지 않기 때문이다. 이럴 때는 가족과 친구, 커뮤니티를 통해 스터디모임을 만들고 함께 분석하길 추천한다.

경매사건을 보다 보면, 낙찰 후 미납된 경우를 자주 목격할 수 있다. 보증금이 몰수되는 아찔한 상황을 생각하면 몸서리 칠 정도다. 권리분석의 실수보다 대출이 되지 않아서 잔금을 미납하는 경우가 꽤 많다. 그래서 자금 계획은 매우 중요한 투자 선행 절차다.

금융에 대해 잘 알고 있다는 것은 어떤 것일까? 수천 개의 금융상품을 숙지하고 있으면 금융을 잘 아는 것일까? '아니다.'라고 말하고 싶다. 자금이 필요한 시기에 필요한 만큼 쉽고 빠르게 조달하는 방법을 아는 것이 금융을 아는 것이라고 생각한다. 대출의 적절한 활용은 투자나 재테크에서 필수적이며 성공적인 투자를 위한 '치트키'로 활용할 수 있기 때문이다. 그래서 대출에 대한 공부는 매우 중요하다. 대출은 다음 그림과 같은 절차로 진행된다.

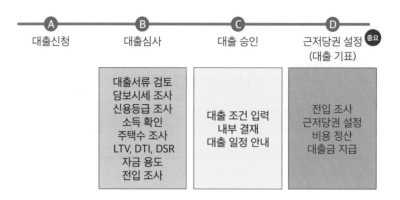

<담보대출의 흐름>

대출금리는 어떻게 결정되는가?

신발이나 옷이 생산원가에 마진을 더하여 적정한 수준에서 가격이 결정되듯, 대출 금리의 경우도 대출의 원가(기준 금리)와 대출 마진을 반영하여 결정된다. 대출금리의 원가 요소는 기준금리를 확인하면 되고, 마진금리는 금융사 자체의 자금조달비용, 고객 신용원가, 대출업무원가, 기타 법적비용을 반영하여 금리를 결정한다. 즉, 위의 내용을 정리하면 다음과 같은 수식으로 표현할 수 있다.

대출금리 = 기준금리 + 마진금리(A+B+C+D) + 가산금리 − 차감금리

A 자금조달 비용   채권자가 자금을 조달하는 데 필요한 비용을 말하며, 대표적으로 예금 및 금융상품에 대한 지급이자 및 채권자가 직접 금융시장에서 조달하는 경우의 이자 비용 및 관련 비용 등을 의미한다.

B 고객 신용원가   고객의 신용도에 따라 과거 경험과 현재의 시장 상황을 고려할 때 예상되는 손실과 향후 예상치 못하게 발생할 수 있는 잠재적 손실 가능성을 고려한 비용, 과거 연체 이력 및 낮은 신용 등급 시 금리는 인상된다.

C 업무 원가   인건비, 물건비, 제세공과금 등 대출업무를 하는데 발생하는 비용으로 대출을 실행하는 인력과 시스템에 대한 원가이다.

D 법적 비용   업무 원가에 포함되지 않은 법적 비용으로 교육세 등 기타 비용을 말한다.

대출 금리는 위의 사항에 의해 결정된다. 사실 마진금리는 각 금융기관의 내부지침에 의하여 결정하는 부분이기 때문에 개별성을 가지면서 한번 정해진 금리는 고정된 속성이 있다. 그래서 대출 상담사를 통해서 비교하는 것이 중요하다. 반면 기준금리는 계속 변동될 수 있으므로 확인 방법을 알고 접근해야 한다.

아래의 방법을 통해서 금융기관에서 사용하는 기준금리의 추이를 알 수 있다. 대표적인 기준금리가 3년 국고채 금리다. 금융기관마다 사용하는 기준금리를 조회해 보면 된다. 금리 추이를 살펴보면 보유한 대출을 대환할 수도 있고 신규 투자 시 이자비용 계산을 예측하거나, 금융기관의 마진금리를 역산하는데 활용할 수 있다.

금융투자협회 채권 정보센터 > 채권 시가 평균 기준수익률 > 국채/국고채권 > 3년

<금융투자협회 채권 정보센터 화면>

2019년

기간	1월	2월	3월	4월	5월	6월	7월	8월	9월	10월	11월	12월	평균
금리	1.82	1.81	1.69	1.69	1.57	1.46	1.28	1.19	1.29	1.46	1.38	1.35	1.49

<월별 3년 국채/국고채권/양고, 외평, 재정 금리>

스스로 필요한 정보의 항목을 정리해 보자. 직접 가공한 정보의 관리를 통해 금리 방향성에 대한 판단 기준도 세울 수 있다.

대출의 한도를 결정하는 신용등급과 DTI 그리고 DSR

현대 사회에서 신용등급은 개인의 신뢰성을 판단하는 지표로 활용되고 있다. 신용도에 따라서 신용카드 발급, 대출 시 금리 우대(1~2등급) 등 다양한 혜택을 받을 수 있다. 반면에 신용등급이 낮은 경우(8, 9, 10등급) 각종 금융거래에서 불이익을 받을 수 있다. 본인도 모르는 사이에 하락한 신용등급으로 진퇴양난에 빠질 수 있다. 평소에 카드론이나 신용카드 연체가 발생하지 않도록 주의를 기울여야 한다. 최근 몇 년간 가계부채는 국가적 관심사항으로 이슈화되면서 각종 규제가 생겨났다.

구분	DTI	新DTI(Debt To Income)	DSR(Debt Service Ratia)
명칭	총부채상환비율	신총부채상환비율	총체적상환능력비율
선정방식	(해당 주담대 원리금 상환액 + 기타 대출 이자 상환액) / 연 소득	(모든 주담대 원리금 상환액 + 기타 대출 이자 상환액) / 연 소득	(모든 대출 원리금 상환액) / 연 소득
활동방식	대출한도 산정 시 규제비율	대출한도 산정 시 규제비율	금융회사 여신관리 과정에서 다양한 활용방안 마련 예정
소득산정	최근 1년간 소득 확인	• 최근 2년간 소득 확인 • 인정소득, 신고소득 등은 소득 산정 시 일정비율 차감 • 장래소득 상승 예상 시 해당소득 일정비율 증액 • 장기 대출 시, 주기적 소득 정보 갱신 등	新DTI와 동일 기준
시행시기	~ '17년	현재 시행 중 (DTI 적용 지역)	은행권 ⇨ 제2금융권 / 순차적 시행

<DTI, 신DTI, DSR의 구분>

대표적인 것이 바로 개인의 신용등급(1~10등급으로 구성)과 'DTI'와 'DSR'이라는 개념이다. 각 금융기관은 해당 지표를 통해 대출을 취급하므로 그 개념을 알고 있어야 한다. 다음의 사례를 통해서 내용을 파악해 보자.

한 권으로 끝내는 실전 경매

연봉 5,000만 원	
주택담보대출 3억 원	연 4%, 20년 원리금균등분할상환
신용대출 7,000만 원	연 5%, 1년 만기
마이너스통장 0원	연 4.5%, 3,000만 원 한도 개설
자동차 할부 3,000만 원	연 3.0%, 12개월 할부

연봉(세전 개념)이 5,000만 원인 A씨는 주택담보대출 3억 원과 신용대출 7,000만 원, 한도대출 개통(사용금액 0원), 자동차 할부 3,000만 원의 채무를 가지고 있다. 주택담보대출 원리금 상환액과 신용대출 이자상환액은 2,180만 원이다.

구분	DSR	DTI
계산법	전 금융권대출 연간 원리금상환액 ÷ 연소득	(주택담보대출 원리금상환액 +신용대출이자) ÷ 연소득
공통	2,180만 원(주택담보대출원리금상환액)+350만 원(신용대출이자)	
차이	+7,000만 원(신용대출원금) +3,000만 원(마이너스통장 한도) +3,050만 원(자동차 할부상환액)	+50만 원(자동차할부이자)
합계	1억 5,580만 원	2,580만 원
비율	DSR 311.6% (1억 5,580만 원 ÷ 5,000만 원)	DTI 51.6% (2,580만 원 ÷ 5,000만 원)
규제 비율	300%(기본) 은행 자율 결정	30%~70% 지역별 차등적용

출처_ 매일경제신문

<DSR과 DTI의 비교>

DTI의 개념은 A가 가지고 있는 주택담보대출 원리금 상환액과 신용대출 이자 상환액을 연봉으로 나눈 금액이다. 여기서 기타대출 상환액을 분자에 놔두기 때문에 자동차할부이자는 포함되지 않는다. 이렇게 계산한 비율을

DTI라 하고, 51.6%가 산출된다. 대출을 신청할 때 금융기관에서 DTI 비율을 60% 이내로 정한 경우 연봉 5,000만 원으로도 대출을 신청할 수 있다. 만약 연봉이 4,000만 원으로 줄어든다면 2,580만 원/4,000만 원으로 64.5%로 DTI가 상승하게 된다. 즉, 연소득 하락에 따라 대출이 나오지 않을 수 있다. 결국, DTI와 DSR은 소득에 따라 대출을 규제하는 것이다.

최근 DSR의 기준은 19.12.16 부동산 대책으로 한층 강화되었다. 투기지역과 투기과열지구 내에서 대출 취급 당시 9억 원을 초과하는 주택을 담보로 대출을 받은 차주는 신규로 받는 대출에 대해 DSR을 강화하여 적용하게 된다. 통상 300% 내외로 통합 적용하던 것을 차주 단위로 은행권은 40%, 비은행권은 60%로 엄격해진 것이다. 강화된 LTV와 DSR은 주택구입과 생활자금, 비대면 신용대출에 모두 적용된다. 주의가 필요한 부분이다.

DSR(총부채원리금상환비율) 대상
① 투기, 투기과열지구 내
② 시가 9억 원 초과 주택
③ 담보로 대출을 가진 가계 차주

DSR 적용 세부 기준
① 주담대 취급 시점 시가 9억 원 초과
② 주택 구입 시기는 규제 전후 무관
③ 신규로 받는 대출에 적용

규제 내용
① 차주 단위 DSR 적용
② 은행권 40%, 비은행권 60%

예외사항
① 병원비 등 긴급한 자금 증빙
② 자금 사용 약정, 여신심사 위원회 승인
③ 1억 원 한도 내에서 DSR 초과 취급 가능

<19.12.16 부동산 대책으로 강화된 DSR>

한 권으로 끝내는 실전 경매

지역별, 자금용도 별 대출 한도 알아보기

2018년 9월 13일 역사상 처음으로 LTV(담보인정비율)에 대해 0%의 기준을 적용하는 정책이 나왔다. 이후 2019년 12월 16일 대출 규제는 더욱 강화되었다. 투기지역, 투기과열지역 조정대상지역 내에서 세대 기준으로 주택을 두 채 이상 소유하였거나 투기지역, 투기과열지구 내에서 15억 원을 초과하는 초고가 아파트[4]를 구입하려는 경우 대출 자체가 되지 않도록 변경되었다. LTV는 담보인정비율을 의미한다. 시세 8억 원짜리 아파트의 LTV가 40%라는 것은 대출한도가 3억 2,000만 원이라는 것이다. 대체적으로 아래의 공식을 적용할 수 있다. 핵심은 대출 기준이 강화되어 대출한도가 줄어들었다는 것이다.

대출한도 = MIN(LTV, DTI, 新DTI, DSR)

※ 단, 생활안정자금대출은 연간 1억 한도로 제한함.

각 지역의 대출한도를 알고 있어야 정확한 자금 계획을 세울 수 있다. 그 시작은 규제 지역이 어디인지 파악하는 것이다.

---

4   감정평가액, 한국감정원 시세, KB시세 중 큰 금액으로 15억 원을 초과하는 것, 실제 매매가가 15억 원을 초과하는 경우 금융기관에 따라 초고가 아파트로 규정할 수 있다.

	투기과열지구(48개)	조정대상지역(69개)
서울	전 지역 ('17.8.3)	전 지역 ('16.11.3)
경기	과천('17.8.3), 성남분당('17.9.6), 광명, 하남('18.8.28), 수원, 성남수정, 안양, 안산단원, 구리, 군포, 의왕, 용인수지·기흥, 동탄2('20.6.19)	과천, 성남, 하남, 동탄2('16.11.3), 광명('17.6.19), 구리, 안양동안, 광교지구('18.8.28), 수원팔달, 용인수지·기흥('18.12.31), 수원영통·권선·장안, 안양만안, 의왕('20.2.21) 고양, 남양주주*, 화성, 군포, 안성주**, 부천, 안산, 시흥, 용인처인주***, 오산, 평택, 광주주****, 양주, 의정부('20.6.19)
인천	연수, 남동, 서('20.6.19)	중, 동, 미추홀, 연수, 남동, 부평, 계양, 서 ('20.6.19)
대전	동, 중, 서, 유성('20.6.19)	동, 중, 서, 유성, 대덕('20.6.19)
대구	대구수성('17.9.6)	-
세종	세종('17.8.3)	세종('16.11.3)
충북	-	청주주*****('20.6.19)

※ 20.05 투기지구 폐지 및 투기과열지구로 통합 운영

* 화도읍, 수동면 및 조안면 제외
** 일죽면, 죽산면 죽산리·용설리·장계리·매산리·장릉리·장원리·두현리 및 삼죽면
용월리·덕산리·율곡리·내장리·배태리 제외
*** 포곡읍, 모현면, 백암면, 양지면 및 원삼면 가재월리·사암리·미평리·좌항리·맹리·두창리 제외
**** 초월읍, 곤지암읍, 도척면, 퇴촌면, 남종면 및 남한산성면 제외
***** 낭성면, 미원면, 가덕면, 남일면, 문의면, 남이면, 현도면, 강내면, 옥산면, 내수읍 및 북이면 제외

<조정대상지역, 투기과열지구 지정 현황표, 20.6.19 기준>

간단한 사례를 통해 내용을 파악해 보자. A가 지방에 주택을 두 채 소유하고 있는 상태에서 서울 용산구에 있는 재개발 주택을 경매로 입찰하고자 한다. 낙찰가 기준으로 40%의 대출만 나와도 잔금을 납부할 수 있을 것이라 판단해 입찰했고 낙찰받게 되었다. 잔금 납부를 위해 금융기관에 대출 신청을 했더니, 대출 불가라는 결과를 받았다. 그 이유는 무엇일까?

A가 2주택을 가지고 있으므로 용산구 재개발 주택에 대한 대출 자체가 불

가한 것이다. 처음부터 이런 사실을 알았다면 A는 입찰했을까? 입찰을 잘못한 것이다.

다음의 대출 조건표를 보자. 조건표를 바탕으로 세부적인 기준을 확인하여 금융기관에 사전 문의한다면, A와 같은 치명적인 실수를 하지 않을 수 있다. 이런 부분을 모르고 무작정 낙찰받는 경우 대출이 되지 않아 보증금을 몰수당할 수도 있다. 많은 사람이 경매를 시작할 때, 권리분석에 집중하지만 실제로는 대출에 대한 이해가 더욱 시급하다.

- 2019. 12. 16 이전 대출 조건표(금융기관별 상이할 수 있음, 사전 문의 필수.)

담보주택 소재지역	자금용도	세대구분		공시가격	LTV	DTI
투기지역 투기과열지구	구입하는 주택을 담보로 대출 시 (주택 구입)	무주택 세대		9억 원 이하	40%	40%
				9억 원 초과	40% (특약 필수)	40% (특약 필수)
		무주택 세대 중 서민, 실수요자		9억 원 이하	50%	50%
				9억 원 초과	50% (특약 필수)	50% (특약 필수)
		1주택 세대		9억 원 이하	40% (특약 필수)	40% (특약 필수)
				9억 원 초과	40% (특약 필수)	40% (특약 필수)
		2주택 이상 세대			대출 불가	
	기존 보유 주택을 담보로 대출 시 (생활 안정)	1주택 이상 세대			40%	40%
		2주택 이상 세대			30%	30%
조정대상지역	구입하는 주택을 담보로 대출 시 (주택 구입)	무주택 세대		9억 원 이하	60%	50%
				9억 원 초과	60% (특약 필수)	50% (특약 필수)
		무주택 세대 중 서민, 실수요자		9억 원 이하	70%	60%
				9억 원 초과	70% (특약 필수)	60% (특약 필수)
		1주택 세대		9억 원 이하	60% (특약 필수)	50% (특약 필수)
				9억 원 초과	60% (특약 필수)	50% (특약 필수)
		2주택 이상 세대			대출 불가	
	기존 보유 주택을 담보로 대출 시 (생활 안정)	1주택 이상 세대			60%	50%
		2주택 이상 세대			50%	40%

한 권으로 끝내는 실전 경매

담보주택 소재지역	자금용도	세대구분	LTV	DTI
수도권의 비조정대상 지역	구입하는 주택을 담보로 대출 시 (주택 구입)	무주택 세대	70%	60%
		1주택 세대	60%	50%
		2주택 이상 세대	60%	50%
	기존 보유 주택을 담보로 대출 시 (생활 안정)	1주택 세대	70%	60%
		2주택 이상 세대	60%	50%
기타 지역	구입하는 주택을 담보로 대출 시 (주택 구입)	무주택 세대	70%	-
		1주택 세대	60%	-
		2주택 이상 세대	60%	-
	기존 보유 주택을 담보로 대출 시 (생활 안정)	1주택 세대	70%	-
		2주택 이상 세대	60%	-

– 19.12.16 이후 대출 조건표(투기지역, 투기과열만 개정)

담보주택 소재지역	자금용도	세대구분	담보주택 공시가격	18.09.13 이후		담보주택 시세가격	19.12.16 이후	
				LTV	DTI		LTV	DTI
투기지역 & 투기과역	주택구입	무주택세대	9억 원 이하	40%	40%	9억 원 이하	40%	40%
			9억 원 초과	40% (특약 필수)	40% (특약 필수)	9억 원 초과	20% (특약 변경)	40% (특약 변경)
		무주택 세대 중 서민 실수요자	9억 원 이하	50%	50%	9억 원 이하	50%	50%
			9억 원 초과	50% (특약 필수)	50% (특약 필수)	9억 원 초과	20% (특약 변경)	40% (특약 변경)
		1주택세대	9억 원 이하	40% (특약 필수)	40% (특약 필수)	9억 원 이하	40% (특약 변경)	40% (특약 변경)
			9억 원 초과	40% (특약 필수)	40% (특약 필수)	9억 원 초과	20% (특약 변경)	40% (특약 변경)
		2주택 이상 보유 세대	대출 불가					
		초고가 아파트	-			15억 원 초과	대출 불가	
	생활안정 (1억 원 한도)	1주택 이상 보유 세대	40%	40%		-	40%	40%
		2주택 이상 보유 세대	30%	30%		-	30%	30%

※ 예외 : 재개발, 재건축 조합원이 1주택 세대로써 조합설립인가 전까지
　　　1년 이상 실거주한 경우에는 15억 원 초과 건은 대출 취급 가능.
※ 2020년 5월 투기지역 폐지, 투기과열지구로 통합.

- 20.02.20 이후 대출조견표(조정대상지역 개정추가, 금융기관 사전문의 필수)

담보주택 소재지역	자금용도	세대구분	담보주택 공시가격	20.02.20 이전		담보주택 공시가격	20.02.20 이후	
				LTV	DTI		LTV	DTI
조정대상 지역	주택구입	무주택 세대	9억 원 이하	60%	50%	9억 원 이하	50%	50%
			9억 원 초과	60% (특약 필수)	50% (특약 필수)	9억 원 초과	30% (특약 필수)	50% (특약 필수)
		무주택 세대 중 서민실수요자	9억 원 이하	70%	60%	9억 원 이하	60%	60%
			9억 원 초과	70% (특약 필수)	60% (특약 필수)	9억 원 초과	40% (특약 필수)	60% (특약 필수)
		1주택 세대	9억 원 이하	60% (특약 필수)	50% (특약 필수)	9억 원 이하	50% (특약 변경)	50% (특약 변경)
			9억 원 초과	60% (특약 필수)	50% (특약 필수)	9억 원 초과	30% (특약 변경)	50% (특약 변경)
		2주택 이상 세대	대출 불가					
	생활안정 (1억 한도)	1주택 이상 세대		60%	50%		60%	50%
		2주택 이상 세대		50%	40%		50%	40%

※ 무주택세대주, 주택가격 5억 원 이하, 부부합산 연소득 6,000만 원 이하(생애최초구입자 7,000만 원 이하)
　요건을 모두 충족하는 '서민·실수요자'는 LTV 가산(+10%p) 단, 서민 실수요자를 위한 내 집 마련
　지원 상품인 디딤돌대출, 보금자리론의 경우 LTV 규제 비율을 최대 70% 유지 가능.

- 20.06.17 이후 주택담보대출을 받는 경우 특약 조건의 변경(금융기관별 상이할 수 있음, 사전 문의 필수)

구분	투기과열지구	조정대상지역
무주택자	6개월 이내 전입 신규주택 전입	
1주택자	6개월 이내 기존주택 처분 및 신규주택 전입	
자금조달계획서	거래가액과 상관없이 제출	
자금조달계획서 증빙자료 제출	항목별 증빙자료 제출	-

※ 20.05부터 투기지역폐지, 투기과열지구로 통합
※ 투기과열지구, 조정대상지역내에서 주택을 거래하는 경우, 자금조달계획서 제출(금액 무관)
※ 보금자리론 대출신청 차주 3개월 내 전입, 1년 이상 실거주 유지 의무 부과
※ 전세자금대출 전, 후에 투기과열지구내 시가 3억 초과 아파트 구입시 보증 제한 및 즉시 회수

<지역별 대출 조건표와 변경된 특약기준>

대출 조사를 통한 경매 자금계획 세우기

부동산은 고액자산으로 대출이 있어야 취득할 수 있다. 대출을 저비용으로 받을 수 있다면 투자 수익률은 높아진다. 대한민국에는 수많은 대출상품이 존재한다. 현실적으로 모든 금융기관을 방문하여 비교할 수는 없다. 이런 불편함을 해소하기 위해 활용할 수 있는 곳이 바로 '금융감독원의 금융상품 한눈에(http://finlife.fss.or.kr)'라는 사이트다. 부동산담보대출, 전세자금대출, 신용대출, 보험, 예금, 적금, 펀드 등 다양한 상품 서비스를 제공하고 있다.

주택담보대출

<금융감독원의 '금융상품한눈에' 화면>

담보대출을 받기 위한 조건을 입력 후 검색하면 적정금융기관, 최저금리, 최고금리, 전월평균금리, 월평균 상환액, 콜센터 전화번호, 중도상환수수료, 부대비용도까지 확인할 수 있다. 먼저 콜센터에 전화해서 상담을 요청하자. 자신의 조건에 맞는 금융기관을 찾을 수 있다. 실무적으로 현장에서 활동하

는 전문 대출상담사의 연결을 요청하는 것이 좋다. 실무를 담당하고 있어서 대출 심사에서 발생하는 돌발 상황을 잘 해결해 주기 때문이다.

대출공부 > 금융상품한눈에 > 콜센터 상담 > 대출상담사 연결 > 대출금리 및 한도 확인

비교 선택	금융회사	상품명	금리방식	상환방식	당월 최저금리	당월 최고금리	전월 평균금리	월평균 상환액	상세정보
☐	한국씨티은행	씨티주택담보대출	변동금리	원리금분할상환	2.29%	3.79%	3.29%	979,051	접기 ∧

금융회사 최종제공일 : 2019-12-19

금융상품 문의
한국씨티은행 (홈페이지 연결)
1588-7000 (콜센터 또는 대표번호)

대출 부대비용
1. 인지세 : 해당세액의 50%
2. 국민주택채권 매입비용 : 대출금액 × 120% × 1% × 채권할인율
3. 화재보험료(아파트 외 물건지에 한함)

연체 이자율
약정이자율에 연 3%를 가산
(최고 연체이자율 : 14.9%)

가입방법
영업점

중도상환 수수료
중도상환금액×중도상환수수료율×(대출잔여일수÷대출기간*)
* 대출기간이 3년을 초과하는 경우 3년

* 중도상환수수료율
- 변동금리대출 : 1.3%
- 고정금리대출 : 1.5%

대출한도
담보인정비율(LTV) 최대 70%

☐	한화손해보험주식회사	한화아파트론19-1K1(3년)	변동금리	원리금분할상환	2.46%	3.86%	2.93%	962,380	상세 ∨
☐	주식회사KB손해보험	부동산담보(KB손보희망모기지론)	변동금리	원리금분할상환	2.51%	4.24%	-	-	상세 ∨
☐	삼성생명보험주식회사	주택담보대출(일반형)	변동금리	원리금분할상환	2.58%	5.09%	2.92%	961,919	상세 ∨
☐	삼성화재해상보험주식회사	삼성아파트	변동금리	원리금분할상환	2.59%	4.99%	2.96%	963,762	상세 ∨
☐	대구은행	DGB 장기모기지론(구입)	변동금리	원리금분할상환	2.60%	3.20%	-	-	상세 ∨

<금융감독원의 '금융상품한눈에' 화면>

추가로 입찰이 있는 날 근처 법원을 방문하는 것도 좋다. 경매법원에는 대출 영업을 하기 위해서 명함을 배포하는 사람들이 있기 때문이다. 다양한 대출상담사의 명함을 같은 자리에서 받을 수 있다. 대출 지식으로 무장한 뒤 위의 두 가지 방법을 활용하면 훌륭한 자금계획을 세울 수 있을 것이다.

경매 투자의 마스터키, 공인중개사

내가 남들보다 부동산 투자를 빨리 시작하게 된 건 특별한 계기가 있었기 때문이다. 대학생 시절 아르바이트로 공인중개사무소에서 일을 했었다. 그때 매일 놀러 오는 동네 아주머니가 계셨는데, 정말 별다른 일 없이 매일 사무소에 놀러 와서 짧게는 10분, 길게는 1시간가량 머물며 중개사와 담소를 나누었다. 그 아주머니를 볼 때마다 의미 없는 수다로 시간을 낭비하는 것 같아 한심해 보였다. 얼마 지나지 않아 그녀에 대한 '냉소'가 '존경'으로 바뀌었다. 그 당시 그 아주머니는 부동산에 관한 지식도 없었고 지식을 갖고자 하는 노력조차도 하지 않았다. 그녀는 부동산에 와서 하는 첫 마디는 늘 한결같았다.

"뭐 좋은 거 있어?"

당시의 기억을 바탕으로 아주머니와 사장님의 대화를 재구성해 보았다. 이때의 경험은 부동산과 경매 투자를 성공시키는 핵심 원칙이 되었다.

이 대화에서 무엇이 느껴지는가? 각각의 대화에 담긴 숨은 의미를 해석해 보자.

가장 먼저, "눈 감고도 다니겠어."라는 말은 해당 동네를 눈감고 그려낼 정도로 정확히 파악하고 있다는 뜻이다. 공사 중인 건물 얘기에서 그녀가 상당 기간 그 건물에 관심을 두고 지켜봐 왔다는 것을 유추할 수 있다. 이는 다음 대화 내용에서 볼 수 있듯이 해당 물건의 입지 분석으로 연결된다.

평소 본인이 눈여겨본 투자 대상에 관한 통찰적 분석은 친한 중개사의 정보와 만나 투자 결정의 확고한 근거를 마련하고 좋은 계약을 위한 노력으로 이어진다.

결국 그녀는 본인이 가지고 있던 아파트와 시골에 있는 임야를 처분한 금액으로 7층짜리 꼬마 건물을 매입했다. 그 당시 시세가 15억 원짜리였던 건물을 9억 5,000만 원에 매수했으니, 제대로 남는 장사를 한 것이다(현재 시세는 30억 원 수준). 당신의 동네에 짓다 만 건물이 하나 있다. 지금 당신은 어떤 생각이 드는가? 아마 10명 중 9명은 '건설사가 망했나?' 정도의 생각만 할 것이다. 같은 건물을 보고 누군가는 현상을 보려하고, 누군가는 기회를 잡으려 한다. 만일 당신이 '기회의 눈'을 갖고 싶다면, 세 가지를 명심하면 된다.

첫째, 지속적인 관심을 가져라. 기본적으로 투자는 변화를 예측하는 행위다. 지속적인 관심으로 변화의 방향을 관찰하고 이해하는 연습을 해야 한다.

둘째, 모든 것을 나와 결부시켜(혹은 나를 중심으로) 생각해라. 실제 내가 투자를 한다면, 건물을 짓는다면, 낙찰을 받는다면, 리모델링을 한다면 어떻게 할지 이미지 트레이닝을 하는 것이다. 나도 모르게 투자 감각이 숙련될 것이다. **셋째, 나와 마음이 맞는 공인중개사를 확보하는 것이다.** 저자가 위 사례로부터 가장 크게 배운 것은 공인중개사와의 협력관계였다. 눈을 감고도 알 수 있을 정도로 지역을 파악하는 것이 투자의 기본이지만, 이렇게 하기 힘들다면 대신해 줄 수 있는 협력자를 찾아 도움을 받자. 위 사례도 건물의 공사 중지 상황이 발생했을 때, 협력 중개사의 도움을 받아 물 흐르듯 투자가 되었기에 가능한 것이었다.

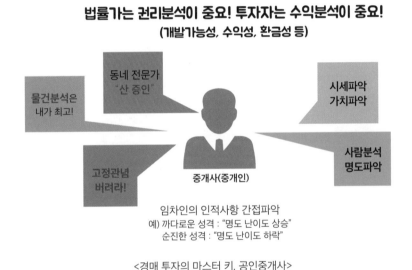

법률가는 권리분석이 중요! 투자자는 수익분석이 중요!
(개발가능성, 수익성, 환금성 등)

물건분석은 내가 최고!
동네 전문가 "산 증인"
시세파악 가치파악
고정관념 버려라!
중개사(중개인)
사람분석 명도파악

임차인의 인적사항 간접파악
예) 까다로운 성격 : "명도 난이도 상승"
순진한 성격 : "명도 난이도 하락"

<경매 투자의 마스터 키, 공인중개사>

부동산도 사람과 사람이 만나야 하고, 많은 정보가 필요하다. 예로 든 동네 아주머니는 자신에게 돈을 벌어줄 사람을 잘 골라서 평소에 신뢰를 쌓는 작업을 매일 꾸준히 해왔다. 그래서 남들이 부러워할 만한 성공적인 투자를 했다. 경매 투자도 마찬가지다. 경매는 현장조사의 깊이에 따라 입찰의 결과가 달라진다. 예를 들어 좋은 매물이지만 임차인의 거부로 내부를 볼 수 없는 상황이라면 어떻게 할 것인가? 만약 중개사가 임차인과 친분이 두터워서

한 권으로 끝내는 실전 경매

협조를 구할 수 있다면 어떨까? 입찰 경쟁력은 극대화될 것이다.

아무리 인터넷과 SNS가 발달했다고 해도 현장에서 만들어지는 정보만큼의 질을 가질 수는 없다. 투자를 통한 수익을 중개사와 나누겠다는 마음과 진심을 가지고 행동한다면, 어렵지 않게 협력자를 구할 수 있을 것이다. 좋은 중개사를 찾아 내 사람으로 만드는 일은 어려운 경매를 더욱 쉽게 만드는 마스터키가 될 수 있다는 사실을 명심해야 한다. 좋은 중개사를 활용하는 일은 투자의 기술을 넘어 인생의 지혜가 될 것이다.

배당표를 작성할 줄 알면 수익분석도 수월하게 한다

경매 수익분석에서 중요한 사항 중 하나가 바로 배당표를 작성하는 것이다. 배당표 작성을 통해서 수익률과 명도 난이도를 분석할 수 있기 때문이다. 아래의 사례를 통해 수익률 분석을 연습해 보자.

만약 해당 물건을 A가 2억 8,800만 원에 낙찰받는다고 가정하면 이것은 어떤 투자일까? 그 물음에 대해 스스로 답해 보자.

부동산 급매 시세	4억 원
인테리어 상태	수리비용 3,000만 원 예상
연체 관리비(공용)	500만 원
경매비용	400만 원

물건내역 주소 및 세부사항	감정평가액	임대차 현황	등기내역
울산 남구 옥동 12345 대지 100㎡(30평) 1층 80㎡(24평/1가구) 2층 80㎡(24평/1가구) 토지 : 278,290,000원 건물 : 162,710,000원 제시외 : 9,000,000원 일괄입찰 철근콘크리트구조 지하철 5분 거리 도시가스난방 2종 일반주거지역	450,000,000원 유찰 19.09.01 유찰 19.10.06 낙찰 19.11.18 288,000,000원 (64% 낙찰)	김가*(1층) 전입 18.01.02/1억 원 확정일자 18.01.04 배당요구하지 않음 박가*(2층) 전입 18.04.11/1억 원 확정 18.04.12 배당요구완료	근저당권 18.02.11 (1억 5,000 만 원) 국민은행 근저당권 18.03.11 (1억 원) 우리은행 임의 19.04.11 국민은행(마포)

먼저 권리분석을 해보자. 낙찰금액이 2억 8,800만 원에 경매비용 400만 원을 제외하면 실제 배당재원은 2억 8,400만 원임을 알 수 있다. 우선변제권을 기준으로 배당의 순서는 아래와 같음을 알 수 있다.

1. 근저당권 국민은행 2018년 2월 11일 채권액 1억 5,000만 원
2. 근저당권 우리은행 2018년 3월 11일 채권액 1억 원
3. 확정일자부 임차인 박가* 2018년 4월 12일 채권액 1억 원

임차인 김가*은 2018년 1월 3일 0시에 대항력을 갖추었다. 그리고 우선변제권은 1월 4일에 성립되었다. 하지만 배당요구를 하지 않았고 경매사건에서 배당을 받지 않았다. 즉 낙찰자가 보증금을 인수하게 되는 상황에 놓인 것이다. 실제 배당액을 계산해 보면 다음과 같다.

1. 근저당권 국민은행 2018년 2월 11일, 채권액 1억 5,000만 원 중 1억 5,000만 원 전액 배당
2. 근저당권 우리은행 2018년 3월 11일, 채권액 1억 원 중 1억 원 전액 배당
3. 확정일자부 임차인 박가* 2018년 4월 12일, 채권액 1억 원 중 3,400만 원 배당, 6,600만 원 미배당
4. 확정일자부 임차인 김가*의 보증금 1억 원 낙찰자 인수

즉, 낙찰자는 2억 8,800만 원에 낙찰받았지만, 김가*의 보증금 1억 원을 인수해야 하는 문제에 놓이게 된다. 또한 박가*의 경우 법적으로 대항력이 없지만 현실적으로 보증금 6,600만 원을 배당받지 못했기 때문에 명도 시 어려움이 예상되는 부분이다. 상황에 따라 강제집행을 해야 할 수도 있다. 해당 임차인을 퇴거시키기 위해 300만 원의 이사 비용을 지급한다고 하자. 또한 연체된 관리비와 인테리어 수리비를 고려한 결과 3,500만 원이라는 금액이 추가로 발생한다면, 취득가는 4억 2,600만 원이 된다. 시세가 4억 원임을 감안한다면 실패한 투자라고 할 수 있다.

낙찰가	인수액	이사 비용	인테리어	연체관리비	합계	시세
2억 8,800만 원	1억 원	300만 원	3,000만 원	500만 원	4억 2,600만 원	4억 원

※ 매출이 많고, 집값 상승의 호재가 없다고 가정.

낙찰가의 상한선은 급매가라고 생각한다. 손익분석의 핵심은 바로 정확한 시세분석과 함께 배당표 작성을 통한 추가 인수금액, 기타 비용을 산출하는 것이다. 아래의 표는 인수보증금, 연체관리비, 수리비, 이사 비용 등이 없다는 가정 하에 수지분석표를 작성한 것이다. 대출금리, 보증금, 월세에 따라 수익률이 달라지므로 이 부분에 대해서는 세부적으로 계산하는 것이 중요하

한 권으로 끝내는 실전 경매

다. 입찰을 고려하다 보면 수익률이 낮아 망설여지는 경우가 있다. 이때 중요한 것은 본인이 투자하는 매물의 용도에 대해 정확히 정의를 내리는 것이다. 처분차익과 임대수익이라는 두 마리 토끼를 잡으면 좋겠지만, 둘 다 가질 수 없는 경우가 많다. 냉철하게 결정해야 한다. 인수보증금 등 추가 비용이 없다는 가정하에 수익률을 계산한 후 비용발생분을 반영한 수익률 분석을 해보자. 더욱 객관적인 투자 의사결정을 할 수 있을 것이다.

구분	세부내역		최초감정가	비율(%)	대상금액
기본정보	감정가		450,000,000	100%	450,000,000
	최저매각가			64%	288,000,000
	입찰보증금	최저매각가의		10%	28,800,000
낙찰비용	낙찰가	감정가의		64%	288,000,000
	부대비용	낙찰가의		13.7%	39,513,600
총 매입비용	(낙찰가+부대비용)				327,513,600

은행대출	대출금	낙찰가의		60%	172,800,000
	금리/이자	월		3%	432,000
잔금	(낙찰가-입찰보증금-대출금)				86,400,000
초기 투자금액	(입찰보증금+부대비용+잔금)				154,713,600

임대내역	임대보증금	낙찰가의		10%	28,800,000
	월임대료	낙찰가의		0.25%	720,000

실투자액	(초기투자금액-임대보증금)				125,913,600

연간수익률	2.74%	연 임대료	8,640,000	월임대료	720,000
		연 대출이자	5,184,000	월 대출이자	432,000
		연 수익	3,456,000	월 수익	288,000

※ 연간 수익률 : (연수익 / 실투금) X 100

낙찰가		288,000,000
구성항목	낙찰가대비 비율	산출금액
인수금액	10%	28,800,000
취득세	1.1%	3,168,000
국민주택채권 매입액	1%	2,880,000
할인율(즉시매도)	95%	2,736,000
국민주택채권 부담액(매입액 - 매도액)		144,000
인지대/증지대	0.07%	201,600
법무사보수수수료	0.1%	288,000
명도협의 또는 강제집행비용	0.2%	576,000
미납관리비	0.1%	288,000
중개수수료(임대차계약)	0.1%	288,000
건물수선비	1%	2,880,000
공실 및 기타비용	1%	2,880,000
부대비용합계	13.72%	39,513,600

※ 각 항목별 비율은 시장 상황에 따라 변경 가능.

<경매 수지분석표>

한 권으로 끝내는 실전 경매

PART 7

실제 현장에서 활용할 수 있는 입찰 노하우

대다수의 부동산 계약은 청약과 승낙을 통해서 성립한다. 경매에서 입찰은 부동산을 취득하기 위한 청약으로 볼 수 있다. 수많은 경쟁자 속에서 가치 있는 물건을 얻기란 쉽지 않다. 많은 사람이 패찰을 경험한 뒤 경매를 포기한다. 하지만, 패찰의 경험 속에서 지혜가 발현될 수 있다. 실제 현장에서 활용할 수 있는 입찰 노하우에 대해 알아보자. 그리고 낙찰 후 발생하는 돌발 상황에 관해 해결책을 찾아보자. 입찰이라는 법률 행위 속에 담긴 진정한 가치를 느낄 수 있을 것이다.

입찰 전날은 머릿속으로 상상 입찰을 하자

경매절차를 되뇌이는 것은 입찰 시 도움이 된다. 경매는 채무자의 재산을 강제 매각하는 절차다. 그래서 실제 매각기일이 잡히기까지는 많은 준비절차가 필요하다. 앞에서 경매에 대한 기초지식을 쌓았으니 그 절차에 대해 더 자세히 알아보자.

경매절차

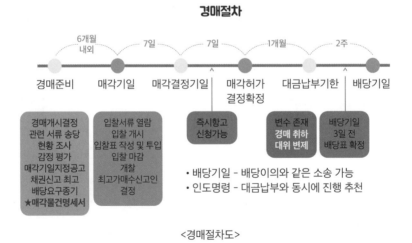

<경매절차도>

PART 7. 실제 현장에서 활용할 수 있는 입찰 노하우

경매절차의 되새김

채권자가 경매 신청을 하면 경매법원은 경매개시결정을 하면서 이해관계인에게 경매 내용을 전달한다. 경매개시결정이 등기되면 압류의 효력이 발생한다. 이후 집행관은 경매목적물의 현황을 조사(=부동산 현황, 점유 관계, 보증금액 등)한다. 현황이란 부동산의 점유 현황과 물건 상황을 말하는 것으로 점유자가 누구인지 확인하는 것이 주요 목적이다.

경매는 강제 매각이기 때문에 채무자나 소유자가 손해를 보지 않도록 부동산의 가격을 산정하는 것이 중요하다. 경매목적물에 대한 평가명령을 받은 감정평가사는 감정가를 결정하게 된다. 이 감정가격이 최초 입찰 시 최저 매각가격이 된다. 이후 배당요구종기의 결정 및 공고를 하게 된다. 등기부등본에 드러난 채권자는 배당이 가능하다. 하지만 등기부등본에서 확인되지 않는 임차인은 배당에서 제외될 수 있기 때문에 배당요구종기까지 채권계산서를 제출해야 한다. 이렇게 이해관계인에게 채권신고를 하라고 안내하는 것이 앞에서 배운 채권신고최고와 배당요구의 단계이다. 대략적으로 준비를 마치면 매각할 날짜를 정하게 된다.

마지막으로 이 모든 내용을 종합해서 한 장의 서류로 만든다. 그것이 바로 '매각물건명세서'다. 입찰 전 반드시 확인해야 하는 서류다. 추가적으로 대출 확인, 배당표 작성을 통해 수익률과 명도 난이도를 분석해서 경매 전략을 세운 뒤 입찰을 한다. 법원이 지정한 매각기일에 최고가격을 제시한 사람은 경매사건에서 낙찰자가 된다. 즉 최고가 매수신고인으로 결정된다. 만약 매수신고인이 없다면 새로이 매각기일을 지정(보통 1개월 소요)한다. 바로 전 매각기일의 최저 매각가격에서 20% 혹은 30%를 저감한 가격으로 다시 경매를 진행시킨다. 입찰일에는 신분증, 도장, 매수신청보증금(최저매각가의 10% 이상, 수표 준비)을 준비하여 법원으로 간다. 법원 기재대에서 작성한 입찰표와 매수신청 보증금을 입찰봉투에 넣고 입찰함에 투여한다. 이때 주의할 점은 입찰봉투에 있는 입찰자용 수취증을 집행관에게 확인 받은 후 봉투를 투여해야 한다. 최고가 매수신고인이 되면 매수신청보증금에 대한 영수증을 집행관에게 받으면 되고, 패찰하면 입찰보증금 반환란에 서명날인을 하고 입찰자용 수취증을 준 뒤 보증금을 반환 받으면 된다.

매각허가결정 후 확정의 기간 동안 이의가 있는 자는 즉시항고를 할 수 있다. 확정된 이후에는 대금 납부기한의 지정과 통지가 이루어진다. 경락대출을 통해 대금을 납부하면 소유권을 취득하게 된다. 이후 배당을 실시하는데, 이의가 있는 채권자는 배당이의의 소를 통해 권리구제를 청구한다. 낙찰자는 잔금납부 후 소유권이전등기, 점유이전금지가처분, 부동산 인도의 절차를 진행하게 된다. 명도 협의에 따라 강제집행의 절차를 선택적으로 진행한다. 명도 후 수리된 부동산을 처분하거나 임대한다. 임대를 시작하면 하나의 경매 투자를 완성한 것이다.

입찰 전 반드시 확인해야 할 서류

매각기일 7일 전에 경매법원 민사집행과를 방문하여 현황조사보고서, 감정평가서, 매각물건명세서, 서류송달내역 등을 열람할 수 있다. 최근에는 시스템이 잘되어 있어서 법원에 직접 방문하는 경우는 많지 않다. 실무적으로 대다수의 사람들이 대법원의 법원경매정보나 사설 경매정보지를 통해서 확인한다. 시간과 비용적인 측면에서 경제적이기 때문이다. 가장 중요한 것은 입찰 전 반드시 분석해야 한다는 것이다.

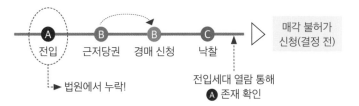

감정평가서 : 가격시점은 신뢰하되 가격은 신뢰하지 말자!
매각물건명세서 : 꼭 확인해야 할 서류! ⇨ 경매와 관련된 핵심 내용이 요약된 서류

<입찰 전 반드시 확인해야 할 서류>

① 감정평가서

감정평가서는 매각 대상 부동산의 가치를 평가한 서류를 말한다. 실무적으로 상세위치도, 개황도, 현장 사진, 감정평가명세서를 통해 건물의 침범 여부, 구분 소유적 공유관계, 매각의 형태 등을 분석할 수 있다. 대다수의 감정평가서의 형식은 비슷하기에 여러 번 읽어보면 구조를 쉽게 파악할 수 있다. 경매는 낙찰 후 수익을 실현하기까지 통상 6~12개월이 소요된다. 보통의 감정평가는 매각 준비단계에서 진행된다. 즉, 감정가격은 입찰시점에서 보면 과거의 가격인 것이다. 간혹 투자자들이 감정가에 현혹되어 입찰을 잘못하는 경우가 있다. 감정시기와 수익시기가 다르므로 참고만 하고 맹신해서는 안 된다.

(부동산)감정평가표

이 감정평가서는 감정평가에 관한 법규를 준수하고 감정평가이론에 따라 성실하고 공정하게 작성하였기에 서명날인합니다.

감 정 평 가 사
김 현 인   (인)   (인)

감정평가액	사억일천칠백만원정 (₩417,000,000.-)			
의 뢰 인	서울동부지방법원	감정평가목적	경매	
채 무 자	-	제 출 처	- -	
소유자 (대상업체명)		기 준 가 치	시장가치	
		감정평가조건	-	
목 록 표 시 근 거	귀 제시목록	기 준 시 점 2018.12.31	조 사 기 간 2018.12.26~2018.12.31	작 성 일 2019.01.02

감정평가내용	공 부 (의 뢰)		사 정		감 정 평 가 액	
	종 류	면적(㎡) 또는 수량	종 류	면적(㎡) 또는 수량	단 가	금 액
	구분건물	1세대	구분건물	1세대	-	417,000,000
	이	하	여	백		
한 계						₩417,000,000

심사확인	본인은 이 감정평가서에 제시된 자료를 기준으로 성실하고 공정하게 심사한 결과 이 감정평가 내용이 타당하다고 인정하므로 이에 서명날인합니다. 심 사 자 감 정 평 가 사 (인)

<부동산 감정평가표>

② 부동산의 현황 및 점유 관계 조사서

현황조사서에는 소재지와 점유 관계에 대한 내용을 기재한다. 특히 점유 관계와 임대차 관계 조사서를 확인하면 2011년 6월부터 임차인 1명이 점유하고 있음을 알 수 있다. 집행관이 현장에 방문해서 확인한 사항이다. 여기서 주의해야 할 점은 현황이 실제 사실은 아닐 수 있다는 것이다. 집행관에게 점유자가 잘못된 정보를 주어도 그것을 조사하는 사람은 확인할 방법이 없기 때문이다. 정상적인 임차인이 경매사건에서 자신의 보증금을 회수하고 싶다면 배당요구종기까지 채권계산서를 제출했을 것이다. 이 부분을 매각물건 명세서와 비교해야 한다.

- **사건번호 :**　　　　　부동산강제경매
- **조사일시 :** 2018년12월31일13시53분　2019년01월03일12시45분

부동산 임대차 정보

번호	소재지	임대차관계
1	서울특별시 광진구	1명

[부동산의 현황 및 점유관계 조사서]

1. 부동산의 점유관계

소재지	1 서울특별시 광진구
점유관계	임차인(별지)점유
기타	1. 본건 부동산은 임차인 가족이 전부 점유하여 주거용으로 사용하고 있다고 임차인　　　이 진술함. 2. 전입세대열람 내역 결과 점유자 가족만이 주민등록표에 등재되어 있어 점유자만을 일응 임차인으로 보고함.

2. 부동산의 현황

　1. 본건 부동산은 큰 길에서 골목으로 약간 들어간 곳에 위치한 다세대주택으로 주변에는 주로 다세대주택이 많았으나 큰 길쪽으로는 주상복합건물이 많은 지역이었음.
　2. 본건 부동산 주변에 신축 다세대주택이 대부분이어서 골목이 깔끔하고, 본건 부동산도 겉모습만 육안으로 보아 새로 신축된 건물 같아 주변환경은 양호하게 보였음.
　3. 본건 부동산은 1층에 주차장이 마련되어 있었고, 대중교통이 편리하게 보였으며, 생활편의시설 접근도 양호한 것으로 여겨져 주거여건도 양호하게 보였음.

[임 대 차 관 계 조 사 서]

1. 임차 목적물의 용도 및 임대차 계약등의 내용

	점유인		당사자구분	임차인
1	점유부분	전부	용도	주거
	점유기간	2011.06.22~		
	보증(전세)금	1억 8천만원	차임	
	전입일자	2011.06.22	확정일자	미상

<부동산 현황 및 점유 관계 조사서>

③ 매각물건명세서

　매각물건명세서는 경매 절차에서 경매 매각과 관련한 내용을 한 장으로 요약한 서류이다. 입찰 전 반드시 확인해야 한다. 경매 투자에서 가장 중요한 서류이기 때문이다. 매각물건명세서를 보는 방법을 충분히 익혀야 한다. 다음의 매각물건명세서 예시를 살펴보자.

서 울 동 부 지 방 법 원

매각물건명세서

사 건	부동산강제경매		매각물건번호	1	작성일자	2019.09.03	담임법관(사법보좌관)		
부동산 및 감정평가액 최저매각가격의 표시	별지기재와 같음		최선순위설정	2014.04.10. 근저당권①		배당요구종기		2019.03.11	②

부동산의 점유자와 점유의 권원, 점유할 수 있는 기간, 차임 또는 보증금에 관한 관계인의 진술 및 임차인이 있는 경우 배당요구 여부와 그 일자, 전입신고일자 또는 사업자등록신청일자와 확정일자의 유무와 그 일자

점유자 성 명	점유 부분	정보출처 구 분	점유의 권 원	임대차기간 (점유기간)	보 증 금	차 임	전입신고 일자, 사업자등록 신청일자	확정일자	배당③ 요구여부 (배당요구일자)
	전부	현황조사	주거 임차인	2011.06.22~	1억 8천만원	없음	2011.06.22	미상	
	전부	권리신고	주거 임차인	2011.06.22~	180,000,000		2011.06.22	2011.06.22	2019.01.09

〈비고〉

※ 최선순위 설정일자보다 대항요건을 먼저 갖춘 주택·상가건물 임차인의 임차보증금은 매수인에게 인수되는 경우가 발생 할 수 있고, 대항력과 우선변제권이 있는 주택·상가건물 임차인이 배당요구를 하였으나 보증금 전액에 관하여 배당을 받지 아니한 경우에는 배당받지 못한 잔액이 매수인에게 인수되게 됨을 주의하시기 바랍니다.

등기된 부동산에 관한 권리 또는 가처분으로 매각으로 그 효력이 소멸되지 아니하는 것 ④

매각에 따라 설정된 것으로 보는 지상권의 개요 ⑤

비고란 ⑥

주1 : 매각목적물에서 제외되는 미등기건물 등이 있을 경우에는 그 취지를 명확히 기재한다.
　2 : 매각으로 소멸되는 가등기담보권, 가압류, 전세권의 등기일자가 최선순위 저당권등기일자보다 빠른 경우에는 그 등기일자를 기재한다.

<매각물건명세서>

① 최선순위 설정권리가 어떤 것인지 확인할 수 있다. 이것이 앞서 배운 말소기준등기에 해당한다면, 후순위 권리는 매각으로 소멸하게 된다.

② 경매사건에서 채권자들이 채권계산서를 제출하여 자신의 채권액을 신고하는 기한이다. 대항력 있는 임차인이 배당요구종기까지 배당요구를 하지 않는다면 그 보증금을 인수하는지 판단할 수 있다.

③ 임차권을 확인할 수 있는 항목이다. 임차인의 임대차기간, 보증금, 차임, 전입신고, 확정일자, 배당요구 여부를 확인할 수 있다. 현황조사서의 점유자와 매각물건명세서의 점유자가 다른 경우가 있는데 매각물건명세서를 신뢰하는 것이 옳다.

④ 최선순위 설정등기가 말소기준등기가 아니라면 인수되는 권리가 있을 수 있다. 지상권, 지역권, 가처분 등의 인수권리가 있다면 그 부분을 보여주는 항목이다.

⑤ 주로 법정지상권과 관련된 부분이 기재되는 곳이다. 종종 '법정지상권 성립 여지 있음'의 형식으로 표현하는 경우가 있다. 앞에서 배운 기준에 의해 입찰자가 분석하여 입찰 여부를 결정해야 한다.

⑥ 특별매각조건이나 기타 물건 자체의 하자, 유치권과 관련된 기타 사항이 기재되는 항목이다. 비고 항목에 내용이 없을수록 간단하고 쉬운 물건으로 이해하면 된다.

경매도 때로는 취소나 취하할 수 있다

경매에서 청구 채권액은 채권자가 채무자에게 받지 못한 금액의 합계를 의미한다. 통상 원금과 약정이자, 연체이자, 법정비용의 합계로 구성되어 있다. 청구 채권액이 소액이라면 상대적으로 경매 취하[1]의 가능성이 높은 물건이다. 채무자 입장에서 경매 진행에 따른 손해가 더욱 크기 때문에 급전을 융통해서라도 채무를 변제하고 경매를 취하나 취소할 수도 있다. 또한, 경매 절차상 연기나 변경이 있는 물건이 상대적으로 경매 취하의 가능성이 높은 물건에 해당된다. 부동산을 지키려는 의지가 높기 때문이다. 물론 부실채권 (NPL)을 매수한 사람이 연체이자를 늘리기 위해 전략적으로 매각기일을 연장하는 경우도 있겠지만, 일반적인 사항을 다루는 만큼 논외로 하겠다.

경매에서 권리가 확정되는 시기는 매각대금 완납 후이다. 경매 취하는 그 전까지 가능하다. 낙찰자가 있다면 낙찰자의 경매취하동의서가 필요하지만 낙찰자가 없다면 경매취하서만 법원에 제출하면 취하할 수 있다. 실무적으

---

1   채권자가 강제집행 대상의 목적물에 대해 집행을 진행하지 않을 것을 요청하는 것.

로 경매물건을 선택할 때 취하의 가능성이 크다면 굳이 시간과 비용을 투자하여 분석할 필요가 없다. 채무자가 채권자나 최고가매수인의 의사와 상관없이 경매를 취소[2]하려면 '저당권의 피담보채권[3]이 소멸했거나 그 행사에 문제가 있다는 점' 또는 '경매개시결정이 위법하다는 점'을 밝히면 된다. 그러나 투자자와는 크게 관련이 없는 영역이다. 오히려 낙찰받은 금액이 남을 가망이 없는 경우 경매가 취소될 수 있음에 유의해야 한다(민사집행법 제102조).

<낙찰받은 가격이 남을 가망이 없는 경우>

예를 들어 후순위 근저당권자에 의해 임의경매가 진행되었다. 선순위 근저당권의 채권액은 1억 원인 상황이다. 높은 가격에 낙찰되어 모든 채권자가 만족하면 좋겠지만, 아쉽게도 유찰되었다. 낙찰금액이 선순위 근저당권자의 채권액 이하로 떨어지면, 경매 진행으로 선순위 채권자의 권리가 침해된다. 이런 물건은 입찰 당일 매각 취소 될 가능성이 크다. 실컷 시간과 비용을 쏟아 분석하고 법원에 갔지만 입찰을 못 하는 경우가 발생할 수 있으므로 입찰 전 확인해야 한다.

---

2   소유자나 채무자가 단독으로 경매취소를 신청하여 목적물을 보전하는 방법으로 취하와 다르게 최고가 매수신고인의 동의가 필요 없다. 민사집행법 제102조도 여기에 해당한다.

3   1억 원을 빌려주고 저당권을 설정한 경우, 1억 원이라는 금전채권이 피담보채권에 해당한다.

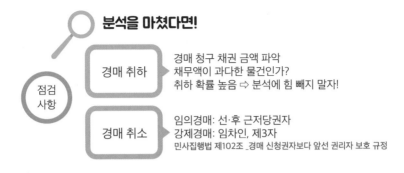

<경매 취하와 취소>

경매 투자 물건을 보다 보면 생각보다 높은 가격에 낙찰되는 경우가 있다. 실수요자가 버티고 있기 때문에 입찰해도 낙찰받기 힘들다. '투자자는 실수요자를 이길 수 없다.'라는 것은 경매시장에서 잘 알려진 속설이다. 만약 투자를 고려하고 있는 물건에 실수요자가 낙찰을 받으려 한다면 고민 후 입찰을 진행하는 것이 좋다.

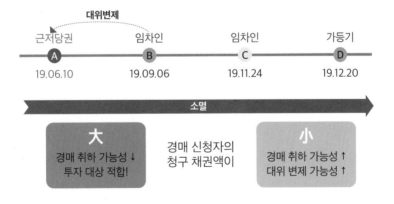

<대위변제로 인한 경매 취하>

위의 그림을 보자. 근저당권A가 최선순위 말소기준등기에 해당하므로 B,

C, D가 소멸된다. 인수권리가 없는 깨끗한 물건이다. 하지만 근저당권A의 채권액이 소액이라면 B는 어떻게 행동할까? 아마도 대위변제를 하고 경매를 취하시켜 버릴 것이다. 실제 이런 상황은 자주 발생한다. 경매 취하 확률을 따져서 물건을 고르는 노력이 필요한 이유다. 예를 들어 선순위근저당권의 채권금액이 1억 5,000만 원이고 후순위임차인의 보증금이 1억 3,000만 원이라고 가정하자. 낙찰예상가가 2억 4,000만 원이라면 임차인은 경매사건에서 9,000만 원을 배당받게 된다[4].

부동산에는 임자가 있다!
(나쁜 물건, 좋은 물건은 상황과 관점의 차이)

근저당권   전입/확정   경매 신청
(1억 5,000만 원) (1억 3,000만 원)

- 분양가 : 3억 2,000만 원
- 낙찰 예상 가격 : 2억 4,000만 원

당신이 임차인 B라면, 얼마에 입찰할까? 고민하라!
예) 낙찰가 2억 4,000만 원일 경우, 임차인 B의 배당금 9,000만 원(=2억 4,000만 원 - 1억 5,000만 원)
➩ 4,000만 원 손해
➩ 임차인 입장에서는 2억 8,000만 원이 보증금 방어선!

┌ 낙찰가 / 사람 / 2억 8,000만 원 ➩ 3억 원에 내놓을 수 있다!
└ 분양가 / 사람 / 3억 2,000만 원 ➩ 3억 4,000만 원 … 3억 2,000만 원
                                      … 3억 1,000만 원 … 안 팔려!

> 경매를 통해
> 다세대 저가 취득
> 손해 X

<실수요자의 방어입찰>

즉 가만히 있는 경우 4,000만 원의 손실이 발생한다. 만약 2억 8,000만 원에 임차인이 낙찰받게 되면 어떻게 될까? 본인이 배당받을 금액인 1억 3,000만 원을 상계[5]처리해서 실제 1억 5,000만 원을 지급하고 부동산 소유권을 가

---

4   이해를 돕기 위해 발생된 비용 등은 제외하기로 한다.
5   법원에 신고해 배당받아야 할 금액을 제외한 나머지 대금만을 낙찰금액으로 낼 수 있도록 한 제도. 매각결정기일 전까지 신청해야 한다.

져온다. 임차인 입장에서 가만히 있으면 4,000만 원의 손해가 발생하지만, 낙찰을 받으면 부동산을 처분하기 전에는 손실이 실현되지는 않는다. 추후 주택가격의 상승이 예상된다면 2억 8,000만 원을 방어선으로 입찰할 수 있다. 낙찰 후 분양가 이하로 처분하면 된다. 이런 물건을 입찰 시 취하 가능성과 임차인의 방어입찰을 고려해야 한다. 이것이 효율적으로 경매를 하는 방법이다.

한 권으로 끝내는 실전 경매

실전! 입찰표 작성 어떻게 할까?

입찰표 작성은 권리, 수익, 시세, 명도 분석의 결과를 응축시키는 행위이다. 입찰가 산정의 실수는 경매의 실패로 직결된다. 마치 운동선수가 시합에 임하는 것과 같다. 지금까지 준비했던 것을 차분한 마음으로 실수 없이 입찰표에 적는 것이 중요하다. 입찰표 작성 실무에 대해 알아보자.

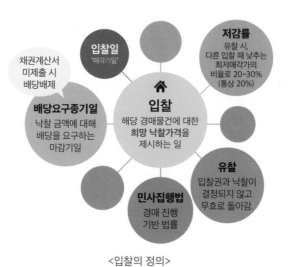

채권계산서 미제출 시 배당배제

입찰일 "매각기일"

저감률 유찰 시, 다른 입찰 때 낮추는 최저매각가의 비율로 20~30% (통상 20%)

배당요구종기일 낙찰 금액에 대해 배당을 요구하는 마감기일

입찰 해당 경매물건에 대한 희망 낙찰가격을 제시하는 일

유찰 입찰권과 낙찰이 결정되지 않고 무효로 돌아감.

민사집행법 경매 진행 기반 법률

<입찰의 정의>

입찰보증금 봉투

입찰보증금 봉투에 최저매각가격의 10%(재경매의 경우 20%)에 해당하는 현금이나 자기앞 수표를 넣어야 한다. 입찰보증금 봉투 앞면에는 사건번호와 물건번호를 적는다. 물건번호가 없다면 공란으로 두어도 된다. 같은 사건번호에 여러 개의 물건번호가 있을 수 있으므로 주의해야 한다. 그러고 나서 제출자의 성명을 기재한 후 날인한다. 입찰보증금 봉투 뒷면에는 도장을 날인하는 곳이 있는데, 여기에 제출자의 도장을 세 번 찍는다. 입찰보증금은 원활한 경매 진행을 위해서는 자기앞수표를 사용하는 것이 좋다. 수표 뒷면에는 경매사건번호와 입찰자의 인적사항을 적어두면 패찰 시 보증금을 회수하기 편하다.

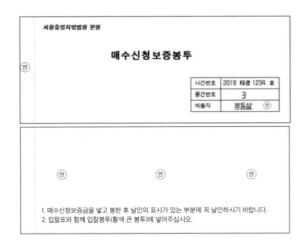

<매수신청보증봉투>

입찰봉투 작성법

입찰표와 입찰보증금을 입찰봉투에 넣은 후 앞부분이 속으로 들어가게 하여 반으로 접어야 한다. 입찰봉투의 앞면에는 사건번호, 물건번호 및 입찰자의 성명을 적고 입찰봉투 뒷면의 날인 표시가 있는 곳에 도장을 찍는다. 물건번호가 없으면 기재하지 않아도 된다. 입찰봉투 뒷면에도 도장을 3번 찍고, 사건번호와 물건번호를 작성한다. 특히 집행관이 날인해 주는 입찰자용 수취증은 가지고 있어야 보증금을 수월하게 반환 받을 수 있다.

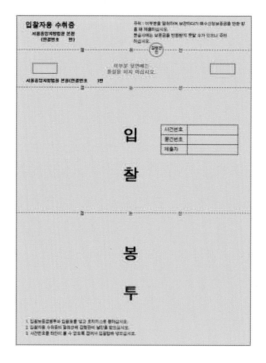

<입찰봉투>

PART 7. 실제 현장에서 활용할 수 있는 입찰 노하우

기일입찰표

(앞면)

기 일 입 찰 표

| ① 지방법원 집행관 귀하 | | | ② 입찰기일 : 년 월 일 | | | |

<입찰표>

① 지방법원 집행관 귀하

보통 법원에 비치되어 있는 기일입찰표에는 각 법원명이 기재되어 있다. 인터넷에 있는 양식을 다운받아서 가기 전에 윗부분을 미리 적어 놓으면 좋다. 부천지원에서 입찰하는 경우에는 인천지방법원 부천지원이라고 정확히 작성해야 한다.

② 입찰기일

입찰기일은 본인이 들어가는 물건의 입찰 당일 날짜를 적는다.

③ 사건번호

사건번호는 자신이 입찰하는 물건의 사건번호를 기록하는데 이 부분을 정확히 작성해야 한다. 잘못 적으면 다른 물건을 낙찰받거나, 혹시나 낙찰이 되더라도 사건번호가 틀린 경우 낙찰이 취소가 될 수 있으므로 주의해야 한다.

④ 물건번호

하나의 사건번호에 여러 개의 물건이 매물로 나온 경우(개별매각)에는 각 물건마다 다른 물건번호가 매겨지게 된다. 물건번호를 적지 않거나 잘못 기재하면 생각지 못한 다른 물건을 낙찰받을 수 있다. 미기재 시 낙찰이 취소될 수 있으므로 반드시 확인 후 작성한다. 예를 들어 2019타경1234라는 사건번호에 세 개의 매물이 경매로 나온다면 각각의 물건번호가 다르므로 확인해서 작성한다.

⑤ 입찰자 본인

이름, 전화번호, 주민등록번호, 주소 등 입찰자 본인의 신상명세를 적으면 된다. 특히 주소는 실제 거주하고 있는 곳이 아닌 주민등록상에 등재되어 있는 주소를 기재해야 한다.

⑥ 입찰 가격

입찰할 물건의 최저매각가와 동일하거나 높게 적으면 된다. 즉, 해당 부동산을 매입하는 가격이라고 생각한다. 권리와 시세 분석을 통해서 자신이 매수할 가격을 적는다. 4억 원짜리 집을 매수할 때 3억 원의 전세가 들어있다면 매

PART 7. 실제 현장에서 활용할 수 있는 입찰 노하우

도자에게 1억 원을 지급하듯, 보증금 인수사항이 있다면 그 차감액을 입찰가로 고려해야 한다. 감정가와 최저매각가를 혼동하는 경우가 있는데 감정가는 해당 물건의 시세 가격을 감정평가사가 평가한 금액이다. 최저매각가는 매각이 진행되면서 유찰이 될 경우 해당 회차에 입찰할 수 있는 최저가격, 하한을 정한 금액이다. 최초 매각기일의 감정가는 최저매각가와 동일한 개념이지만 유찰이 될 경우 감정가에서 80%, 70%로 조정된 금액이 최저매각가가 된다. 특히, 입찰가격을 잘못 작성한다면 보증금을 몰수당할 수 있으므로 가장 주의를 기울여야 하는 부분이다. 경매에서 실수는 있을 수 없고, 법적으로 보호받을 수도 없다. 입찰가가 3억 원인데 30억 원으로 잘못 기재한다면 입찰을 포기할 수밖에 없다. 게다가 보증금도 몰수되어 입찰자는 손해를 보게 된다. 실무에서 매우 빈번하게 발생하므로 신중, 또 신중해야 한다.

⑦ 보증금액

보증금액은 보통 최저매각가의 10%로 정해진다. 다만 특별매각조건이 있다면 최저매각가의 20%~30%로 보증금액이 정해진다. 특별매각의 대표적인 사유는 낙찰 후 보증금을 미납했기 때문이다. 앞서 말한 바와 같이 입찰가격을 잘못 기재하거나 대출이 되지 않아 대금을 납부하지 못한 경우가 대부분이다. 보증금을 최저매각가의 10%를 초과하여 납부하는 것은 가능하지만 미만으로 납부한다면 해당 매각은 취소된다. 그리고 보증금액을 현금으로 준비하는 사람이 있는데, 이것은 마치 혼잡한 마트에서 물건을 구매하고 10짜리 동전으로 지불하는 것과 같은 상황이다. 뒷사람을 배려하지 않은 행위로 치부되는 것이다. 입찰 전날 은행에서 한 장의 수표로 준비하도록 한다.

⑧ 보증금의 제공 방법

현금 또는 자기앞수표, 보증서로 납부했는지를 표시하는 부분이다. 일반적으로 대부분의 입찰자는 자기앞수표로 준비하여 입찰한다. 당일 법원 내 은행이 혼잡하므로 전날 미리 준비하면 좋다.

⑨ 본인 또는 대리인

입찰했지만 패찰한다면 보증금을 반환 받아야 한다. 마치 부동산 계약 후 계약금을 입금했지만 이미 다른 사람과 계약이 진행되어서 보증금을 반환 받는 것과 같은 상황이다. 기일입찰표에 본인의 이름을 적고 도장을 찍어야 한다. 대리인 없이 본인이 직접 제출하는 경우에는 막도장을 사용해도 무관하다. 하지만 ⑤번의 입찰자 본인란의 도장과 동일해야 한다. 보증금을 반환 받을 때 이름을 적고 도장을 찍어야 하는데 제출 시 미리 날인해 두면 보증금을 찾을 때 다시 도장을 꺼내야 하는 불편함을 피할 수 있다. 입찰물건에 낙찰이 되어도 그 부분에 이름과 도장이 찍힌 것은 문제가 되지 않으므로 미리 준비하자.

입찰 방법	구분	준비할 서류 및 물품
본 인 입 찰	개인	신분증(주민등록증, 운전면허증, 여권 등), 도장, 입찰보증금
	법인	법인등기부등본, 법인인감증명서, 대표이사신분증, 법인인감도장, 입찰보증금
	법률행위 제한능력자	법정대리인의 신분증, 법정대리인을 증명하는 서류(기본증명서) 대리인 도장, 입찰보증금
대 리 입 찰	개인	대리인의 신분을 증명하는 신분증, 본인의 위임장, 본인의 인감증명서, 대리인의 도장, 입찰보증금
	법인	대리인을 증명하는 위임장, 대리인의 신분증, 대리인의 도장 법인등기부등본, 법인인감증명, 입찰보증금

<입찰참가 시 준비사항>

단, 채무자는 매수인이 될 자격이 없다. 그러나 소유자가 물상보증인[6]이거나 제3취득자인 경우에는 소유자는 채무자가 아니므로 매수인이 될 수 있다. 민법상의 연대채무자, 연대보증인은 채무자와 동일한 의무를 부담하지만 경매 절차에서는 채무자에 해당하지 않으므로 매수인이 될 수 있다.

---

6   타인의 채무를 담보로 자신의 소유물을 저당권, 근저당권, 질권 등을 설정하여 주는 사람. 예를 들어 어머니의 집을 담보로 딸이 대출을 받는 경우, 어머니는 딸의 물상보증인이 된다.

입찰금액이 고민이라면 경쟁자의 동선에 집중하라

경매는 공개입찰로 진행되기 때문에 경쟁을 피할 수 없다. 자신이 입찰하는 물건의 경쟁률이 낮다면 좋겠지만, 매력적인 물건일수록 수요가 많을 수밖에 없다. 그래서 입찰가를 정할 때 어려움을 느끼는 것은 당연하다. 입찰가는 투자의 성패를 좌우하기에 그 기준을 잡는 것이 매우 중요하다.

다른 투자와 마찬가지로 경매에서도 변수가 발생할 수 있다. 그것은 바로 실거주자인 경쟁자의 등장이다. 사실 경매 시장에서 왕은 실거주자다. 투자자가 절대 이길 수 없는 대상이다. 다만 경쟁자들의 대략적인 수요를 파악한다면 어느 정도 대처는 가능하다. 바로 입찰 전까지 경쟁자의 동선에서 들리는 현장의 소리에 귀를 기울이면 된다. 만약 아파트를 입찰한다면, 다른 경쟁자의 입찰가를 확인할 수 있는 관리사무소, 경비실, 주변 마트, 중개사무소, 법원, 주민센터, 지자체 공무원의 이야기를 듣는 것이다. 예를 들면 다음과 같은 대화를 통해 필요한 정보를 얻을 수 있다.

부동삶 : 안녕하세요? 수표 출금하려고요. 5,000만 원 수표로 출금 부탁드려요.
은행원 : 신분증 주세요. 5,000만 원짜리 한 장으로 드리면 되죠?
부동삶 : 네, 맞아요. 이렇게 입찰 있는 날은 정말 힘드시겠어요.
은행원 : 정신이 없네요. 바쁘기도 하고요.
부동삶 : 고생 많으시네요. 오늘 입찰보증금 용도로 5,000만 원 출금한 사람 많았나 봐요?
은행원 : 네, 세 분 정도 되네요. 그래도 다른 물건에 비해 적은 거 같아요.
부동삶 : 그렇군요.

이런 대화법을 활용해 입찰 전까지 대략적인 경쟁자를 파악하자. 자신이 입찰하려고 하는 물건과 연관된 서류[7]를 보는 사람이 있는지 관찰해야 한다. 입찰 당일 현장에서 서류를 보는 사람은 하수다. 입찰 전에 모든 분석을 끝내고 현장의 분위기를 파악한 후 경쟁자에 집중하는 사람이 고수다. 특히, 경쟁자의 옷차림과 인상착의, 표정, 말투를 자세히 관찰해야 한다.

경매

① 권리분석 ┌ 눈으로 확인 가능한 분석: 등기부등본
          └ 눈으로 확인 불가능한 분석: 임차인, 법정지상권, 유치권
② 수익분석: 수익성이 보장되는 금액 ⇨ 임장활동 + 공인중개사(협조 요청)
③ 입찰가격: 수익분석 + 경쟁자의 동선에서 파악한 정보
④ 명도: 현장에서 협상과 강제집행의 적절한 조화

법적 분석 < 현장 분석 ▷ 현장에서 수집되는 비공식적 정보가 핵심

수익성 있는 금액 낙찰

<입찰가격 분석의 방법>

---

7   입찰 당일날 확인하는 게시판, 매각물건명세서, 감정평가서, 현장조사서 등.

경쟁자의 상황에 따라 입찰가가 달라지기 때문이다. 또한 비슷한 물건, 인근지역, 기간 순으로 낙찰가와 낙찰률[8]을 분석하면 입찰가 산정의 도움을 받을 수 있다. 아래의 표와 같은 방식을 활용하면 낙찰 확률을 높일 수 있다.

물건	감정가	낙찰가	낙찰가율	입찰자
1	100	100	100%	4
2	200	160	80%	3
3	300	300	100%	6
4	400	360	90%	4
5	500	400	80%	3
6	600	480	80%	3
7	700	490	70%	2
8	800	720	90%	5
9	900	810	90%	4
10	1,000	600	60%	2
평균	550	442	80%	3.6명

사전 입찰가 조사표		
내용	금액 / 명	비고
감정가	4억 원	-
예상낙찰가	3억 2,000만 원	80% 기준
예상입찰자	4명	3.6명 기준 반올림
당일 입찰가 조견표(4억 원 기준)		
현장 입찰자	낙찰가율	입찰가
6명	83.5%	3억 3,400만 원
5명	82%	3억 2,800만 원
4명	80%	3억 2,000만 원
3명	78%	3억 1,200만 원
2명	76%	3억 400만 원

※ 경쟁자의 수에 따라 입찰가 조정.

<입찰가 조사 및 조견표 >

경쟁자의 숫자에 따라 현장에서 금액을 조정[9]하면 된다. 여러 번의 경험이

---

8   낙찰가율(낙찰가를 감정가로 나눈 비율)과 낙찰률(낙찰 건수를 전체 매각 건수로 나눈 비율)은 비례한다. 최근 6개월을 기준으로 인근 지역의 동종물건을 묶어서 한 번에 계산해야 개별물건의 변동성이 강하게 반영되는 것을 피할 수 있다.

9   예를 들면, 5인 이하(변동률 2%), 6~10인 이하(변동률 1.5%), 10인 초과(변동률 1%) 등으로 조정.

쌓이고 입찰과 패찰, 낙찰을 반복하다 보면 현장의 울림을 느낄 수 있다. 자신만의 기준을 만들면 된다. 특히, 입찰 당일에 진행되는 물건을 모두 파악하고 있으면, 가장입찰자와 진성입찰자를 구분할 수 있다. 시간과 반복적인 노력이 필요한 부분이다. 간혹 어떤 사람들은 자신이 입찰할 물건과 입찰가를 자랑처럼 이야기하곤 한다. 고양이에게 생선을 맡기는 것과 같은 행동이다. 이 책을 읽은 독자라면 이런 실수를 해서는 안 될 것이다.

낙찰 후 생긴 돌발 상황에 대처하는 방법

도화지에 그림을 그릴 때, 밑그림 단계에서 실수하면 지우개를 사용해서 수정하면 된다. 하지만 색칠하는 단계에서 실수한다면 수정이 쉽지 않다. 이처럼 간단한 실수나 오류는 쉽게 고칠 수 있지만 그 이상으로 진행되면 되돌리기가 어렵다. 경매도 마찬가지다. 실무적으로는 아래의 예시처럼 적절하게 등기부등본을 열람해야 한다.

주의: 등기부등본 최소 4회 이상 확인할 것!

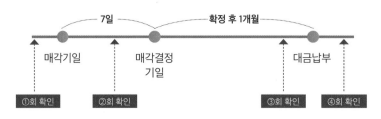

<등기부등본 열람 시기>

문제를 빠르게 발견해야 적절하게 대응할 수 있기 때문이다. 낙찰 후 돌발 상황에서 도망칠 줄 알아야 보증금을 지킬 수 있다. 상황별로 위험을 피할 수 있는 방법에 대해 알아보자.

대위변제 가능성에 대해 생각하기

대위변제의 가능성[10]은 항상 염두에 두어야 한다. 즉, 임차인이 선순위 근저당권 등을 변제함으로 인해 대항력 없던 임차인이 대항력 있는 임차인으로 바뀔 수 있기 때문이다. 이러한 부분은 역지사지의 마음으로 임차인 입장에서 대위변제의 실익이 있는지 여부를 점검해야 한다. 사례1에서는 근저당권A가 말소기준등기가 되어 인수되는 권리가 없다. 그런데 사례2처럼 임차인B가 근저당권A를 대위변제하면서 말소기준등기는 근저당권C로 바뀐다. 그 결과 낙찰자는 임차인B의 보증금을 인수하게 된다. 이런 상황은 낙찰자가 경매대금을 완납하기 전까지 변동이 가능하다. 만약 이 부분을 발견해 내지 못한다면 실패한 투자가 될 수 있다.

---

10   민법 469조 1항

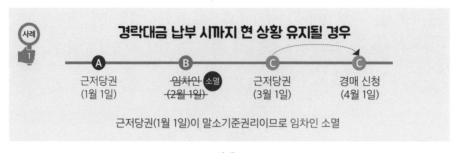

<사례 1>

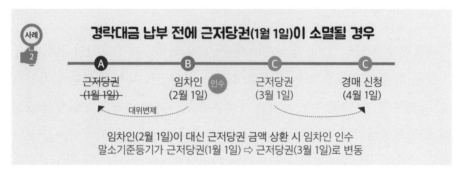

<사례 2>

또한 사례3처럼 이중경매가 진행되는 상황 속에서도 임차인의 대위변제로 말소기준등기가 변경되어 예상치 못한 임차인을 인수할 수도 있다. 이런 상황이 발생했을 때 위험에서 빠져나올 방법을 알고 있어야 한다.

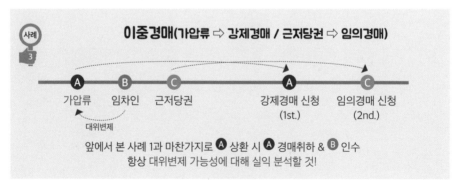

<사례 3>

PART 7. 실제 현장에서 활용할 수 있는 입찰 노하우

[대법원 98마1031 결정, 낙찰허가취소기각]

ⓐ 담보권의 실행을 위한 부동산의 입찰절차에 있어서, 주택임대차보호법 제3조에 정한 대항요건을 갖춘 임차권보다 선순위의 근저당권이 있는 경우에는, 낙찰로 인하여 선순위 근저당권이 소멸하면 그보다 후순위의 임차권도 선순위 근저당권이 확보한 담보가치의 보장을 위하여 그 대항력을 상실한다. 낙찰로 인하여 근저당권이 소멸하고 낙찰인이 소유권을 취득하게 되는 시점인 낙찰대금지급기일 이전에 선순위 근저당권이 다른 사유로 소멸한 경우에는, 대항력 있는 임차권의 존재로 인하여 담보가치의 손상을 받을 선순위 근저당권이 없게 되므로 임차권의 대항력이 소멸하지 아니한다.

ⓑ 선순위 근저당권의 존재로 후순위 임차권의 대항력이 소멸하는 것으로 알고 부동산을 낙찰 받았으나, 그 이후 선순위 근저당권의 소멸로 인하여 임차권의 대항력이 존속하는 것으로 변경됨으로써 낙찰부동산의 부담이 현저히 증가하는 경우에는, 낙찰인으로서는 민사소송법 제639조 제1항의 유추적용에 의하여 낙찰허가결정의 취소 신청을 할 수 있다.

경매 절차에서 낙찰자에게 불리한 경우가 발생한다면?

① 매각기일 이후 매각결정기일 이전에 하자 발생

매수신청 이후에 대항력 있는 임차인이 발견된 경우가 대표적이다. 이때 취할 수 있는 조치는 매각불허가신청이다. 실무적으로 매각물건명세서 작성에 중대한 흠이나 하자가 있어야 불허가신청이 받아들여진다(민사집행법 제121조 5항). 입찰자의 잘못된 권리분석은 구제사항이 아니므로 주의해야 한다. 매각불허가신청서를 작성하여 신청하면 된다.

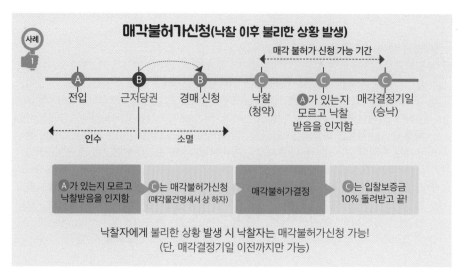

<매각 불허가 신청>

[대법원 95마1197 결정, 낙찰허가]

ⓐ 민사소송법 제603조-2 및 제617조-2의 규정 취지는 입찰대상 부동산의 현황을 되도록 정확히 파악하여 일반인에게 그 현황과 권리관계를 공시함으로써, 매수 희망자가 입찰대상 물건에 필요한 정보를 쉽게 얻을 수 있게 하여 예측하지 못한 손해를 입는 것을 방지하고자 함에 있다.

ⓑ 선순위 임차인의 주민등록에 대한 기재가 누락된 집달관의 임대차조사보고서 및 입찰물건명세서의 하자는 낙찰불허가 사유가 된다고 본 사례.

② 매각결정기일 이후 대금납부 이전에 하자 발생

매각결정기일 이후 대금납부 이전에 낙찰자에게 불리한 경우가 발생되었을 때이다. 매각허가결정의 취소신청을 해야 한다. 소유권을 최종적으로 취득하면서 권리변동이 중지되는 시기는 낙찰자의 대금 완납으로 인해 가능한 것이다. 경매는 민사집행법 테두리 안에서 진행한다. 그래서 경매절차에 따라 규정된 방법으로 빠져나와야 한다. 바로 매각허가결정 취소신청서를 제

출하여 보증금을 반환 받아야 한다.(민사집행법 제121조 6항)

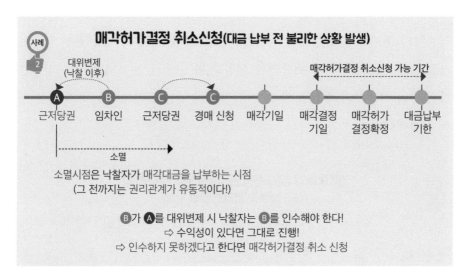

<매각허가결정 취소신청>

[대법원 98마1031 결정, 낙찰허가취소기각]

ⓐ 담보권의 실행을 위한 부동산의 입찰절차에 있어서, 주택임대차보호법 제3조에 정한 대항요건을 갖춘 임차권보다 선순위의 근저당권이 있는 경우에는, 낙찰로 인하여 선순위 근저당권이 소멸하면 그보다 후순위의 임차권도 선순위 근저당권이 확보한 담보가치의 보장을 위하여 그 대항력을 상실하는 것이지만, 낙찰로 인하여 근저당권이 소멸하고 낙찰인이 소유권을 취득하게 되는 시점인 낙찰대금지급기일 이전에 선순위 근저당권이 다른 사유로 소멸한 경우에는, 대항력 있는 임차권의 존재로 인하여 담보가치의 손상을 받을 선순위 근저당권이 없게 되므로 임차권의 대항력이 소멸하지 아니한다.

ⓑ 선순위 근저당권의 존재로 후순위 임차권의 대항력이 소멸하는 것으로 알고 부동산을 낙찰받았으나, 그 이후 선순위 근저당권의 소멸로 인하여 임차권의 대항력이 존속하는 것으로 변경됨으로써 낙찰부동산의 부담이 현저히 증가하는 경우에는, 낙찰인으로서는 민사소송법 제639조 1항의 유추적용에 의하여 낙찰허가결정의 취소신청을 할 수 있다.

한 권으로 끝내는 실전 경매

③ 대금 납부 이후 배당기일 이전에 하자 발생 시

대금 납부 이후 배당기일 이전에 낙찰자에게 불리한 일이 발생한 경우 '매매계약의 해제신청과 경매대금의 반환신청'을 해야 한다. 배당 전에 설정된 가등기가 본등기가 되어 소유권을 신청을 할 수도 있는 상황에서 대처하는 방법이다. 처음부터 해결할 수 없는 위험성이 있는 물건은 접근하지 않는 것이 최상책이다.

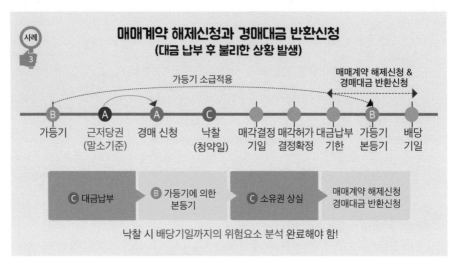

<매매계약 해제신청과 경매대금 반환신청>

[대법원 96그64 결정, 부동산강제경매]

① 특별항고는 불복을 신청할 수 없는 결정이나 명령에 대하여 하는 항고로써, 불복을 신청할 수 있는 방법이 따로 마련되어 있는 결정이나 명령에 대하여는 할 수 없고, 그 불복의 대상인 원심의 결정이나 명령이 없는 때에도 할 수 없다.

② 민사소송법 제613조에 의하면, 강제경매 절차 중에 부동산의 멸실 기타 매각으로 인하여 권리의 이전을 불가능하게 하는 사정이 명백하게 된 때에는 집행법원이 강제경매의 절차를 필요적으로 취소하도록 규정하고 있으므로, 이해관계인이 집행법원에 대하여 민사소송법 제613조에 의한 경매절차의 취소신청을 하였다고 하더라도 이와 같은 취소신청은 집행법원의 경매절차취소를 촉구하는 의미를 가질 뿐이나, 집행법원이 절차를 취소하여야 할 사정이 명백함에도 불구하고 취소 결정을 하지 아니할 때에는 민사소송법 제504조에 정한 집행에 관한 이의에 의하여 불복을 신청할 수 있다.

③ 소유권에 관한 가등기의 목적이 된 부동산을 낙찰받아 낙찰대금까지 납부하여 소유권을 취득한 낙찰인이 그 뒤 가등기에 기한 본등기가 경료됨으로써 일단 취득한 소유권을 상실하게 된 때에는 매각으로 인하여 소유권의 이전이 불가능하였던 것이 아니므로, 민사소송법 제613조에 따라 집행법원으로부터 그 경매절차의 취소결정을 받아 납부한 낙찰대금을 반환 받을 수는 없다고 할 것이나, 이는 매매의 목적 부동산에 설정된 저당권 또는 전세권의 행사로 인하여 매수인이 취득한 소유권을 상실한 경우와 유사하므로, 민법 제578조, 제576조를 유추적용하여 담보책임을 추급할 수는 있다고 할 것인바, 이러한 담보책임은 낙찰인이 경매절차 밖에서 별소에 의하여 채무자 또는 채권자를 상대로 추급하는 것이 원칙이다. 아직 배당이 실시되기 전이라면, 이러한 때에도 낙찰인으로 하여금 배당이 실시되는 것을 기다렸다가 경매절차 밖에서 별소에 의하여 담보책임을 추급하게 하는 것은 가혹하므로, 이 경우 낙찰인은 민사소송법 제613조를 유추적용하여 집행법원에 대하여 경매에 의한 매매계약을 해제하고 납부한 낙찰대금의 반환을 청구하는 방법으로 담보책임을 취급할 수 있다.

④ 배당기일 이후의 하자 발생 시

예시로 말소된 가처분이 회복하는 경우를 들 수 있다. 낙찰자의 소유권을 상실했다면 매도인의 담보책임규정에 의해 채무자에게 계약해제를 요청할 수 있다. 실무적으로 채무자는 자력이 없으므로 배당채권자에게 부당이득반환청구를 하게 된다(민법 제578조). 배당기일 이후 낙찰자에게 불리한 상황이 발생되었을 때에는 부당이득금반환청구를 해야 한다. 이미 이해관계자들에게 배당으로 돈을 다 나눠주었기 때문이다. 실무적으로 배당이 완료된 경우

소송으로 채권을 회수하는 것이 거의 불가능하다. 그래서 배당금의 수령 및 처분금지가처분을 사전에 진행해서 위험을 피해야 한다.

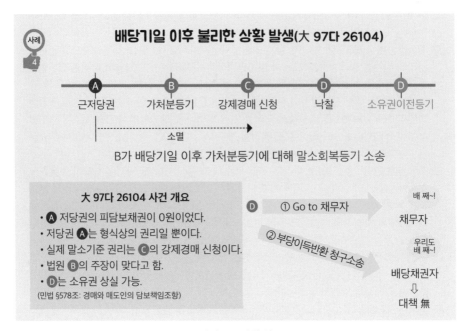

<부당이득금 반환 청구>

[대법원 97다26104,26111 판결, 건물철거 및 소유권이전등기말소]
ⓐ 근저당권자가 피담보채무의 불이행을 이유로 경매 신청을 한 경우에는 경매 신청 시에 근저당권의 피담보채권액이 확정되고, 그 이후부터 근저당권은 부종성을 가지게 되어 보통의 저당권과 같은 취급을 받게 된다.
ⓑ 강제경매의 개시 당시 이미 소멸하였음에도 형식상 등기만이 남아 있을 뿐이었던 근저당권보다 후순위라는 이유로 집행법원의 촉탁에 의하여 이루어진 가처분기입등기의 말소등기는 원인무효이고, 가처분채권자는 그 말소등기에도 불구하고 여전히 가처분채권자로서의 권리를 가진다.
ⓒ 가처분기입등기에 대한 원인무효의 말소등기가 이루어질 당시 소유권이전등기를 경료하고 있는 자는 법원이 위 가처분기입등기의 회복등기를 촉탁함에 있어서 등기상 이해관계가 있는 제3자에 해당하므로, 가처분채권자에 대하여 법원의 촉탁에 의한 위 가처분기입등기 회복절차에 승낙할 의무가 있다.

ⓓ 가처분채권자가 가처분의 본안소송인 소유권이전등기청구의 소에서 승소의 확정판결을 받은 이상, 가처분채권자의 지위에서 그 피보전권리인 소유권이전등기청구권에 기하여 등기를 하는 경우에는 위 가처분기입등기 이후에 개시된 강제경매 절차에서 당해 토지를 낙찰받은 낙찰자 명의의 소유권이전등기는 가처분채권자에 대한 관계에서는 무효인 것으로서 말소될 처지에 있다고 할 것이며, 이는 가처분채권자가 위 강제경매 절차가 진행되는 것을 알고 아무런 이의를 하지 아니하였다 하더라도 달리 볼 것이 아니다.

ⓔ 가처분기입등기 이후에 개시된 부동산 강제경매 절차에서 부동산을 낙찰받은 자의 소유권이전등기가 가처분채권자에 대한 관계에서 무효로 되는 경우, 특별한 사정이 없는 한 위 토지에 관한 낙찰자 명의의 소유권이전등기가 아직 말소되지 않고 있다고 하더라도 낙찰자로서는 위 토지를 자신 소유 건물의 부지 등으로 점용하고 있는 가처분채권자에 대하여 그 건물의 철거 및 위 토지 중 가처분채권자가 위 건물의 부지 등으로 점용하고 있는 부분의 인도를 구할 수 없다.

경매사건에서 예상치 못한 하자가 발생했을 때 탈출할 수 있는 방법에 대해 소개했다. 매각 불허가 신청 시 1배의 노력이 필요하다면, 부당이득금반환 청구는 10,000배의 노력이 들어갈 수도 있다. 실무상 이런 방법을 사용하더라도 법원의 판단에 따라 빠져나오지 못할 수도 있다. 그러므로 이런 방법만을 믿고 대책 없는 투자를 해서는 절대 안 된다.

경매 절차에서 낙찰자에게 불리한 상황이 발생했을 때 대응 방법

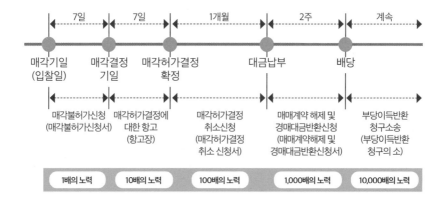

한 권으로 끝내는 실전 경매

PART 8

실전 경매 투자자의 경매 준비

실무에서는 '사설경매정보사이트'를 자주 활용한다. 시간과 노력을 아낄 수 있기 때문이다. 실제 경매 정보 사이트를 이용하는 방법, 임장하는 방법, 낙찰 후 소유권을 이전하는 방법에 대해 알아보자. 지금까지 공부했던 내용을 바탕으로 권리, 수익, 배당, 명도를 분석해 보자. 어느덧 경매 투자자로 성장한 자신을 마주할 수 있을 것이다.

경매도 전략이 전부다
경매정보사이트 활용 노하우

경매 투자를 잘하기 위해서는 많은 자료가 필요하다. 감정가, 낙찰가, 낙찰통계, 지번, 면적, 지목, 용도지역, 물건 사진, 소유자, 채권자 정보를 포함한 각종 공적 서류의 열람도 필요하다. 손품과 발품을 동원하여 자료를 확보하고 분석하는 것은 가장 이상적인 투자방법이다. 하지만 시간이나 체력의 한계가 있기에 이런 정보들을 한군데 모아놓은 사이트를 이용하는 것도 좋은 전략이라고 말하고 싶다. 공신력이 없다는 한계는 있지만 경매물건을 빠르게 분석하기 위해서는 필요하다. '사설 경매 정보 사이트'를 이용하는데 비용은 발생하지만, 본격적으로 경매 투자를 생각한다면 고려해볼 만하다. 경매 정보 사이트를 볼 때 확인해야 할 정보를 미리 정하고 보는 것이 좋다. 다양한 정보가 있지만 경매 신청권자 확인, 청구채권액 확인, 대위변제 가능성 확인, 매각 대상 부동산의 확인, 감정평가서, 현황조사서, 매각물건명세서, 말소기준등기분석, 배당표 작성, 명도분석, 수익분석의 순으로 살펴보자. 상황에 따라 순서를 바꿔가면서 분석해야 한다.

① 경매 신청권자와 대위변제 가능성 확인

경매정보지의 기본 내용을 보면 감정가, 최저매각가, 경매대상, 배당요구 종기, 입찰일 등이 나온다. 해당 부동산의 감정기일이 2019년 3월 16일이고, 감정가가 5억 9,700만 원임을 확인할 수 있다. 강제경매로 진행된 사유는 2,100만 원의 부채 때문이었다. 강서구에 위치한 아파트의 청구금액(원금+이자+비용 등)도 해당 부동산의 가치에 비해 적다는 것을 알 수 있다.

대표소재지	[목록] 서울 강서구 화곡동				
대표용도	아파트 (33-B평형)	기타용도	-	신청일	2019.03.04
감정평가액	597,000,000원	경매대상	건물전부, 토지전부	개시결정일	2019.03.05
최저경매가	(80%) 477,600,000원	토지면적	40.5㎡ (12.25평)	감정기일	2019.03.16
입찰보증금	(10%) 47,760,000원	건물면적	84.63㎡ (25.6평)	배당종기일	2019.06.05
청구금액	21,000,000원	제시외면적	0㎡	입찰예정일	2019.10.15.
등기채권액	0원	경매구분	강제	차기예정일	미정 (382,090,000원)
물건번호	1 [유찰]				

※ 대법원사이트 보기 / 법원기본내역 보기

<기본 정보>

경매 신청권자를 보면 박○○ 씨가 2,100만 원을 채권액으로 2019년 3월 5일 강제경매를 진행했다. 이 사건은 장기적으로 취하될 가능성이 크다. 그 이유는 소유자 김○○ 씨가 급매로 부동산을 처분한다면 채무를 상환할 수 있기 때문이다. 이렇게 매매가격에 비해 청구금액이 작은 경매사건은 채무변제가 용이하므로 분석에서 제외하는 게 좋다. 하지만 실무 연습을 위해 이

한 권으로 끝내는 실전 경매

사례로 분석해 보자.

❷ 감정평가서 요약/진행결과/임차관계/등기권리 감정평가서 보기 GO

소재지/감정서	면적(단위 : ㎡)	진행결과	임차관계/관리비	등기권리
[구분건물]	대지 • 40.5/4637.1㎡ (12.25평) 건물 • 84.63㎡ (25.6평) 총 13층 중 4층 보존등기 2002.05.20	감정 597,000,000 100% 597,000,000 유찰 2019.08.27 80% 477,600,000 예정 2019.10.15 법원기일내역	▶법원임차조사 정OO 전입 2019.01.14 확정 2019.01.14 배당 2019.06.04 보증 3억5000만 점유 전부/주거 (점유:2019.01.14.~2021.01.1 4.)	▶집합건물등기 소유권 김OO 이 전 2017.01.09 360,000,000 전소유자: 최OO 매매(2016.11.16)
• 본건이 속한 건물까지 차량의 진·출입이 가능하고 인근에 버스정류장이 소재하는 등 제반 교통상황은 보통인 편임. • 철근콘크리트조 박공지붕 3층건(사용승인일:2002.05.03) 중 제4층 제410호로서 외 벽:몰탈위페인팅 등 마감 내 벽:벽지도배 및 일부 타일붙임 등 마감 창호:샤시 창호 등임. • 아파트로 이용중임. • 위생 및 급배수설비, 난방설비 등 되어 있음.	토지감정 417,900,000 평당가격 34,114,290 건물감정 179,100,000 평당가격 6,996,100 감정기관 효산감정		*총보증금·350,000,000 임대수익률계산 ▶전입세대 직접열람 GO 정** 2019.01.14 열람일 2019.08.13 ▶관리비체납내역 ·체납액:0 ·확인일자:2019.08.09 ·19년6월까지미납없음 ☎ 02-2690-2116 ▶관할주민센터 강서구 화곡제3동 ☎ 0226007585	강 제 박OO 19.3.5 [말소기준권리] 청구액 21,000,000원 열람일 2019.07.24 집합건물등기부확인 GO
▶토지이용계획 · 도시지역 · 제2종일반주거지역 · 중요시설물보호지구 · 가축사육제한구역 · 상대보호구역 · 대공방어협조구역 · 수평표면구역 · 과밀억제권역				

<경매정보지 화면>

② 매각대상 부동산의 확인

지역분석의 기법으로 해당 지역을 선정(대장 아파트 선택)했다는 전제하에 매각되는 부동산 자체의 범위를 확인한다. 즉, 순수 토지, 매각하자 토지 매각(토지 위에 건물 등이 있는데 토지만 나온 경우), 건물만 매각(토지는 제외하고 건물만 나온 경우), 토지와 건물 동시 매각인지를 구분하는 것이다. 부동산 표시목록을 보면 구분할 수 있다. 집합건물의 경우 토지와 건물이 1장의 등기부등본에 표시된다. 1동의 건물의 표시, 전유부분의 건물 표시, 대지권의 목적인 토지의 표시, 대지권의 비율이 기재되어 있다면 토지, 건물을 한 번에 매각하는 형태이다. 만약 하나라도 빠져 있다면 주의해야 한다.

번호	지번	용도/구조/면적	비고
1	서울특별시 강서구 강서로45다길	1동의 건물의 표시 　서울특별시 강서구 화곡동 　서울특별시 강서구 화곡동 　철근콘크리트조 박공지붕 　13층 공동주택(아파트) 　지층 3,301.42㎡ 　1층 1,045.06㎡ 　2층 1,045.06㎡ 　3층 1,045.06㎡ 　4층 1,045.06㎡ 　5층 1,031.33㎡ 　6층 1,031.33㎡ 　7층 1,031.33㎡ 　8층 1,032.03㎡ 　9층 1,028.40㎡ 　10층 991.26㎡ 　11층 824.05㎡ 　12층 550.84㎡ 　13층 188.50㎡ 　1층 관리실,노인정 57.93㎡, 경비실19.44㎡. 전유부분의 건물의 표시 　건물의 번호 : 　구　　조 : 철근콘크리트조 　면　　적 : 84.63㎡ 대지권의 목적인 토지의 표시 　토 지 의 표시 : 1. 서울특별시강서구화곡동 　　　　　　　　　　　　대 4311.7㎡ 　　　　　　　　　2. 서울특별시강서구화곡동 　　　　　　　　　　　　대 325.4㎡ 　대지권의 종류 :1. 소유권 　　　　　　　　2. 소유권 　대지권의 비율 :1. 4637.1 분의 40.45 　　　　　　　　2. 4637.1 분의 40.45	---

<부동산표시목록>

③ 감정평가서의 확인

감정평가서에는 매각물건에 대한 다양한 정보가 포함되어 있다. 매각되는 부동산의 범위를 확인하고 실제 평가액이 얼마인지 살펴봐야 한다. 토지와 건물이 5억 9,700만 원에 정상 평가되었음을 확인할 수 있다. 간혹 경매사이트에는 토지와 건물이 일괄매각으로 표시되지만, 감정평가서에는 토지만 평

가되어 매각되는 것도 있다. 대체적으로 감정평가서가 맞는 경우가 많다. 명
세서 확인을 통해 실수를 줄여야 한다.

구분건물감정평가명세표

일련 번호	소재지	지 번	지 목 및 용 도	용도지역 및 구 조	면 적 (㎡)		감정평가액	비 고
					공 부	사 정		
	서울특별시 강서구 화곡동		공동주택 (아파트)	철근콘크리트조 박공지붕 13층				
	[도로명주소] 서울특별시 강서구			지층	3,301.42			
				1층-4층 각	1,045.06			
				5층-7층 각	1,031.33			
				8층	1,032.03			
				9층	1,028.40			
				10층	991.26			
				11층	824.05			
				12층	550.84			
				13층	188.50			
				1층 관리실,노인정	57.93			
				경비실	19.44			
1	서울특별시 강서구 화곡동		대	제2종 일반주거지역	4,311.7			
2	동 소		대	제2종 일반주거지역	325.4			
(1)				(내) 철근콘크리트조				
					84.63	84.63	597,000,000	비준가역 (공용면적
					40.45			48.3㎡
				1,2소유권대지권	-------	40.45		포함)

<구분건물감정평가명세표>

④ 현황조사서와 매각물건명세서의 확인

현황조사서를 통해서 집행관이 현장 방문 시 만난 점유자를 간접적으로
확인할 수 있다. 정확한 점유 상태와 대항력 여부는 매각물건명세서를 통해

서 분석해야 한다.

[부동산의 현황 및 점유관계 조사서]

1. 부동산의 점유관계

소재지	1 서울특별시 강서구
점유관계	임차인(별지)점유
기타	현황조사차 현장을 방문하였으나 폐문부재로 소유자 및 점유자를 만나지 못하여 `경매현황조사 안내`를 남겨두었음. 이후 점유자로부터 연락이 없어 점유관계를 확인할 수 없으나 전입세대열람 내역상 세대주 정 임차인으로서 점유하고 있음을 추정함

<부동산의 현황>

매각물건명세서를 확인해야 제대로 된 권리분석을 할 수 있다. 다음의 〈매각물건명세서〉를 살펴보자. Ⓐ에서 최선순위 설정을 확인할 수 있는데 2019년 3월 5일이 압류로 말소기준등기임을 확인할 수 있다. 그리고 Ⓑ를 보면 배당요구 종기가 2019년 6월 5일이다. Ⓒ에서 임차인 정○○의 대항력과 우선변제권은 2019년 1월 15일 0시에 형성됨을 알 수 있다.

낙찰자는 임차인 정○○ 씨의 보증금인 3억 5,000만 원을 인수해야 한다. 말소기준등기보다 앞서 대항력을 갖췄기 때문이다. 현황조사서에서 폐문부재로 소유자 및 점유자를 만나지 못했지만, 전입세대열람내역에 정○○ 씨가 있다는 것을 알 수 있다.

전입세대 열람 내역(동거인포함)

행정기관: 서울특별시 강동구 고덕제2동
신청주소: 서울특별시 강서구

출력일시: 2019년 8월 13일 15:36:45
출력자:
회 이 자:

순번	세대주 성명 주 소	전입일자	등록구분	최초전입자	전입일자	등록구분	동거인수	동거인사항 순번 성명 전입일자 등록구분
1	정 ** 서울특별시 강서구	2019-01-14	거주자	정 **	2019-01-14	거주자		
2	최 ** 서울특별시 강서구	2005-07-29	사망말소	최 **	2005-07-29	사망말소		

- 이하여백 -

<전입세대 열람 내역서>

서 울 남 부 지 방 법 원

매각물건명세서

사 건		부동산강제경매	매각 물건번호	1	작성 일자	2019.07.16	담임법관 (사법보좌관)	
부동산 및 감정평가액 최저매각가격의 표시		별지기재와 같음	최선순위 설정		2019.03.05. 압류 Ⓐ		배당요구종기	2019.06.05 Ⓑ

부동산의 점유자와 점유의 권원, 점유할 수 있는 기간, 차임 또는 보증금에 관한 관계인의 진술 및 임차인이 있는 경우 배당요구 여부와 그 일자, 전입신고일자 또는 사업자등록신청일자와 확정일자의 유무와 그 일자

Ⓒ

점유자 성 명	점유 부분	정보출처 구 분	점유의 권 원	임대차기간 (점유기간)	보 증 금	차 임	전입신고 일자, 사업자등록 신청일자	확정일자	배당 요구여부 (배당요구일자)
정	전부	권리신고	주거 임차인	2019.01.14.~2 021.01.14.	350,000,000		2019.01.14.	2019.01.14.	2019.06.04

〈비고〉

※ 최선순위 설정일자보다 대항요건을 먼저 갖춘 주택·상가건물 임차인의 임차보증금은 매수인에게 인수되는 경우가 발생 할 수 있고, 대항력과 우선변제권이 있는 주택·상가건물 임차인이 배당요구를 하였으나 보증금 전액에 관하여 배당을 받지 아니한 경우에는 배당받지 못한 잔액이 매수인에게 인수되게 됨을 주의하시기 바랍니다.

등기된 부동산에 관한 권리 또는 가처분으로 매각으로 그 효력이 소멸되지 아니하는 것

매각에 따라 설정된 것으로 보는 지상권의 개요

비고란
임차인 있음

주1 : 매각목적물에서 제외되는 미등기건물 등이 있을 경우에는 그 취지를 명확히 기재한다.
　2 : 매각으로 소멸되는 가등기담보권, 가압류, 전세권의 등기일자가 최선순위 저당권등기일자보다 빠른 경우에는 그 등기일자를 기재한다.

〈매각물건명세서〉

　매각물건명세서에는 정상적인 권리신고를 한 것을 확인할 수 있다. 즉 실제 임차인이 존재하는 것으로 보아야 한다. 인수등기나, 법정지상권, 유치권, 미사용승인 등의 하자가 없는 것을 알 수 있다. 만약 낙찰 후 매각물건명세서에 기재된 것과 다른 하자를 발견한다면 앞서 언급한 매각불허가신청 등의 방법으로 탈출하면 된다.

⑤ 배당표 작성과 명도분석

　임차인 정○○ 씨는 2019년 6월 4일에 보증금 3억 5,000만 원이 있다고 권리신고 및 배당요구를 했다. 비용을 제외하고 3억 5,000만 원 이상 낙찰 시

임차인은 배당을 통해서 보증금 전액을 회수할 수 있다. 대항요건을 갖춘 임차인이지만 낙찰자는 낙찰가격 이외에 추가인수 금액이 없는 것이다. 3억 6,000만 원에 낙찰받는다고 가정하면 아래와 같이 분석할 수 있다.

압류가 당해세가 아님을 가정

경매비용	정○○	압류	낙찰
Ⓐ	Ⓑ	Ⓒ	Ⓓ
500만 원	3.5억 원 전입/확정	1억 원	3.6억 원

● 배당 결과

★ 1순위 : Ⓐ - 500만 원
★ 2순위 : Ⓑ - 3억 5,000만 원
★ 3순위 : Ⓒ - 500만 원

<배당분석>

임차인 정○○ 씨는 3억 5,000만 원을 법원에서 배당받기 위해서는 낙찰자의 명도확인서와 인감증명서가 필요하다. 당연히 낙찰자는 임차인이 퇴거하는 조건으로 해당 서류를 발급할 것이다. 즉, 쉽게 명도할 수 있는 상황이다. 실무상 난이도는 낮음을 예측할 수 있다.

⑥ 수익분석

경매 투자의 목적은 돈을 버는 것이다. 따라서 투자 시 개인별 투자에 따른 수익률을 미리 산정한 후 입찰가격을 결정해야 한다. 배당표 작성을 통한 인수금액, 세금, 시세, 수리 비용, 대출한도 등 다양한 항목을 포함해서 분석해야 한다. 부동산 공부를 어느 정도 한 사람이라면 현재시점 뿐만 아니라 미래시점의 금액까지 계산해서 손익분기 매도가를 책정해 보자.

	세부 항목	금액
1	낙찰가	360,000,000
2	취득세 및 등기비용	4,703,900
3	중개수수료(VAT포함)	1,584,000
4	대출 (한도 40% / 금리 3.5%) KB시세 3.55억	142,000,000
5	초기 투자금액 (1+2+3-4)	224,287,900
6	재산세(2년)	761,280
7	대출이자(2년)	9,940,000
8	중도상환수수료(2% 가정)	946,667
9	기타 비용	2,000,000
10	1차 손익분기 매도가 (1+2+3+6+7+8+9)	379,935,847
11	매도시 중개수수료 (3.8억 매도 가정시)	1,672,000
12	매도시 양도소득세 (실거주 비과세 가정)	-
13	2차 손익분기 매도가 (10+11+12)	381,607,847

<손익분기 매도가 분석>

낙찰받은 물건을 2년 뒤에 처분한다면 그때까지 발생하는 재산세, 양도소
득세, 중개수수료, 대출이자비용과 같은 금액을 미리 계산하는 것이 좋다. 물
건의 개발 정보 분석을 통해 가격이 상승할 것이라는 믿음이 있다면 과감히
투자해야 한다. 이런 연습은 부동산 관리 능력을 키우는 데 도움을 준다. 감
정가는 시차가 존재하므로 급매가를 기준으로 판단하는 원칙을 지켜야 한다.

⑦ 그밖에 유용한 사이트

사이트 종류		
위치와 현황 확인	다음 지도	map.kakao.com
	도시계획정보서비스	upis.go.kr
	밸류맵	www.valueupmap.com
	토지이용규제정보서비스	luris.molit.go.kr
	일사편리 부동산정보 통합 열람	kras.seoul.go.kr
	한국국토정보공사	www.lx.or.kr
	건축행정정보 세움터	www.eais.go.kr
	대법원 인터넷 등기소	www.iros.go.kr
부동산 관련 통계	국가통계포털	kosis.kr
	국토교통부	www.molit.go.kr
	국토교통부 통계누리	stat.molit.go.kr
	한국감정원	www.kab.co.kr
	한국감정원 부동산 통계정보	www.r-one.co.kr
	온나라부동산정보	www.onnara.go.kr
	국토연구원	www.krihs.re.kr
	금융투자협회	www.kofia.or.kr
	통계청	www.kostat.go.kr
도시개발계획 등	도시계획정보서비스	www.upis.go.kr
	각 지자체	각 시,군,구청 홈페이지

<알아두면 유용한 사이트>

한 권으로 끝내는 실전 경매

사이트 종류		
임대시세 및 공실 추이와 현황	메이트 플러스	www.mateplus.net
	컬리어스	www.colliers.com
	젠스타	www.genstarre.com
	신영에셋	www.syasset.co.kr
	서브원	www.serveone.co.kr
	한화63시티	www.63realty.co.kr
	교보리얼코	kyoborealco.com
	JLL	www.jll.co.kr
	Savills	www.savills.co.kr
	한국감정원	www.r-one.co.kr
	KB금융지주 경영연구소	www.kbfg.com
경제지표	인베스팅닷컴	kr.investing.com
	국제금융센터	www.kcif.or.kr
	FRED	fred.stlouisfed.org
	macrotrends	www.macrotrends.net
기타 사이트	DART(기업공시조회)	dart.fss.or.kr
	키스리포트(기업정보조회)	www.kisreport.com
	임업정보 다드림	gis.kofpi.or.kr
	한국공인중개사협회	www.kar.or.kr
	정부24	www.gov.kr
	학구도서비스	schoolzone.emac.kr
	태인경매정보	www.taein.co.kr

현장에 숨겨진
보석을 찾는 임장활동

　부동산 투자는 살아있는 생명체인 실물을 관리하는 작업이다. 그래서 임장활동은 필수 사항이다. 보통 사람들이 생각하는 임장활동은 관리비, 주차장, 세대수, 시세, 로열동과 로열층 등을 확인하는 것이다. 진정한 임장활동은 자신이 알아야 하는 정보를 사전에 정리하고 그 정보를 얻기 위해 총력을 기울이는 것을 말한다. 확인해야 할 정보를 정의하고 그것을 알아내는 끈질긴 탐구 과정이 필요하다.

적극적으로 임해라!

아파트 10층(총 30층) 물건이 경매시장에 나왔다면?

관리비 확인
주차장 확인
끝!

초보

9~11층, 앞동까지
직접 올라가서
확인한다!

고수

중개사를 통해 근처 아파트 비슷한 층수에 가서 베란다 등
안쪽까지 샅샅이 살펴보자!
(욕실 크기, 베란다 크기, 장롱은 몇자가 들어가는지 등)

추가 팁!

그 지역 공인중개소에 급매로 나와 있을 수도 있다! 집을 매입한다는 마음으로
중개사와 함께 방문할 것! (미리 매매/전세가 확인 후)

<임장활동의 마음가짐>

시세 조사는 경매부동산 인근에 소재하는 중개업소를 최소 10군데 이상 방문해야 한다. 그 지역의 과거, 현재, 미래를 조사해야 한다. 경매정보지에서 확인한 정보를 참고는 하지만, 의사 결정은 실제 손품과 발품을 통해 얻은 정보를 신뢰해야 한다. 주민센터 및 시, 군, 구청, 등기소 등을 방문하여 전입세대열람내역서, 건축물대장, 토지대장, 토지이용계획확인원, 지적도, 개별공시지가 확인원, 등기부등본 등을 직접 발급받아 보길 추천한다. 본인이 직접 구한 서류를 바탕으로 최종 권리분석을 마무리해야 사고를 피할 수 있다.

임장활동이란 핵심 정보를 얻기 위해 현장답사를 하는 것

<임장활동의 본질>

경매물건을 검색하다 보면 빌라나 아파트 중에 1층이나 가장 위층이 나오는 경우가 있다. 일반적으로 1층은 소음, 난방 및 사생활 보호에 있어서 불편하기 때문에 대부분의 사람들이 관심을 두지 않는다고 한다. 일부는 맞고 일부는 틀리다. 짚신도 짝이 있듯이 부동산도 짝이 있는 경우가 있다. 해당 주거 단지에 유아, 청소년, 노인 비율이 높다면 생각 외로 1층도 수요가 많다.

1층도 조경으로 인해 사생활을 보호할 수 있고, 주차장 사이에 인도가 있어서 매연으로부터 자유로운 호실이 있기 마련이다. 이런 곳은 숨은 진주가 될 수 있다.

한 권으로 끝내는 실전 경매

'짚신도 짝이 있다.', '숨어 있는 진주와 보석이 있다.' '제 눈에 안경이다.'

아파트(또는 빌라) 1층 물건
다수의 사람들이 안 좋아할 수 있다!
왜? 1층이니까!

그러나 분명 1층을 필요로 하는 사람들이 있다!
누구? 아기, 초등학생, 어르신 있는 집

"집과 집주변 환경이
어떤지 직접 살펴보자!"

<임장활동을 통한 숨은 진주 찾기>

어렵고 번거롭지만 적극성을 가지고 현장 활동에 임해야 한다. 처음에는 일반 아파트를 대상으로 임장보고서를 쓴다는 마음으로 현장을 다녀보자. 그리고 실거주자만이 알 수 있는 정보를 수집해 보자. 스스로 작성한 보고서가 늘어날수록 현장에 대한 이해와 감각도 날로 성장할 것이다. 부동산 현장에는 "부동산 투자 손실은 예방할 수 있지만 치료할 수 없다."라는 말이 있다. 투자 손실이라는 중대한 질병을 피하기 위해서는 철저하게 사전 조사를 해야 한다는 의미이다. 부동산 투자는 현재가 아닌 미래를 기대하고 바라보는 것이다. 자본과 인구, 개발 계획, 교통 호재로 입지 개선이 있는 곳은 반드시 가치가 상승한다.

부동산의 가치는 언제나 변동될 수 있는 위험성을 내포하고 있는 만큼 왜곡된 정보를 바탕으로 투자를 하는 일이 없어야 할 것이다. 철저한 임장활동과 검증을 통해 세부 내용을 확인 후 안정적인 투자를 진행해야 하다.

임장 보고서

임장 일시	2020.06.21. 10:00	임장 지역	서울 마포 XXX 아파트
기본 정보	세대수	833	
	최저·최고층	11개동 15층·23층	
	세대당 주차대 수	1.27(총 1065대)	
	준공 년월	2000년 08월	
	용적률	287%	
	건폐율	19%	
	건설사	삼성물산(주)	
	난방	중앙난방	
	대지지분	12평	
	대지 종류	2종 주거지역	
	실 거래가 추이	10억 원	

주요 체크 포인트			
교통	2호선/740번 버스 마을버스·기타교통	교육(학군)	초/중/고 초품아
편의시설 (인프라)	대형병원·대형마트 상권·문화시설	자연환경	숲세권·물세권·공기·일조권
상품 가치	전세율·조경·조망권·커뮤니티·평면·로열동·층	기타 (호재, 중개사 정보, 주차장)	세대당 1.5대 수준

기타 임장 시 느낀 점 등이나 소회 또는 평가	임장 사진 등

- 경사진 아파트
- 초등학교 대로 건너 5분
  (차량 통행 많아 위험해 보임)
- 한블럭 떨어진 곳에 먹자골목
  대형마트 등 있음.
- 101동, 102동은 경사가 있어 유모차로
  다니기 다소 불편함(겨울철 빙판길 주의).
- 조경 정리 안 됨. 봄철 비염이 있는 사람은
  110동 피할 것 추천.
- 해당 매물 위층, 옆층 담배 냄새 심함.
- 베란다 구조상 건조기 설치 불가.
- B타입은 부엌에 기둥이 있어 불편함.

[총평]

향후 효창공원역 인근에 생기는 신규단지와 같은 생활권을 형성하면 갭메우기가 가능해 보인다. 개발 마스터플랜이 나온다면 수혜지역으로 예상되어 상승 가능성이 충분해 보임.

<임장보고서 예시>

드디어 낙찰!
소유권 이전하기

경매 투자에서 수익률을 높이기 위해서는 간단한 법무 절차는 스스로 처리할 줄 알아야 한다. 일반적인 경우라면 경락잔금대출을 받고, 전문가를 통해서 진행하겠지만 협의를 통해 직접 처리한다면 경험도 쌓고 비용도 절감할 수 있기에 굳이 하지 않을 이유가 없다. 법무 위탁 수수료가 50만 원 내외인 점을 고려하면 직접 처리하고 싶어질 것이다. 투자자에게 중요한 덕목 중 하나가 바로 '티끌 모아 태산'이라는 것을 잊어서는 안 된다.

전체적인 흐름

법원에서는 매각결정과 확정이 된 이후, 대금지급기한통지서를 낙찰자 집으로 발송하게 된다. 통지서를 수령하게 되면 대금과 함께 낙찰받은 물건의 신분증, 도장, 등기부등본(발급용), 건축물대장등본, 토지대장등본, 주민등록초본(전체 주소) 및 등본, 매각대금과 세금, 말소할 목록 4부, 부동산 목록 4부,

매각대금완납증명원, 취득세 및 등록세신고서, 국민주택채권 산출내역서, 소유권이전등기 촉탁신청서를 준비해야 한다. 처음 낙찰받으면 소유권이전등기 촉탁신청서의 작성이 어려울 것이다. 핵심은 소유권이전등기를 하려고 하는 부동산의 목록과 경매로 등기에서 말소되는 사항을 작성하는 것이다. 앞서 배운 말소기준등기에 따른 권리분석을 생각해 보자. 해당 양식은 아래의 방법으로 조회하면 찾을 수 있다.

대한민국법원 법원경매정보 > 경매지식 > 경매서식 > 부동산소유권이전등기 촉탁신청서

등기부등본을 발급받아 그대로 적는다. 말소되는 사항은 갑구와 을구를 나누되 해당연도, 월, 일, 접수번호, 권리내용을 순차적으로 기재한다.

[갑 구]
순위 7번 2017년 10월 3일 접수 제11111호 가압류등기
2. 순위 8번 2018년 6월 10일 접수 제22222호 압류등기
3. 순위 11번 2018년 8월 12일 접수 제33333호 압류등기
4. 순위 16번 2019년 3월 27일 접수 제44444호 임의경매개시결정등기

[을 구]
5. 순위 6번 2015년 5월 25일 접수 제55555호 근저당권설정등기
6. 순위 8번 2015년 5월 25일 접수 제66666호 근저당권설정등기

이상

국민주택채권매입금액과 건물 및 토지의 시가표준액을 계산하기 위해서는 주택도시기금에 접속하면 된다. 다음의 방법을 참고하면 수월하게 처리할 수 있다.

주택도시기금 > 청약/채권 > 제1종국민주택채권 > 매입대상금액 > 부동산 소유권등기

여기서 건물의 시가표준액과 채권매입금액을 알 수 있다. 토지의 시가표준액은 온나라부동산정보 등에서 공시지가를 확인 후 면적을 곱하면 된다. 또한 즉시 매도 시 내가 부담하는 금액이 얼마인지 확인하고 싶다면 고객부담금을 조회한다. 이곳에서 국민주택채권을 직접 매입할 수도 있으나 은행에서 직접 해보길 추천한다.

주택도시기금 > 청약/채권 > 제1종국민주택채권 > 고객부담금 조회

서류 준비를 완료했다면 법원으로 이동한다. 대금지급기한 통지서, 신분증, 도장을 가지고 담당경매계로 간다. 담당자에게 대금지급기한 통지서를 제출하면, 법원보관금 납부명령서를 수령할 수 있다. 이후 법원에 있는 은행으로 이동하여 이미 비치되어 있는 법원보관금 납부서를 작성해서 잔금을 납부하면 된다. 은행에서 잔금을 수납하면 법원보관금 영수필 통지서를 낙찰자에게 발급해준다. 이때 은행에서 수입인지를 구입한다.

매각대금완납증명원 2부를 작성하고 수입인지, 법원보관금 영수필 통지서, 부동산표시목록 2부를 첨부하여 법원 경매계에 제출한다. 경매문건접수계에서는 날인된 매각대금완납증명원 1부를 돌려준다. 여기까지 하면 잔금납부와 동시에 소유권이 이전된 것으로 본다. 민사집행법 제135조에 의하면 매수인은 매각대금을 다 낸 때에 매각의 목적인 권리를 취득한다고 되어 있다. 다음 처리를 위해 해당 부동산소재지의 시, 군, 구청으로 이동하게 된다. 낙찰받은 물건을 처분하기 위해서는 정상적으로 등기를 해야 한다. 이때 필

요한 서류는 취득세 및 등록세 신고서, 날인된 매각대금완납증명원, 말소할 목록, 법원보관금 영수증이다. 해당 서류를 제출하면 취득세와 등록면허세 납부 고지서를 발급해 준다. 이후 은행으로 이동하여 취득세 및 등록면허세, 소유권이전등기신청 수수료를 납부한다.

특히, 국민주택채권매입액은 시가표준액에 채권매입률을 곱한 금액으로 대부분이 매입 즉시 매도하므로 그 차액만 납부하면 된다. 취·등록세 납입 영수증, 이전등기증기, 말소등기증지를 수령한다. 소유권이전등기와 말소를 위해서 구입한 증지를 준비한 서류에 붙인 뒤 등기권리증을 받기 위한 봉투와 우표를 법원 내 우체국에서 구매한 다음 주소를 적는다. 이후 준비된 모든 서류를 법원접수계에 제출한다. 보통 소유권이전등기는 등기소에서 처리하지만 경매사건의 경우 법원에서 등기소에 촉탁하기 때문에 관련 서류를 법원에 제출하는 것이다.

소유권이전등기의 실무처리

대금납부와 동시에 낙찰자는 등기 여부와 관계없이 법적으로 소유권을 취득하게 된다. 즉 ,법원경매로 소유권을 취득하는 경우는 원시취득으로 간주하기 때문에 등기부상의 소유권변동과 상관없이 잔금을 납부하는 순간에 소유권을 취득하게 되는 것이다. 법원이 지정한 기한까지 잔금을 내지 못한다면 기한일로부터 납부일까지 지연이자를 추가로 부담해야 한다. 납부가능기간은 재경매 실시 3일 전까지다. 소유권이전등기는 대금을 완납한 후 60일 이내에 해야 취득세 과태료를 부과받지 않는다. 법원경매로 인해 부동산의 소유권을 취득할 때는 등기부상의 소유권변동 없이도 잔금을 납부하는 순간 소유권을 취득한 것으로 간주한다. 하지만 가능하면 바로 등기부상 소유권

을 이전하는 것이 좋다. 가까운 미래에 부동산을 처분하기 위해서는 등기가
전제되어야 하기 때문이다.

① 법원 경매계

대금지급기한통지서, 신분증, 도장을 제출하고 경매계장에게 법원보관금
납부명령서를 수령한다.

② 은행방문

법원보관금납부서 작성 후 납부창구에서 법원보관금 납부 명령서를 제출
하고 매각대금을 납부한다. 이때 실물통장을 가져가면 수수료를 아낄 수 있
다. 법원보관금영수필통지서 2부(법원제출용, 납부자보관용)를 수령하고 수입인
지(500원)를 구입한다. 동시에 등기신청수수료 현금납부서 작성, 납부 후 현
금영수증을 2부 받는다. 이때 동선을 줄이기 위해 국민주택채권매입액을 주
택도시기금사이트에서 사전 조회 후 매입한다(1544-0773에서도 확인 가능). 실
무상 취, 등록세 납부 시 다시 은행에 방문하여 매입하는 경우가 많다.

③ 법원 경매계

매각대금완납증명원 작성해서 법원보관금영수필통지서(법원제출용), 수입
인지(500원)와 함께 제출한다. 담당자는 실제 영수증을 보고 매각대금이 완
납되었음을 확인하는 의미에서 날인된 매각대금완납증명원을 되돌려 준다.

④ 우체국

대봉투와 우표를 각각 2장씩 구입한다. 대봉투 하나에는 등기권리증을 수
령할 주소를 정확히 적는다. 법원이 등기소에 촉탁 서류와 등기권리증 수령
용으로 사용하기 위해 필요하다. 법원별로 등기필증우편송부신청서에 우표

대신 법원보관금영수증으로 대체하는 경우가 있다. 사전에 확인하는 것이 좋다.

⑤ 민원서류발급기

부동산등기부등본, 토지대장등본, 건축물관리대장등본, 주민등록등본 발급한다. 요즘은 인터넷등기소나 정부24를 이용하여 집에서 발급받을 수도 있다. 경험 삼아 현장에서 한 번에 발급받아보는 것도 괜찮다.

⑥ 물건소재지 시, 군, 구청 세무과

이후 시, 군, 구청의 세무과로 이동하여 매각대금완납증명원, 취득세 및 등록세 신고서, 말소할 목록, 법원보관금 영수증을 제출한다. 특히, 신고서 작성이 어려운 사람은 담당 공무원에게 도움을 받아 작성하면 된다. 모든 서류가 제출되면 매각대금을 과세표준으로 하여 취득세 및 등록면허세 납부 고지서를 발급해 준다. 최근에는 구청에서도 취·등록세를 카드로 납부할 수 있으니 참고하자.

⑦ 은행

원칙적으로 은행에 방문하여 취득세와 등록면허세를 납부하고 납입영수증을 수령한다. 만약 국민주택채권 매입이나 소유권이전등기신청 수수료를 내지 못한 경우, 이 단계에서 처리하면 된다. 실무상 구청에 있는 은행보다는 법원에 있는 은행을 방문해서 처리하는 게 편하다.

⑧ 법원 접수계

등기완료통지서 우편송부신청서, 등기신청수수료(법원 제출용), 국민주택채권(금액 및 채권번호), 송달료예납영수증, 촉탁서, 등기부등본(발급용), 토지대장,

건축물대장, 주민등록초본(전체 주소 나오도록) 및 등본, 취득세 및 등록세 영수증, 말소할 목록 4부, 부동산 목록 1부 등을 정리해서 제출한다. 이때 대봉투에 자택 주소가 정확한지 한 번 더 확인한다. 실제 직접 등기처리를 해보면, 이동 시간이 많이 소요됨을 알 수 있다. 법원이나 시, 군, 구청은 점심시간에 방문하면 지체될 수도 있다. 모든 서류는 사전에 준비해서 처리하는 것이 실무상 효율적임을 잊지 말자.

실무 순서	실무 장소	제출할 서류	수령할 서류
1 준비	자택	1. 잔금 및 취등록세를 미리 준비(수표준비), 취등록세신고서 2. 우편으로 대금지급기한통지서 수령 3. 등기부등본, 건축물대장등본, 토지대장등본, 　주민등록초본(전체주소), 등본 발급, 신분증, 도장 　(정부 24, 인터넷등기소, 은행사이트를 통해 준비 가능) 4. 부동산 소유권이전등기 촉탁신청서 작성 　- 부동산 목록, 말소할 사항 포함	
2 법원	법원 담당경매계	대금지급기한통지서, 신분증, 도장 (위임일 경우, 위임장, 인감증명서)	법원보관금 납부 명령서
	법원내 은행	법원보관금납부서 작성, 법원보관금 납부 명령서, 매각대금납부(실물 통장 지참)	법원보관금 영수필 통지서 수입인지(500원) 구입
	법원 담당 경매계	매각대금완납 증명원(2부) 법원보관금 영수증 부동산 목록(2부) 수입인지(500원)	날인된 매각대금완납 증명원
3 시·군· 구청	시·군·구청 세무과	취등록세신고서 매각대금완납증명원 법원보관금 영수증 말소할 목록	취등록세 납부고지서 등록면허세 납부고지서 (세무과에서 카드납도 가능)
4 법원	법원내 은행	취, 등록세 대금 납부 국민주택채권 매입 후 즉시 매도 이전등기신청 수수료 납부	취, 등록세 납입영수증 채권매입 영수증 이전등기증지, 말소등 기 증지

법원내 우체국	우표 및 반송용 봉투 각각 2부 구입(등기소 발송용, 자택 수령용) 우표 대신 법원보관금 영수증으로 대체하는지 사전 확인 필요
경매 접수계	등기완료통지서 우편송부신청서 작성 후 모든 서류들을 편철해서 제출
편철할 서류	1. 이전 및 말소등기 촉탁신청서 및 등기필증 우편송부신청서 1부 2. 부동산 목록(부동산의 표시) 4부 3. 말소할 사항 4부 4. 등기부등본(발급용) 1통 5. 토지대장등본 1통 6. 건축물관리대장 1통 7. 주민등록초본(전체주소) 및 등본 1통(통상 초본만 필요) 8. 국민주택채권 매입 영수증 9. 취, 등록세 납입영수증 10. 매각대금완납증명원 11. 대법원 등기수입증지 - 이전 15,000원, 말소 1건당 3,000원 12. 우표 및 대봉투 구입(자택 주소 및 법원보관금 영수증 대체 확인)

※ 이동 동선과 법원에 따라 제출 서류 및 준비 방법, 순서가 상이할 수 있음.

< 소유권이전등기 실무 요약 >

급매보다 비싸다면 경매할 필요 없다!

부동산은 민법 제99조 토지 및 그 정착물로 정의되어 있다. 부동산의 가치는 다양한 요소가 영향을 미치지만 근본적으로는 토지와 정착물인 건물에 따라 달라진다. 이런 부동산을 통제할 수 있는 방법은 무엇일까? 물권적 권리인 소유권을 취득하는 것이다.

소유권은 민법 제211조에서 사용·수익·처분이라는 세 가지 권능으로 구성되어 있다고 정의한다. 부동산에 대해 소유권을 가지고 있다는 것은 결국 재산권을 행사한다는 의미다. 소유권의 객체가 되는 부동산은 취득·보유·처분이라는 생애주기를 가지고 있다. 즉, 부동산에 대한 소유권을 가지고 재산권을 행사한다는 것은 아래의 공식으로 귀결되는 것이다.

소유권 = 사용 + 수익 + 처분
부동산 = 취득 + 보유 + 처분의 생애주기
재산권(부동산 소유권) = 취득 + 사용 + 수익 + 처분

아래의 〈부동산 가치 구조도〉를 보자. 자신이 보유한 부동산의 가치를 상승시키기 위해서는 어떻게 해야 할까? 취득·사용·수익·처분의 가치를 높이면 된다. 사용의 가치는 인테리어나 교통, 교육, 일자리, 자연환경, 인프라에 따라 달라진다. 수익의 영역은 임대수익률과 보유세의 관계에서 가치가 결정된다. 처분의 가치는 장래의 처분가격이 가장 큰 요소이지만 통제가 불가능하다는 단점이 있다. 그래서 양도세 절세와 같은 요소가 자신의 재산권을 높이는데 핵심 사항으로 떠오르고 있다.

부동산 소유권(=재산권)

취득	사용	수익	처분
취득가격▼ 금융▲ 　대출 　전세가 세금▼ 　취등록세 　상속세 　증여세 부대비용▼	수리상태▲ 교통▲ 교육▲ 일자리▲ 인프라▲ 자연환경▲	월세▲ 세금▼ 　재산세 　종합부동산세 　임대소득세	처분가격▲ 세금▼ 　양도소득세 부대비용▼ 금융▲ 　대출 　전세가

〈부동산 가치 구조도〉

우리가 공부하는 경매의 영역에서 가장 강점인 부분이 바로 취득가치다. 취등록세, 상속세, 증여세가 증가하고 대출한도가 줄어드는 상황은 취득가치를 하락시키는 요인으로 작용하고 있다. 저금리 기조에 따른 인플레이션으로 체감은 더디지만, 자연스럽게 자산의 가치를 하락하는 방향으로 움직이고 있는 것이다. 지금 이 시점에 우리가 경매를 공부하는 이유는 무엇일까?

바로 취득가치를 극대화시킴으로써 사용·수익·처분이라는 하락 위험을 회피하기 위해서이다. 경매는 자산가치를 극대화할 수 있는 구조를 가진 투자 방법이다. 그래서 경매 투자를 할 때는 최소 급매가 이하를 기준으로 입찰해야 한다. 우리는 한정된 자원으로 최대 효율을 이끌어 내기 위해서 경매 투자를 하는 것이다. 간혹 경매 투자를 하는 사람 중에 경매 투자 자체에 매몰되어 합리적 결정을 못하는 경우가 있다. 수익이 되지 않음에도 경험을 위해 낙찰받는 것이다. 입찰하려고 준비하는 물건이 일반시장에서 낮은 가격으로 거래된다면 경매를 할 것이 아니라 일반매매를 해야 한다.

'급매보다 비싼데 굳이 경매로 낙찰받아야 하나?'

부동산 가치가 어떤 메커니즘으로 결정되는지 깊이 고민해 보자. 그리고 우리가 왜 부동산 경매를 공부하는지 다시 생각해 보자. 현실을 직시해야 한다. 위의 물음을 가슴에 품고 행동하면 실수할 확률이 획기적으로 줄어들 것이다. 우리는 수익을 보기 위해 경매를 공부하는 것이다. 경매 투자를 할 때는 최소 급매가 이하의 낙찰 원칙을 가지되, 시장 상황에 따라 탄력적인 대응을 해야 한다. 이 사실을 반드시 명심해야 한다.

3만 명의 회원이 사랑하는
강·부·자 부동산스터디

강·부·자 부동산스터디
사용설명서

　강·부·자 부동산스터디는 강남흙수저, 부동삶, 자수성부가 힘을 모아 만들었다. 앞서 언급한 바와 같이 일상생활에서 인생의 방향성을 잃어버린 사람들에게 경제적, 정신적 자유를 얻는 데 도움을 주기 위해 시작되었다. 메뉴는 집단지성 공유방, 칼럼 및 경험담, 자문위원의 글, 고민상담방, 매일 스터디, 투자가이드, 자산관리가이드, 이벤트 등으로 구성되어 있다. 부동산도 학문이고 기술이라는 관점에서 정직하게 열심히 공부를 통해 자신의 미래를 개척하자는 철학을 내포하고 있다.

　2018년 6월 13일에 처음 만들어진 카페는 불과 1년 만에 2만 명 회원 카페로 등극하였다. 아마 다른 커뮤니티와 다르게 진실성을 담고 있었기 때문에 가능했다고 생각한다. 많은 회원이 자신의 고민과 의견을 자유롭게 나누며 스스로의 원칙과 기준으로 의사 결정을 돕는 공간으로 만들고 있다는 생각에 매우 뿌듯해 한다. 이런 공간을 더욱 효율적으로 이용하기 위해 각 메뉴에 대한 사용방법을 설명하고자 한다.

① 집단지성 공유방

부동산과 관련된 일반적인 질문이나 본인의 생각, 부동산 임장활동을 올리는 공간이다. 부동산 투자나 활동에서 가장 어려운 부분이 도움을 받고 의지할 만한 멘토가 없다는 것이다. 간단한 고민거리나 문의사항을 여기서 해결할 수 있는 것이 장점이다. 이 공간에서 지향하는 바는 단순히 질의하는 것이 아니라 토론을 통해서 자신만의 의사 결정 기준을 마련하는 것이다.

② 칼럼 및 경험담

이곳은 카페를 설립한 강남흙수저, 부동삶, 자수성부가 회원들에게 도움이 될만한 자료를 공유하는 공간이다. 투자, 강의, 임장, 모임, 실무경험을 통해 느끼고 배웠던 점들을 정리하여 회원들에게 무료로 나누어 준다. 부동산을 어떻게 공부해야 하는지 막막하고 어려울 때 칼럼과 경험담을 정독함으로써 지금 부동산 시장의 트렌드와 현황을 파악하는 데 도움을 받을 수 있다. 운영진들이 직접 칼럼을 공유하기 때문에 어느 정도 검증된 내용들이 업데이트되기에 카페 내에서도 인기가 많다.

③ 자문위원의 글

강·부·자 부동산스터디와 연계된 자문위원의 글이 업데이트되는 공간이다. 카페의 규모가 커짐에 따라 외부 전문가의 수도 늘릴 예정이다. 다양한 전문가를 만나볼 수 있는 곳으로 회원들의 시야를 넓혀주기 위해 마련되었다. 현재 대학교수, 회계사, 세무사, 감정평가사, 건축사, 변호사, 법무사, 공인중개사 등의 전문가로 구성되어 있다. 앞으로도 많은 전문가가 유입되는 만큼 다양한 칼럼을 기대해도 좋을 것이다.

④ 고민 상담

오직 카페 회원들을 위해서만 마련된 공간이다. 자유게시판에 올리기 부담스럽거나 개인정보가 들어 있는 내용을 이곳에서 상담할 수 있다. 물론 재능기부의 형태로 운영되고 있다. 족집게 과외나 투자가 아닌 회원이 고민하는 부분을 듣고 의견을 나눈다. 자유게시판에 작성하는 것이 부담스러운 회원들을 위해 마련된 곳이라고 이해하면 되겠다. 대한민국 어느 커뮤니티에서도 제공하지 않는 서비스다.

⑤ 매일스터디

이곳은 뉴스, 주식공모, 부동산 단어 및 숙어 등을 확인할 수 있는 공간이다. 부동산 스터디라는 것은 지식을 쌓고 거기에 인적교류라는 것을 통해 지혜를 더하는 곳이라 생각한다. 그것이 바로 변함없는 스터디의 본질이다. 이렇게 공부를 하는 데 있어서 효과를 보이기 위해서는 탄탄하게 기초 지식을 쌓아야 한다. 그런 기본기를 매일스터디 메뉴를 통해서 만들어 갈 수 있다.

⑥ 강·부·자 부동산 투자 가이드

시장 전망, 유망지역, 주택투자, 상가투자, 꼬마빌딩투자, 인테리어, 리모델링, 경매, 공매, NPL과 관련된 지식을 나누고 토론하는 공간이다. 궁금한 사항을 자유게시판에 남길 수도 있지만 이렇게 카테고리별로 나뉘어 있으면, 이용자가 쉽게 찾아볼 수 있기 때문에 정보의 생명력이 더욱 길어진다. 카페를 이용하는 회원들도 카테고리별로 나누어 질의하기를 추천하고 있다.

⑦ 강·부·자 자산관리 가이드

재무설계, 금융상품, 세금, 절약과 관련된 내용을 나누는 공간이다. 예금, 적금, 보험, 펀드 및 각종 금융상품에 대한 정보를 공유하고 궁금한 사항을 회원끼리 공유하기 위해 만들었다. 특히, 부동산의 수익률은 세금과의 연관성이 크다. 세무에 대한 간단한 고민은 이곳을 통해서 해결할 수 있는 장점이 있다. 약식 형태의 질문과 답변이 이루어지는 공간인 만큼 실제 의사 결정을 하기 전에 회계사 및 세무사, 국세청 자문 받기를 추천한다.

알아두면 쓸모 있는
인테리어

부동산 권리분석은 계약서, 등기부등본, 전입세대열람 내역서, 초본, 등본, 등기부등본, 인감증명서 등 서면을 보고, 권리적인 위험을 파악하고 하자를 치유하는 작업을 하는 것이다. 부동산 상의 분석은 내부 인테리어나 하자, 주차, 불법건축물 여부, 난방, 방음, 채광 등 현실과 관련된 내용을 파악하여 의사 결정하는 것이다.

부동산 권리의 분석	소유권 이전 시 인수되는 권리 하자의 분석
부동산 물건의 분석	부동산 현황의 문제로 인수되는 물건 하자의 분석

실무에서는 부동산 상의 권리를 분석하는 것이 훨씬 더 중요하다. 바로 실생활과 관련성이 크기 때문이다. 내가 20대 때 겪었던 에피소드다. 지인의 소개로 오피스텔을 저렴하게 매입할 수 있는 기회가 생겼었다. 시세보다 저렴한 가격으로, 계약을 진행하기 직전이었다. 오피스텔을 계약하기 전 자랑스러운 마음으로 어머니를 초대했다. 오피스텔을 천천히 둘러본 어머니는 몇 가지 질문을 했지만, 나는 그에 대한 시원한 답변을 하지 못했다.

부동삶 : "엄마, 이 오피스텔이 시세보다 3,000만 원 저렴해요. 괜찮죠?"
어머님 : "응 그래, 너무 잘했네."
       (한참 둘러본 뒤) "아들, 궁금한 게 있어."
부동삶 : "네, 말씀하세요. 구조가 깔끔하게 잘 나왔어요."
어머님 : "혹시 세탁기는 어디에 둬야 해?, 빨래는 어디에 말리고?"
       "콘센트가 여기에 있으면, 냉장고 위치는 어디에 해야 해?"
부동삶 : (당황하며) "아, 그건……."
어머님 : "혹시라도 아기 있는 사람들은 이 집에서 살면 불편하지 않을까?"
저 자 : "아……."

당시에는 어렸고, 경험도 없던 시절이었다. 아쉬운 마음은 있었지만, 그 오피스텔은 매매하는 것을 포기했다. 가격은 마음에 들었지만, 냉정하게 판단했을 때, 20대 초반이었던 나도 그곳에 살고 싶지 않았기 때문이었다. 결국 주택은 근본적으로 삶을 영위하는 거주지의 기능이 중요하다는 것을 다시 깨닫는 계기였다. 정말 신기했던 건, 그 오피스텔은 미분양이 되었고 더 낮은 가격으로 판매되었다. 또한, 그중에 분양된 오피스텔도 한참 동안이나 세입자가 구해지지 않았다. 만약 그때 가격이 저렴하다는 이유만으로 투자를 했다면, 나의 20대 초반은 막심한 후회로 괴로운 시기를 보냈을 것이다. 바로 이런 인테리어와 거주자의 편의성을 파악하는 것이 부동산 상의 권리분석이다.

1) 공정표를 알면 비용이 보인다

낙찰받은 물건에서 수익을 내기 위해서는 인테리어를 해야 한다. 마치 소개팅을 나가기 전 몸을 치장하는 것과 같은 이치다. 좋은 인테리어를 하기 위해서는 공정표를 알아야 한다. 공정표란, 공사마다의 일정, 작업량 등 시간의 흐름에 따라 계획을 표시한 것으로 비용 절감을 위해서 필요하다. 공사에서 가장 큰 비용을 차지하는 것은 바로 인건비다. 작업시간이 길어지면 인건비가 증가하게 된다. 예를 들어 A공정, B공정, C공정 순서대로 작업을 진행한다고 하자. 각각의 공정은 순차적으로 이루어져야 한다.

아파트 공정표		
순서	공사내용	비고
1	철거공사	3, 4번 미리 주문
2	설비, 조적, 미장, 방수, 전기공사	전기공사는 목공사 전 시공 완료
3	샤시공사	철거단계에서 주문 제작 시 1주일 이상 소요

4	중문, 문, 문틀공사	철거단계에서 주문 제작 시 1주일가량 소요
5	목공사	등박스, 아트박스, 단역 현장 가구 제작 등 사전 결정
6	몰딩공사	11번 미리 주문 시스템가구 미리 주문
7	도장공사	필름시공 시 중복되지 않도록 시공
8	타일공사	7번 공사와 변경 가능
9	벽체공사	도배로 시공자 선정 주의
10	바닥공사	9번 공사 전 시공 가능
11	시스템가구설치	싱크대, 붙박이장, 현관장
12	조명설치	식탁 조명 등 사전 결정
13	위생기구설치	욕조는 설비공사 시 시공

이런 상황에서 A공정의 일정이 1주일이 연기되면, B, C공정도 각각 1주일 이상씩 일정이 늘어나게 되어 공사 전체적으로는 공정 절차가 1개월가량 차질이 생길 수 있다. 비용 역시 1주일의 비용이 아닌 1개월 이상의 추가 비용이 발생하기 때문에 손해가 커진다. 전체적인 절차를 이해한 상태에서 계획을 세우면 이런 착오를 없앨 수 있다. 그것이 바로 공정표를 작성하는 이유다. 이제 각 공정에 대해 자세히 알아보자.

2) 전문가도 울고 갈 인테리어의 기술

최근에는 소음 공해에 관한 사회적 문제가 커지면서 민원관리도 중요한 요소로 대두되고 있다. 인테리어의 핵심은 적절한 공사 일정을 통해 비용을 절감하고, 우수한 업체를 선택해서 공사를 제대로 잘함과 함께 마감하고 관리하는 것이다. 만약, 인근 주민의 민원으로 인해 공사를 중단하게 되면, 모든 계획이 틀어질 수도 있으므로 관심을 기울여야 한다. 현명한 투자자라면

인테리어 공사 안내문

안녕하세요. XX아파트 XXX동 XXXX호에서 2월 12일부터 2월 28일까지 16일간 내부 수리 인테리어 공사를 진행함을 알려드립니다.

본 공사기간 중 불편한 사항이 있으실 경우 아래 전화번호로 연락주시면 신속히 처리하도록 하겠습니다. XX아파트 입주민 여러분께 불편을 끼쳐드려 대단히 죄송합니다. 최대한 신속하고 안전한 작업이 될 수 있도록 노력하겠습니다. 또한 공사 후 각종 커뮤니티에 수리된 사진을 공유해 해당 아파트 단지의 가치가 올라가도록 적극 홍보하겠습니다. 상황에 따라 일정이 하루 이틀 변동 가능합니다. 아무쪼록 넓은 아량으로 이해해 주시길 부탁드립니다.

공사호수	XXX동 XXXX호
공사기간	2020년 2월 12일 ~ 2월 28일
공사내용	내부 인테리어
작업시간	AM 9시 ~ PM 6시
담당자	아래 참조

공사내용	공사일정(2월)	비고 사항	담당자
샤시공사	12일 ~ 18일	철거 있음 (오전 10시 ~ 11시) (오후 2시 ~ 5시)	지음하우스 인테리어 010-6540-3186
문틀, 중문등	12일 ~ 19일		
화장실철거등 공사	20일 ~ 24일		
도장공사	25일	철거 없음	
도배	26일	철거 없음	
신발장철거 교체	12일, 27일	철거 있음	
조명등 마무리	27일	철거 있음	
현관 필름 공사	28일	철거 없음	
마루왁싱, 청소	28일	철거 없음	

공사 시작 전, 간단한 안내문을 통해 이런 문제를 수월하게 해결할 수 있다.

① 철거 공사

실무적으로 아파트 철거는 구조 변경이 없는 주거 공간의 철거를 뜻한다. 문, 문틀, 싱크대, 신발장, 욕조, 욕실천정, 위생기구, 조명, 바닥재 등을 제거하는 것이 일반적 방식이다. 통상 1톤짜리 트럭 1대 분량이면 충분하다. 지역마다 차이는 있지만 트럭 1대당 25만 원 내외, 철거 공사 인부 2인의 일당 28만 원(인당 14만 원) 정도면 적절하다. 어린아이를 키우는 집에서는 문턱을 제거(1개 소당 제거비용 3만 원)하는 게 일반적이다. 문턱이 있으면 넘어지거나 발을 다치기 때문이다. 문턱을 제거하는 경우에는 반드시 바닥부분의 미장을 깨끗하게 할 수 있도록 해야 한다. 바닥부분의 미장이 지저분하면, 나중에 장판을 설치했을 때, 문턱부분에 공기가 스며들어 보기 싫은 모양이 될 수 있기 때문이다.

온돌마루, 강마루, 원목마루를 철거하는 경우에는 평당 4만 원가량의 추가 비용이 발생한다. 그 이유는 앞의 마루들은 바닥에 본드시공이 되어 있기 때문이다. 보통 새집은 새집 증후군이나 아토피가 생기는 경우가 있는데, 거의

한 권으로 끝내는 실전 경매

대부분 이런 본드 때문에 발생한다. 특히, 철거할 때는 공사 중간 중간 현장에서 발생하는 쓰레기를 처리해야 공사의 능률이 증가하는 만큼 귀찮더라도 꼭 정리하며 작업을 진행해야 한다.

② 난방과 상하수도 공사(평당 10만 원)

난방공사라는 것은 추운 겨울을 대비해서 아파트 바닥에 PVC 수도관을 설치하는 작업을 말한다. 보일러는 물을 따뜻하게 데워서 아파트 바닥에 설치된 배관으로 물을 내보내고, 차가워진 물은 다시 따뜻하게 가열하는 작업을 하는 기계다. 난방엑셀 배관이란 이런 물을 유입시키거나 차단시키는 역할을 하는 장치다. 즉 가스밸브처럼 조절하는 기능을 한다고 이해하면 쉽다. 특히, 공사뿐만 아니라 집을 구입할 때도 알아두면 유용한 팁이 있다. 바로 엑셀배관(분배기)의 상태가 좋지 않다는 것은 아파트 바닥에 설치되어 있는 난방 파이프의 부식이 심하다는 것이다. 보일러가 고장 나거나 오래되었다면, 그것을 수리하면 되지만 바닥에 설치된 배관의 노후도가 심하다는 것은 누수의 위험부터 시작해서 큰 공사비가 투입될 가능성이 크다는 것으로 이해해야 한다.

상하수도 공사는 철거와 동시에 진행할 때가 많다. 현장에서는 먼지와 돌가루 등이 쌓여서 수도관을 막는 경우가 자주 발생한다. 수도관의 막힘을 제거하기 위한 추가 비용이 발생할 수 있으므로 각별히 유의해야 한다. 공사가 완료된 뒤 화장실에서 악취가 날 때도 있다. 새집에 온통 악취로 가득차서 냄새가 스며드는 경우도 종종 발생한다. 원인의 대부분은 화장실의 S관에 물이 말라서 냄새가 올라오기 때문이다. 공사를 완료하거나 장기간 집을 비울 때에는 S관의 물고임이 마르지 않도록 관리해야 한다.

③ 전기 및 조명공사

전기 및 조명공사를 할 때에는 전선관을 묻고 그 안에 전선을 넣어야 한다. 간혹 전선관 없이 작업할 때가 있다. 추후에 전력 부족으로 전선을 추가 해야 되는 상황이 발생한다면 비용도 추가적으로 들 수 있다. 신속하게 판단해서 초기단계에 전선을 추가하면 문제가 없겠지만, 도배 등 마감공사가 완료된 뒤 이런 상황이 발생하면 경제적으로 손실이 클 수 밖에 없다. 우리가 하는 경매 투자는 최소 비용으로 최대 수익을 목표로 하기에 디테일이 필요하다. 전기 공사가 완료된 뒤 반드시 확인해야 할 곳이 있다. 바로 분전반(두꺼비집)이다.

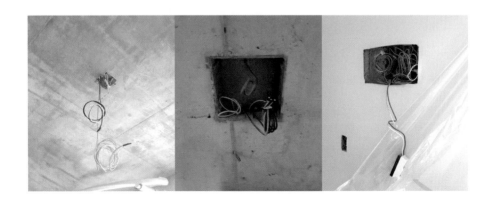

마치 난방 배관 공사가 완료되면, 난방 엑셀 배관을 보듯이, 전기공사가 완료되었다면 분전반을 확인해야 한다. 임장 시에도 마찬가지다. 분전반의 상태에 따라 전선의 수명이나 노후도를 간접적으로 체크할 수 있기 때문이다. 다음은 전기공사를 하기 전 알아두면 좋을 노하우에 대해서 서술했다. 만약 전기공사를 진행할 예정인 독자가 있다면, 사전에 8가지는 미리 대비하는 게 좋을 것이다. 경매뿐만 아니라 일반 부동산 투자에서도 매우 중요한 부분이다.

ⓐ 서재, 주방, 거실과 같이 콘센트 수요가 많은 곳은 충분히 전선을 배치한다.
ⓑ 조명의 개수가 많은 곳은 스위치를 분할하여 밝기 조정이 가능한 것이 효율이 높다.
ⓒ 주방의 설계에 따라 식탁을 배치한 뒤 식탁조명의 위치를 결정해라.
ⓓ 에어컨, 냉장고 등 고용량 전기를 사용하는 가전제품을 고려해 전선 작업을 해야 한다.
ⓔ CCTV, 야외 스피커와 같은 특수한 장치의 설치 여부도 목공 사전에 결정해야 한다.
ⓕ 욕실의 환풍기와 조명선은 분리하되, 타일공사 전에 마무리한다.
ⓖ 비디오폰의 위치는 미리 정해두고, 목공사 이후에는 변경이 있어서는 안 된다.
ⓗ 파이프를 매입해 두면 추가되는 TV선과 인터넷 선의 마감을 깨끗하게 할 수 있다.
ⓘ 불필요한 선이 노출되지 않는 것을 목표로 전기공사를 준비해라.

④ 조명 및 콘센트

조명을 교체하면 집이 넓고 환해보이는 효과가 있다. 그래서 평형수가 작을수록 밝은 조명을 설치해야 한다. 통상 조명은 램프 갯수를 기준으로 구분하는데 2구 조명에서 6구 조명으로 구분할 수 있다. 조명의 종류에 따라 설치하는 위치가 다르므로 참고하길 바란다.

아파트 인테리어를 깔끔하게 했는데 무엇인지 모르지만 아쉬움이 느껴질 때가 있다. 실제로 깨끗하게 수리했지만, 콘센트 커버를 교체하지 않은 경우 미각적 효과가 반감될 뿐만 아니라, '옥의 티'처럼 그 부분만 보이게 된다. 그렇기 때문에 콘센트 커버를 교체하는 게 좋다. 교체한다면 기존 스위치를 제거 후 전선 순서를 기억하기 위해 사진을 찍거나 라벨지를 붙여놓아야 한다. 잘못 연결하는 경우 합선이나 감전의 위험이 있을 수 있기 때문이다.

⑤ 창호 및 유리

창호는 창틀이라고 생각하면 된다. 창호의 소재에 따라 크게 세 가지로 구분 짓는다. 미송 같은 나무 재료로 만든 목재창, 알루미늄과 철을 3대 1의 비율로 배합해서 만든 알루미늄 합금창, PVC샤시, 하이샤시라고 일컬어지는 합성수지창이다.

창호 종류	장점	단점
목재창	친화력 있는 소재, 심리적 안정감 인테리어 용도로 활용 가능	내수성 취약(뒤틀림 있음) 외장용으로 사용 불가 단열 약함
알루미늄합금창	녹슬지 않음, 내용연수 장기 가공 용이	단열 및 방음 약함
합성수지창	단열 및 방음성 높음 기밀성, 내부식성 있음	비쌈

일반적으로 합성수지창이 대체제로 쓰기 좋아서 대중화되어 있다. 현재 아파트에 거주하고 있고 최근에 창호를 교체했다면, 아마도 그 창호는 합성수지창일 확률이 크다. 가격은 자평단 단가로 보면 이해하기 쉽다. 일반 저가 브랜드가 12,000원에서 14,000원가량, 일반 중가브랜드는 14,000원에서 16,000원, 일반 고가브랜드는 18,000원에서 20,000원, 발코니샤시는 약 14,000원부터 시작한다고 보면 된다.

창호를 설치할 때, 견적을 계산하는 방식이 있다. 바로 자평개념으로 계산하는 것이다. 자평이란 한 변의 길이가 30㎝인 정사각형을 말한다. 창호의 크기가 가로 3,600㎜, 세로 2,100㎜라면 다음의 계산식에 따라 84평이 되는 것이다. 다음의 방식대로 계산하면 대략적인 견적을 낼 수 있다. 비용을 산출해 내는 것이 인테리어에서 핵심이다. 전문가들과 협상할 때도 자신의 지식이 풍부하다면 더욱 유리한 입장에서 계약을 체결할 수 있다.

- 발코니 샤시 설치 가정, 단가 13,000원
- 1자 = 300*mm*
- 3,600mm ÷ 300mm = 12자
- 2,100mm ÷ 300mm = 7자
- 12자 × 7자 = 84자평
- 84자평 × 14,000원 = 1,176,000원

⑥ 출입문과 현관문

보통 방문을 공사할 때, 방문과 방문 틀은 동일한 소재로 사용하는 것을 원칙으로 한다. 각각 소재의 종류가 다르면, 중력에 의해 뒤틀리거나 마찰에 의한 마모가 심해져서 시간이 지나면서 문의 개폐에 문제가 생기기 때문이다. 대표적으로 사용되는 문은 합성수지도어와 멤브레인도어다. 합성수지도어는 수분에 강하고 가격이 저렴해서 욕실문으로 많이 활용되고 있다. 멤브레인도어는 합판이나 MDF에 데코시트를 입혀서 제작하기 때문에 디자인이 자유롭고 가격이 저렴한 장점이 있다. 대부분의 문은 멤브레인도어라고 보면된다.

⑦ 현관중문

현관중문은 방음, 난방, 사생활보호, 인테리어 측면에서 많이 활용하고 있다. 중문이 있으면 아늑한 분위기 연출과 더불어 집을 고급스럽게 만드는 효과가 있다. 중문의 경우 창의 문양과 색감에 따라 이미지가 천차만별로 달라지므로 선택에 주의를 기울여야 한다. 중문이 없었을 때는 출입구에서 오른쪽으로 머리를 돌리면 바로 거실이 노출되어 사생활 보호가 되지 않는 단점이 있었다.

중문은 크게 일자중문과 'ㄱ'자 중문으로 나눌 수 있다. 또한 문을 여는 방식에 따라 3연동 슬라이딩, 2연동 슬라이딩, 스윙방식으로 나눈다. 특히, 'ㄱ'자 중문은 일자중문과 비교해서 1.5배의 가격을 형성하고 있다. 예를 들자면 일자중문이 150만 원인 경우 'ㄱ'자 중문은 225만 원이 발생하는 것이다. 실무상 임차를 목적으로 취득한 부동산에는 스윙도어 형식의 일자 중문을 주로 시공한다.

⑧ 목공사와 몰딩공사

목공사는 아파트의 내부구조를 나무작업으로 변화시키거나, 인테리어 효과를 높이기 위해서 MDF합판이나 석고보드, 각목을 이용하여 틀을 잡는 것을 말한다. 더 쉽게 설명하자면, 조각상을 만들기 전에 뼈대를 잡는 작업이라고 생각하면 된다. 뼈대를 튼튼하고 정교하게 잡아야 찰흙이나 석고를 발랐을 때 균형감 있고 튼튼한 조각상이 나오듯, 목공사가 세심하게 이루어져야 미학상 만족할 수 있는 마감을 할 수 있다. 몰딩공사는 마감공사라고도 한다. 몰딩은 길이 일반적으로 2,400mm로 MDF를 잘라서 우레탄 코팅작업한 것을 말한다. 가격의 편차는 크지만, 저렴한 것은 3,000원가량 한다. 몰딩은 아파트 인테리어의 꽃이라고 할 수 있다. 공사할 때 필요한 몰딩의 개수는 대략 분양평수의 숫자와 비슷하다고 보면 된다.

345

　예를 들어 분양면적 32평 아파트의 경우에는 몰딩이 32개가 들어가는 것이다. 만약 걸레받이를 바닥 전체에 시공한다면, 천정몰딩의 공사비용과 동일하다. 보통 천정의 모양과 바닥의 모양이 대칭이 되기 때문이다. 32평 아파트 천정몰딩과 바닥몰딩(걸레받이몰딩)을 모두 시공한다면, 약 100만 원의 공사비가 발생한다. 만약 마루공사를 한다면 걸레받이 시공을 해주기 때문에 몰딩 시공비에서 제외하여 계산하면 된다.

　실무상 구축 주택은 천정과 벽면의 마감이 균일하지 못한 경우가 많다. 크라운몰딩으로 시공하면 도배를 통해 마감의 질을 끌어 올릴 수 있다. 간혹 마이너스몰딩으로 교체 시공하는 경우가 있는데, 경계 부분에 공간이 발생해서 도배마감이 지저분해질 수 있기 때문에 주의가 필요하다.

⑨ 페인트 공사

　페인트는 크게 유성페인트와 수성페인트로 나눌 수 있다. 쉽게 기름성분과 물성분이 포함된 페인트라고 이해하면 된다. 구체적으로 설명하자면 유성페인트는 희석할 때 시너(=신나)를 혼합하여 사용한다. 주로 금속재료를 도장할 때 사용하며, 주거공간에서는 현관문이나 발코니난간, 금속계단을 칠할 때 사용한다. 수성페인트는 희석시킬 때 물을 혼합해서 사용하는 페인트로 내부수성은 베란다 벽면, 시멘트 미장면, 목제면, 벽지면 등에 사용한다. 외부수성은 아파트 및 주택 건물 외부 벽면에 사용된다. 특히, 발코니 페인트 칠을 할 경우에는 수성페인트로 1차 작업을 한 뒤 유성페인트로 2차 작업을 하면 매끈한 단면을 만들 수 있다. 그 외에도 락카가 있는데 락카의 경우 주로 목재 재료를 칠할 때 사용한다. 스프레이 형태로 분사하기 때문에 뿜칠과 비슷할 수 있지만, 휴대하기 쉽고 분사력이 좋아 자주 사용되는 재료 중 하나다.

⑩ 필름 공사

간판가게에서 하는 작업을 생각하면 이해하기 쉽다. 창업을 하면 간판뿐만 아니라 상가 유리벽에 빨간색, 노란색, 파란색 등으로 스티커를 붙이는 경우가 있다. 이렇게 유리판을 꾸미는 작업이 필름 공사다. 필름 공사는 신속하게 작업할 수 있고 재료비 역시 저렴한 장점이 있다. 통상 작업과 동시에 효과가 나타나기 때문에 가성비가 뛰어난 공사 중 하나다. 그래서 공사범위도 다양하다. 목공사 후 페인트 공사를 대신 할 수 있다. 샷시틀, 붙박이장 문짝, 중문, 문, 문틀, 기타 수리, 포인트 장식을 하는데 필름 시공을 활용할 수 있다. 다만, 숙련공이 아니면 공사하기 어렵기 때문에 인건비가 높게 책정되는 단점이 있다. 과거 싱크대 문짝 등을 리폼할 때 필름 공사를 했는데 오히려 교체 비용보다 비쌌던 적이 있었다. 범위가 넓어 인건비가 많이 든다면 하지 않는 것이 좋다.

필름 시공을 할 때는 주의해야 될 사항이 있다. 바로 필름마감 부분에 페인트를 중복해서 사용해서는 안 된다. 자칫 잘못하면, 필름이 벗겨지면서 기존에 도장되었던 페인트도 함께 벗겨질 수 있기 때문이다.

⑪ 벽지와 도배

과거와 다르게 도배업체의 경쟁이 과열되어 견적금액이 저렴해지고 있는 추세이다. 일반인이 직접 도배를 할 수는 있지만, 모양이나 마감을 고려하면, 업자에게 맡기는 게 비용을 아끼는 것이다. 도배는 보는 것과 다르게 전문적인 기술이 필요한 작업이다. 실제 저자도 투자한 물건을 월세나 전세를 줄 때 도배작업을 새로 하는 경우가 있다. 이럴 때는 인테리어업체보다는 도배업체(지물포)에 주문을 맡기는 것이 좋다. 재래시장이나 일반 단독주택가에 있어서 다양한 시공경험이 있고 매장 주인이 직접 도배작업을 하기 때문에 비용이 저렴하다. 단, 벽지 샘플을 보는 감각을 키워서 직접 선택하는 것이 중요하다. 지물포 주인들은 보통 고령이기 때문에 현재의 트렌드와 무관하게 과거에 사용하던 벽지로 도배하려는 성향이 강하기 때문이다.

벽지는 크게 실크벽지, 광폭합지, 소폭합지로 구분된다. 실크벽지는 106㎝ × 15.6m로 종이 위에 PVC처리를 한 것이다. 통상 한 롤당 5평가량 작업이 가능하다. 광폭합지는 93㎝ × 17.75m가 한롤로 되어 있는데 똑같이 5평 정도 작업할 수 있다. 소폭합지는 광복합지보다 크기가 작다. 53㎝ × 12.5m로 좁은 종이벽지이다. 한롤을 가지고 2평가량의 작업량이 나온다. 요즘은 벽지의 질이 좋기 때문에 외관상으로 일반벽지인지 실크벽지인지 구별하는 게 쉽지 않다. 그렇다면, 실제 어떻게 구별할 수 있을까? 바로 접촉 이음새를 보면 알 수 있다.

실크벽지의 경우 PVC처리가 되어있기 때문에 일반 벽과 실크 벽지 간에 풀칠이 잘 먹지 않는다. 도배면을 고르게 하기 위해서 1차적으로 초벌 도배로 부직포 작업이 필요하다. 그리고 2차적으로 운용지 작업을 해야 한다. 운용지란 실크벽지의 접착강도를 높이기 위해 경계 부위의 벽에 붙이는 종이를 말한다. 일반 합지와 실크벽지의 비용차이는 바로 이런 부자재와 인건비의 차이가 큰 것이다. 만약 새로 집을 구매하러 갔을 때 매도인이 실크벽지 시공을 했다고 한다면, 손으로 벽을 튕겨보면 구별해 낼 수 있다. 벽과 벽지 사이에 공간이 있다는 것은 부직포 작업 후 실크벽지를 시공했다는 것이고, 벽에 완벽하게 접촉되어 있다면, 이것은 합지를 사용했다는 것이다. 이런 섬세함은 부동산 투자에서 필요한 덕목 중 하나다.

⑫ 바닥재

바닥재는 평당 공사비를 계산하는 것보다 바닥평수를 산정하는 것이 중요하다. 예를 들면 32평 아파트의 방 3개, 거실, 주방에 바닥재를 시공한다고 가정하자. 분양면적 32평의 경우 놀이터, 경비실, 계단, 엘리베이터 등에 분산되어 산정된 공용면적 7평가량과 실제 주거지로 사용하는 전용면적 25평 정도로 구성이 되어 있다. 그중 4평가량은 욕실이나 현관으로 바닥에는 이미 타일 시공이 이루어져 있어서 따로 바닥재를 시공할 필요가 없다. 이렇게 계산하면 21평가량이 실 공사면적으로 계산된다. 현장에서 작업을 하다 보면, 장판이나 바닥재의 경우 꺾이는 면이나, 단절되는 면, 기둥 등이 있어서 재료에서 10%가량의 손실이 발생하게 된다. 만약 계산하는 것이 어렵고 복잡하게 느껴진다면, 분양면적에 0.75를 곱하여 계산하면 된다. 32평 ×

0.75 = 24평이 된다. 만약 거실과 주방만 시공한다면 절반에 해당하는 12평 가량이 된다. 이렇게 계산하면 비용을 책정할 때 평단가로 계산하는 오류를 피할 수 있다.

⑬ 타일 시공(평당 9만 원 내외)

타일은 일반적으로 흙을 구워서 만든다. 자기질, 석기질, 도기질 형태의 타일이 있는데 통상 실무에서는 세라믹타일이라고 한다. 타일시공에서 중요한 것은 바닥시공이다. 특히, 바닥을 공사할 때 물이 하수도로 자연스럽게 흘러갈 수 있도록 구배(=기울기)를 주는 것이 핵심이다. 숙련공과 비숙련공의 차이는 구배를 얼마나 섬세하고 자연스럽게 처리하느냐에 달려 있다. 벽타일을 시공할 때는 다음과 같은 절차로 진행한다. 실제 타일 시공을 하는 게 어렵더라도, 절차를 숙지하고 있다면 비용 협상에서 조금은 유리할 것이다.

ⓐ 시공할 면에 구멍을 메우고 타일본드를 빗살무늬 형태로 벽에 바른다.

ⓑ 타일커터기와 그라인더를 이용해 타일 모양과 줄에 맞추어 시공 후 3시간 이상을 건조시킨다.

ⓒ 백시멘트에 물을 넣어 치약 농도 정도로 반죽을 만들어 줄눈에 바른다.

ⓓ 3~4회 가량 반복하고 스펀지로 닦는다.

ⓔ 추후 줄눈 청소용품을 활용하여 유지, 관리한다.

특히, 시공을 완료한 뒤에는 48시간 내에는 압력을 가하면 안 된다. 즉, 사용해서는 안 된다는 것이다. 바닥이나 벽면에 마르지 않은 상태에서 충격을 가하면 뒤틀리거나 구배가 망가져 추후에 물고임 현상이 발생할 수 있기 때문이다. 바닥공사와 마찬가지로 타일량을 계산하는 것이 핵심이다. 32평을 기준으로 욕실벽과 바닥 2곳, 주방벽, 현관바닥, 발코니 바닥에 타일이 사용된다. 대량 손실율을 감안하면 시공면적 기준 25평이 평이하다.

⑭ 위생기구

욕실은 집의 얼굴이라고 할 수 있다. 정리정돈이 잘되어 있고, 깨끗하다고 하더라도 욕실이 지저분하면 불쾌한 인상이 생기기 마련이다. 통상 단위 면적당 수리비용이 고가인 편이다. 시공업체를 이용할 경우 300만 원 수준이며, 브랜드가 없는 인터넷 업체를 이용할 경우 200만 원 정도 견적이 나온다. 욕실 작업은 보통 타일 작업과 병행[1]하여 진행하는 게 일반적이다.

---

1   타일 시공자와 사전 협의를 한다면 현관 출입구 타일 교체는 무상으로 할 수도 있다. 타일은 단종되는 경우가 많으므로 여유 수량을 창고에 구비해 두어야 한다.

　기존의 위생기구를 제거하지 않은 상태에서 타일작업을 하게 되면, 공간
이 협소하여 작업자가 시공능력을 발휘하기 어렵다. 특히, 욕조시공을 할 때
에는 방수작업을 꼼꼼히 하지 않으면, 아래층으로 누수가 발생할 수 있으므
로, 방수에 신경 써야 한다. 누수가 발생할 경우 민법상 하자 책임이 발생하
기 때문에 큰 비용이 발생할 수도 있다. 우레탄 방수 작업은 선택이 아닌 필
수임을 인지하기 바란다.

⑮ 싱크대

　싱크대는 주방을 대표하는 공간이다. 주방은 과거에는 여자의 공간이라는
인식이 강했지만, 지금은 가족의 공간으로 변화하였다. 주방에서 가장 큰 공
간을 차지하는 싱크대는 주택 구매의 의사 결정을 할 때 결정적 역할을 한
다. 즉, 매매, 전세, 월세 시 구매자를 잡아당기는 역할을 한다. 그렇기 때문에
관심을 기울여야 한다. 싱크대는 크게 몸통, 문짝, 상판으로 구성되어 있다.
몸통은 섬유성분을 기계로 분쇄한 뒤 접착제로 압축한 파티클보드가 주로
사용된다. 가격이 저렴하고, 가공이 용이하여 대부분의 시스템 가구에도 사
용되는 게 현실이다. 문짝은 하이글로시 제품과 랩핑도어 제품으로 나뉜다.
랩핑도어는 방문의 재료로도 활용이 많이 되는데 주로 최저가 싱크대를 제

작할 때 사용한다. 경매, 전세, 월세 등의 인테리어를 할 때 사용하는 것이 일반적인 사례다.

반면에 하이글로시는 6회 가량 특수 폴리우레탄 도장으로 마감을 하여 겉면이 매끄럽고 광택이 나는 특징이 있다. 대부분의 가정에 있는 싱크대가 바로 하이글로시제품이라고 보면 될 것이다. 상판은 크게 PT상판과 인조대리석 상판으로 나누어진다. PT상판은 파티클보드에 라미네이팅 작업을 한 것으로 최저가 싱크대에 사용된다. 반면, 인조대리석은 대리석 잔해에 본드를 접착해서 제작한 것으로 요즘은 기술이 좋아서 실제 대리석과 차이를 느낄 수 없을 정도로 고급스러운 특징이 있다. 이렇듯 싱크대를 정확히 알아야 사용 목적에 따라 선택할 수 있는 특권이 생기는 것이다. 주방의 경우에도 견적을 낼 때, 창호와 같은 방식으로 자평의 개념을 사용하면 된다. 길이를 먼저 잰 뒤, 자평(30㎠, 정사각형)으로 환산하고 거기에 단가를 곱하여 견적을 낸다. 싱크대를 교체하기 부담스러운 상황이라면, 상판을 연마하거나 광택을 하는 것도 좋은 대안이 될 수 있다. 다만 필름 작업은 더 비싸기 때문에 고려하지 않는 것이 좋다.

종류	회사	전화번호	URL
인테리어	지음하우스	010-6540-3186	ziumhouse.modoo.at
	마이네임이즈존	010-6844-8001	www.mynameisjohn.co.kr
	design_태그	02-3394-6090	www.designtag.kr
	리노하우스	070-4038-7916	www.renohouse.co.kr
종합 건축	인플러스 종합건설	010-6224-6096	inplushouse.com
	도화종합건설	062-229-5162	dohwahouse.modoo.at
	인더바인 종합건설	02-6123-4723	www.inthevine.co.kr
건물종합관리 하자보수 청소용역	부동산종합서비스 가업	1670-9912	www.가업.com
	대성(관공서등록업체)	031-704-6468	jongil6468@naver.com
	바른사나이	010-5847-0815	blog.naver.com/idea0967
도어	영림임업	032-813-5500	www.ylf.co.kr
	예림임업	1899-5675	www.yerim.net
도기 및 거울	루비드	070-4248-6105	luvid.co.kr
	SJT	031-479-2728	www.sjinte.com
	도도룸	02-6338-2415	www.dodoroom.co.kr
조명	공간조명	1800-9501	www.9s.co.kr
	프로라이팅	1544-5591	www.prolighting.co.kr
	이츠라이팅	1522-9713	itslighting.kr
	비츠조명	1877-9920	www.vittz.co.kr
타일	다온세라믹	02-2268-3147	daonceramics.modoo.at
	윤현상재	02-540-0145	www.younhyun.com
	유로세라믹	02-543-6031	www.eurotile.co.kr
도배	개나리	02-3473-0056	www.gniwallpaper.com
	신한	031-989-4760	www.shinhanwall.co.kr
	엘지	080-005-4000	www.lghausys.co.kr

⑯ 마무리

인테리어를 마무리한 후에는 반드시 입주가 가능할 정도로 청결 상태를 유지해야 한다. 사전에 업체와 조율하여 입주 청소까지 맡기면 비용을 절감할 수 있다. 공사 완료 후 임대를 줄 경우에는 미리 실내화 등을 비치해 두고, 외부에서 신던 신발을 신고 내부에 들어가지 않도록 안내장을 붙여야 한다. 중개업소에 수리된 매물을 내놓으면 예비 임차인이나 중개사가 수시로 집을 드나들게 되는데, 기껏 수리한 집의 바닥이 지저분해서 인테리어 효과가 반감될 수 있기 때문이다. 거기에 방향제까지 미리 준비해 두면 효과가 배가된다. 또한, 조명을 한 번에 켤 수 있도록 스위치를 'ON'으로 바꿔두고 두꺼비집을 통해서 전원을 켜면 전체 조명이 일괄로 켜져 밝아져서 더욱 좋은 인상을 남길 수 있다. 작은 디테일의 차이에 임차의 결과가 달라질 수 있다.

3) 인테리어의 핵심은 견적표 산출

시세가 100인 물건을 90에 사는 것은 수익을 보는 방법이다. 발생 비용을 10만큼 줄이는 것도 마찬가지다. 투자시장에서 경쟁이 치열해지는 만큼 후자가 더 쉬울 수 있다. 인테리어 견적표를 작성할 수 있는 능력이 있다면, 남들보다 높은 수익률을 올릴 수 있다. 남들에게는 남루하고 가치 없어 보이지만, 내 눈에는 숨은 보석이 되는 것이다.

보통의 투자자들은 경매와 인테리어를 분리하여 생각한다. 단순한 권리분석에만 집중하는 사람이 있다. 저자가 경험하기에 이런 사람들은 공부만 하는 경우가 많았다. 좋은 물건을 싸게 매입해서 좋은 가격에 파는 것이 경매 투자를 하는 이유다. 부동산의 가치를 높이고 싶다면 사람의 눈을 현혹시켜야 한다. 부동산을 매입하려는 사람이 매력을 느낄 수 있도록 가꾸어야 한다. 이왕이면 가성비가 높은 투자를 해야 한다. 현장의 고수들은 인테리어 견적서를 이용하여 남들이 생각하지 못하는 것을 해낸다는 것을 알아야 한다.

355

#	공사 대상	내 용	수량	단위	단 가	금 액	비고
	109㎡ 기준(전용 84㎡) **아파트 수리 견적 조견표**						
1	철거공사	폐기물처리비포함	32	평	25,000	800,000	폐기물처리비포함
2	창호공사	샷시 + 유리시공	32	평	200,000	6,400,000	샷시 + 유리시공 / 실측
3	도배공사	실크벽지	32	평	60,000	1,920,000	실크벽지 / 개나리벽지등
4	바닥공사	강화마루	24	평	85,000	2,040,000	강화마루 / 동화자연마루등
5	주방가구	하이그로시	16	자	150,000	2,400,000	하이그로시 / 실측
	아일랜드	하이그로시	0	자	150,000	0	하이그로시 / 인조대리석
	붙박이장	하이그로시	0	자	120,000	0	하이그로시 / 실측
	현관장	하이그로시	4	자	120,000	480,000	하이그로시 / 실측
6	상수도하수도	입수전 공사 등	1	식	300,000	300,000	입수전 공사 등
7	난방공사		1	식		0	
8	조적/미장		1	식		0	
9	방수공사	욕실2곳 바닥	2	소	170,000	340,000	욕실2곳바닥
10	전기공사	스위치/콘센트 교체	32	평	10,000	320,000	스위치 / 콘센트교체
11	단열공사		1	식		0	
12	현관문		0	조	250,000	0	
	현관중문	일자 3연동 도어	3	짝	600,000	1,800,000	일자 3연동 도어 / 실측
	발코니문		0	조	300,000	0	
	욕실문	욕실2곳	2	조	300,000	600,000	욕실2곳 / 예림임업등
	방문	방3곳	3	조	300,000	900,000	방3곳 / 예림임업등
13	목공사		1	식		0	실측
	몰딩공사	천정, 벽 몰딩	32	평	20,000	640,000	천정, 벽 몰딩 / 걸레받이 제외
	아트월		0	식	800,000	0	
	등박스		0	식	500,000	0	
	제작가구		1	식		0	
14	내부도장공사	문/몰딩/창호	0	평	30,000	0	문 / 몰딩 / 창호
	베란다도장	내부수성	2	소	180,000	360,000	내부수성 / 삼화
15	타일공사	주방,현관,발코니	10	평	85,000	850,000	주방,현관,발코니 / 실측

		욕실	0	소	700,000	0	욕실
16	조명공사	LED	32	평	50,000	1,600,000	LED / 조명업체
17	욕실공사	욕실 2곳	2	소	3,000,000	6,000,000	욕실 2곳 / 대림
18	확장공사		1	조		0	
19	기타공사						
	문손잡이		5	조	30,000	150,000	
	도어락		1	조	150,000	150,000	
	비디오폰		1	조	350,000	350,000	
	빨래걸이		1	조	50,000	50,000	
	선반		2	조	30,000	60,000	
	차후 실측 / 디자인 후 상세견적 필요						
	소 계					28,510,000	
20	공과잡비	공사금액의 5 %				570,200	공사금액의 5%
	총 계					29,080,200	
	공 사 금 액					29,080,200	
	합 계					29,080,200	
	단위절사					80,200	
	총 공 사 비					29,000,000	

※ 지역, 업체, 공사 규모에 따라 비용이 달라질 수 있음.

당신의 소중한 삶을 위해

몇 년 전 갑작스러운 건강 악화로 병원에 입원하게 되었다. 누적된 피로와 스트레스 때문이었다. 당시에는 꽤 심각한 질병으로 삶에 대해 진지한 고민하며 괴로움에 몸부림치는 시간이었다. 방향성 없이 열심히만 살았던 지난 시간이 후회스러웠다. 병원에 누워있는 나 자신이 너무나 초라했다. 사랑하는 사람과 충분한 시간을 보내지 못했던 아쉬움, 좋아하는 일을 용기 있게 선택하지 못한 나약함, 아끼는 사람들에게 했던 약속을 지키지 못할 수도 있다는 불안감에 사로잡혔기 때문이다.

아이러니하게도 그런 나를 일으켜 세워 준 사람은 같은 병실에 있던 환자였다. 매일 밤 1 *l* 의 피고름을 쏟아내는 고통과 함께 그는 삶과 죽음의 경계에서 위태로운 줄타기를 하고 있었다. 하지만 그렇게 힘든 상황에서도 얼마 남지 않은 삶을 후회 없이 살아가기 위해 고군분투하며 나에게 인생에 대해 많은 조언을 해주었다.

병상에 누워있으니 예전에 힘들었던 기억들이 많이 생각났다. 어린 시절 환경미화원이었던 아버지의 리어카를 밀며 창피해했던 기억, 어머니를 도와 비린내 나는 생멸치를 배달했던 기억, 학원 창고에서 숙식하며 아르바이트를 했던 기억, 아버지를 하늘로 보내고 괴로워했던 기억, 고시에 떨어지고 서

글피 울었던 날들 등등 모두 지우고 싶은 기억이지만 건강을 잃을 뻔한 경험을 하다 보니 오히려 현재에 대한 감사가 커졌다. 어려운 시간을 버텨오면서 생긴 나만의 경험과 에너지가 현재의 나를 만들었고, 미래에 대한 희망으로 바뀌며 더욱 현재에 감사하게 되었다. 다행히도 회복은 빨랐고, 얼마 지나지 않아 퇴원할 수 있었다. 병원 문을 나서는 내 손에는 감사의 글귀로 채워진 300매 분량의 원고지가 있었다.

일상으로 돌아온 뒤, 내가 받은 것을 돌려줄 방법이 무엇인지 고민하게 되었다. 누가 시키지도 않은 일이었지만, 이런 생각이 운명처럼 뇌리를 스쳤다. 무엇에 홀린 듯 책상에 앉았고, 내가 잘 할 수 있는 경매에 대해 글을 쓰기 시작했다. 남들에게 보여주기에 초라하고 부족한 글이지만 용기를 가지고 담아내기로 했다.

사람의 잠재력은 절실함과 실행력, 좋은 사람을 곁에 둘 때 최고조에 달한다

우리는 인생을 살다 보면 정말 생각지도 못한 어려움과 문제에 직면하는 경우가 있다. 대부분의 사람들은 눈앞에 장애물이 생겼을 때 그 문제를 해결하기 위해 안간힘을 쓰게 된다. 그런데 안타깝게도 대부분의 문제는 단시간에 해결되지 않는다. 그 이유는 아주 오래전부터 그 문제가 발생했고, 조금씩 조금씩 쌓여서 어려움으로 직면했기 때문이다.

'내 삶은 왜 바뀌지 않는 걸까?'

자꾸 주변 사람과 자신을 비교하며, 더욱더 어둡고 깊은 절망의 절벽으로 몰아세우게 될 뿐이다. 지금의 결과는 안타깝게도 쉽게 바꿀 수 없는 것이 대부분이다. 우리는 이런 상황에서 스스로를 자책해서는 안 된다. 변하지 않는 상황에 매몰되어 고민할 필요도 없다. 우리는 우리가 바꿀 수 있는 미래에 집중하며 현재의 문제점을 개선하자.

세상에 공짜는 절대 없다. 진실한 마음으로 하루하루 노력하다 보면 그것이 쌓여서 지금의 나를 만들기 마련이다. 우리는 스스로 철저하고 냉철하게 자신을 바라보아야 한다. 내가 노력하고 있다고 믿고 있지만 그것은 노력이 아닐 수도 있다. 당신이 방에서 편하게 인터넷을 검색하고 있을 때 누군가는 현장에 나가서 활동하고, 사람들을 만나 정보를 수집한다. 당신이 쉬고 있을 때 누군가는 모임에 참석하고 투자에 대해 심도 있는 고민을 한다. 당신이 투자를 고민하고 공부를 시작할 때, 누군가는 투자를 성공시키고 차익을 실현한다. 과연 성공한 사람들이 노력 없이 운으로만 지금의 자리에 왔을까? 아마도 이런 사람들에게 성공의 비결을 묻는다면, 이렇게 대답할 것이다.

"저는 정말 운이 좋았습니다."

저자가 만나본 부자들은 운보다는 노력을 했다. 뻔한 이야기 같지만 이것이 진실이다. 철저한 목표 수립과 계획, 자기암시, 절실함, 노력의 산물이 부를 가져왔다. 우리의 시간은 한정된 자원이다. 그 끝이 정해져 있다. 나와 가족, 내가 사랑하는 모든 사람의 시간은 유한하다. 우리는 그 유한한 시간 속에서 가장 행복한 삶을 이끌어 내야 한다. 남들보다 더 집중하고, 남들보다 더 집착하고, 남들보다 더 절실해야 한다. 왜일까? 우리에게는 세상에서 가장 사랑하는 사람을 지킬 의무가 있기 때문이다. 우리는 효율적인 시간 관리와 노력을 통해서 알찬 투자를 하고, 거기서 창출되는 열매로 행복한 삶을 꾸려야 한다.

"여러분은 정말 성공할 수 있습니다."
"누구보다 행복한 부자가 될 수 있는 사람입니다."

어떤 사람들은 시간이 없다고 이야기한다. 그것은 거짓말이다. 하루 24시간이 짧다고 생각하겠지만 누구에게나 빈 시간은 있기 마련이다. 하루 10분씩 6일이 쌓이면 60분, 1시간이 된다. 이렇게 10분씩만 노력하다 보면 그 시간은 1일이 되고, 1년, 10년의 세월이 된다. 주변 사람들보다 경제력 등이 1년, 3년, 5년, 10년 늦어도 괜찮다. 매일 노력을 통해서 그 부의 격차를 줄이면 된다. 매달 1개월의 시간을 좇아간다면 10년 빠른 친구를 5년 시점에 쫓아갈 수 있다. 그렇게 10년을 노력하면 친구보다 앞서갈 수도 있다. 만약 그 친구도 노력한다면 그 친구보다 2배의 노력을 하면 되는 것이다.

'나는 가난한 집안에서 태어났기 때문에 나중에 돈을 모아야 시작할 수 있어.'

누군가는 이런 생각을 할 것이다. '싸울 준비를 한 사람은 이미 반을 싸운 것과 같다.' 부는 그것을 관리할 줄 아는 사람에게만 다가오는 신기한 녀석이다. 부를 다룰 줄 아는 사람이라는 자가 최면과 노력을 기울이는 것이 필요한 이유다. 우리는 공부해야만 한다. 우리는 가만히 멈춰 있으면 안 된다. 지금 이 시간에도 많은 사람이 눈에 불을 밝히고 준비하며 공부하고 있다. 절실함을 가지고 노력하길 바란다. 반드시 원하는 것을 얻게 될 것이다.

이 책을 읽는 모든 분의 몸과 마음 그리고 삶이 풍요롭기를 희망한다. 그리고 인생을 소중한 가족, 연인, 사랑하는 것에 집중하길 바란다. 그것이 바로 저자가 독자들에게 바라는 '부와 동행하는 삶'일 것이다.

special thanks to

끝으로 존재의 이유를 느끼게 해주는 사랑하는 아내와 하민이, 하늘에 계신 아버님, 포기하지 않는 정신력을 물려주신 나의 스승 어머님, 부족한 사위의 잠재력을 깨우고 이끌어주신 장인어른, 장모님, 행복 바이러스 나경, 지칠 때 위로를 해주는 형님과 형수님, 형주, 나영, 김미선, 오랜 시간 옆에 두고 가까이하고 싶은 오래된 벗인 이주엽, 우주회(상범, 승현, 영기, 재완, 정우, 상원, 상훈, 허용, 재안), 열세번째모임(정훈, 근호, 성록), 항상 마음으로 의지하는 다섯 친구들(필녕, 왕준, 규학, 찬호, 촌놈을 사람 만들어준 은인 조형엽), 매경모임(송호, 조원익, 김현웅, 강길남, 김기호, 나원호, 김마음, 박현수, 한대희, 김승기, 박웅철), CJ4K, 정다운, 정명모임, KUSA 40기(김보람, 김주현, 노주연, 양셈이, 이청아, 정현숙, 정민희), 금요반모임(강재형, 고흥석, 김미경, 김하은, 박차생, 백임란, 신동현, 윤태종, 이도현, 조상길, 김연규), 김민규, 정제윤, 선승필, 조우형, 류재환, 박상민, 심희정, 유경석, 상대를 매료시키는 흡입력을 가진 나라감정평가법인 이용준, 황선영, 박일훈 감정평가사님, 인생의 깨달음을 주는 최정현 교수님, 배우고 싶고 닮고 싶은 이종규 교수님, 윤완중 교수님, 구루핀 전영진 대표님, 차수진 대표님, 우수연 국장님, 박찬웅 총무님, 정용익 대표님, 이상우 대표님, 황종화 교수님, 윤갑석 박사님, 이철희 교수님, 강은현 교수님, 이종민 대표님, 매경창업교육원 이헌 원장님, 김대령 과장님, 추수권 부장님, 대성의 이종길 대표님, 한국민사집행법학회 이재석 부회장님, 강명진 변호사님, 토지보상센터 김영우 센터장님, 성진용 교수님, 김동일 연구원님, 박현근 강사님, 부동산태인 이정민 부장님, 훌륭한 인성과 실력을 겸비한 강승우(삼토시) 님, 김동우(투에이스) 님, 김종율(옥탑방보보스) 님, 한양대 동기들, 로셈아카데미 장영한 대표님, 현장에서 구슬땀을 흘려주신 인플러스 종합건설의 박해경 대표님, 엄태준 이사님, 김나영 실장님, 허브건축그룹 최선옥 교수님, 유진건축사무소 장희정 대표님, 이진 감정평가사님, 장기영 감정평가사님, 조종현 부지점장님, 김원근 부지점장님, 도화종합건설 박정용 대표님, 인바인더종합건설 조건희 대표님, 헌 집을 새집으로 만드는 능력을 보유한 지음하우스 김경수 대표님, 양승호, 김광진, 미담광고디자인 정성현 대표님, 청소박사 권세권 대표님, 미모와 실력을 갖춘 스테이그린의 최윤희 대표님, 커피 향을 품은 최은경 교수님, 세무 처리의 절대 강자인 일우회계법인 노우준 회계사님, 이정은 팀장님, 범세무회계 서동범 세무사님, 김경민 팀장님, 바른사나이 배진광 대표님 그리고 책의 완성에 결정적 역할을 해주신 이레미디어의 이형도 대표님, 이치영 과장님, 심미정 편집자님, 이유진 디자이너님 및 관계자 여러분께 진심으로 감사의 인사를 드립니다. 마지막으로 최고의 파트너로 함께 있을 때 더욱 빛나는 강남흙수저, 자수성부, 소중한 두 동생들에게도 감사와 사랑의 마음을 전합니다.

돈 되는 집부터 맘고생 없는
명도 노하우까지
한 권으로 끝내는 실전 경매

초판 1쇄 발행 2020년 5월 20일
　3쇄 발행 2022년 9월 30일

지은이 부동삶

펴낸곳 (주)이레미디어
전화 031-908-8516(편집부), 031-919-8511(주문 및 관리) | **팩스** 0303-0515-8907
주소 경기도 파주시 회동길 219, 사무동 4층
홈페이지 www.iremedia.co.kr | **이메일** ireme@iremedia.co.kr
등록 제396-2004-35호.

편집 심미정, 이치영, 이병철 | **디자인** 이유진 | **마케팅** 박주현, 연병선
재무총괄 이종미 | **경영지원** 김지선

ISBN 979-11-88279-78-4 03320

·가격은 뒤표지에 있습니다.
·잘못된 책은 구입하신 서점에서 교환해드립니다.

이 도서의 국립중앙도서관 출판예정도서목록(CIP)은 서지정보유통지원시스템 홈페이지
(http://seoji.nl.go.kr)와 국가자료종합목록시스템(http://www.nl.go.kr/kolisnet)에서
이용하실 수 있습니다. (CIP제어번호 : CIP2020013419)

돈 되는 집부터
맘고생 없는
명도 노하우까지

한 권으로 끝내는 실전 경매

부동산태인
30일 경매정보 무료 이용권 수록

이레미디어

이 부분을 뜯으면 쿠폰 번호가 있습니다. →